Biosphäre 5

Rheinland-Pfalz
Naturwissenschaften

Cornelsen

Biosphäre

Naturwissenschaften 5 Gymnasium Rheinland-Pfalz

Autorinnen: Anneke Emse, Krefeld; Silke Hübner, Kaiserslautern; Gabriele Merk, Alzey; Ribana Weickenmeier, Speyer

Teile dieses Buches sind anderen Ausgaben der Lehrwerksreihen Biosphäre und Universum entnommen.

Autorinnen und Autoren dieser Ausgaben sind: Dr. Ana Alboteanu-Schirner; Stefan Auerbach; Andreas Bauer; Sven Bengelsdorff; Dr. Werner Bils; Pia Bordes-Sagner; Ruben Brand; Anke Brennecke; Silke Bringezu; Dr. Hans-Otto Carmesin; Frank Deutschmann; Anne-Kathrin Dierschke; Peter Emmler; Robert Felch; Heidemarie Frasiak; Engelhardt Göbel; Dr. Axel Goldberg; Daniela Grabenstein; Simone Grimm; Dr. Anja Grimmer; Ralf Buric; Dr. Christian Burisch; Franziska Hach; Angelika Huber; Yvonne Hübner; Lutz Jaeger; Dr. Horst Janz; Dr. Reiner Kienle; Ulf Konrad; Prof. Dr. Hansjörg Küster; Dr. Detlef Lauterjung; Susanne Lauterjung; Dr. Karl-Wilhelm Leienbach; André Linnert; Prof. Dr. Anke Meisert; Carl-Julian Pardall; Martin Post; Bruno Rager; Dr. Ulrich Rasbach; Silke Rest; Stefan Ronellenfitsch; Gabriele Rupp; Annegret Schlegel; Hans-Peter Schörner; Dr. Stephanie Schrank; Hans-Jürgen Staudenmaier; Constanze Steinert; Dr. Matthias Stoll; Michael Szabados; Dr. Volker Vopel; Dr. Hans-Joachim Winkhardt

Redaktion: Lucas Eck, Amanda Jager Fonseca, Anja Schrewe

Designberatung: Katharina Wolff-Steininger, Ellen Meister

Layoutkonzept, Umschlaggestaltung und Layout: SOFAROBOTNIK GbR, Augsburg & München

Technische Umsetzung: Straive

Grafik: Rainer Götze; Karin Mall; Tom Menzel; Bernhard A. Peter, Pattensen, NewVision! GmbH; Matthias Pflügner; Markus Ruchter; Detlef Seidensticker; Werner Wildermuth

Begleitmaterialien zu Biosphäre Naturwissenschaften 5 Gymnasium Rheinland-Pfalz

E-Book	978-3-06-420297-9
Lösungen zum Schülerbuch	978-3-06-420308-2
Unterrichtsmanager Plus mit E-Book und Begleitmaterialien	978-3-06-420310-5

www.cornelsen.de

Soweit in diesem Lehrwerk Personen fotografisch abgebildet sind und ihnen von der Redaktion fiktive Namen, Berufe, Dialoge und Ähnliches zugeordnet oder diese Personen in bestimmte Kontexte gesetzt werden, dienen diese Zuordnungen und Darstellungen ausschließlich der Veranschaulichung und dem besseren Verständnis des Inhalts.

Dieses Werk enthält Vorschläge und Anleitungen für Untersuchungen und Experimente. Vor jedem Experiment sind mögliche Gefahrenquellen zu besprechen. Beim Experimentieren sind die Richtlinien zur Sicherheit im Unterricht einzuhalten.

Die Webseiten Dritter, deren Internetadressen in diesem Lehrwerk angegeben sind, wurden vor Drucklegung sorgfältig geprüft. Der Verlag übernimmt keine Gewähr für die Aktualität und den Inhalt dieser Seiten oder solcher, die mit ihnen verlinkt sind.

1. Auflage, 1. Druck 2021

Alle Drucke dieser Auflage sind inhaltlich unverändert und können im Unterricht nebeneinander verwendet werden.

© 2021 Cornelsen Verlag GmbH, Berlin

Druck: Firmengruppe APPL, aprinta Druck, Wemding

ISBN 978-3-06-420296-2

PEFC zertifiziert
Dieses Produkt stammt aus nachhaltig bewirtschafteten Wäldern und kontrollierten Quellen.

PEFC/04-31-1033 www.pefc.de

INHALTSVERZEICHNIS

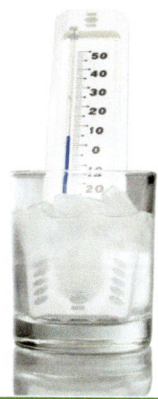

Von den Sinnen zum Messen   12

1 Die Welt der Sinne

2 Von der Wahrnehmung zum Messen

Vom ganz Kleinen und ganz Großen   48

1 Mikrokosmos

2 Von der Erde ins Weltall

Die Anforderungsbereiche werden in den Aufgaben
wie folgt gekennzeichnet:

⬜ Anforderungsbereich I

◼ Anforderungsbereich II

◼ Anforderungsbereich III

Die Natur aus Sicht der Wissenschaften

Bis ins 16. Jahrhundert konnte ein Gelehrter das Wissen über die gesamte Natur überblicken. Doch je mehr Menschen die Natur untersuchten, desto umfangreicher wurde das Wissen. So bildeten sich nach und nach Wissenschaftszweige, die im Laufe der Zeit zu eigenständigen Wissenschaften wurden: Physik, Chemie, Biologie, Philosophie ... Jede Wissenschaft hat einen anderen Blick auf die Natur.

Die Natur, die man im Physik-, Chemie- oder Biologieunterricht betrachtet, ist immer dieselbe. Man setzt jedoch für jedes Fach eine andere Brille auf, durch die man die gleichen Naturerscheinungen von einem anderen Standpunkt aus anschaut. Auch Geisteswissenschaften wie Kunst oder Literatur sowie Sozialwissenschaften wie Politik oder Wirtschaft beschäftigen sich manchmal mit der Natur und besehen sie aus ihren eigenen Blickwinkeln. Im Bild 01 werden am Beispiel des Wassers die verschiedenen Sichtweisen der Wissenschaften betrachtet:

Die **Physik** untersucht, wie sich Wasser unter verschiedenen Bedingungen verhält, etwa beim Erwärmen und Abkühlen. In der Physik prüft man auch, unter welchen Bedingungen Wasser elektrischen Strom leitet oder wie Körper beschaffen sein müssen, um auf Wasser schwimmen zu können.

Die **Chemie** untersucht die Eigenschaften des Wassers als Stoff. Sie beschreibt, wie sich Wasser gegenüber anderen Stoffen verhält. So ist Wasser in der Chemie das häufigste Lösungsmittel. Die Chemie untersucht auch, wie Wasser aus anderen Stoffen gebildet wird.

Die **Biologie** erforscht das Zusammenspiel von Lebewesen und Wasser. Wasser stellt die Grundlage des Lebens dar, denn ohne Wasser ist kein Leben möglich. Biologinnen und Biologen untersuchen etwa die Qualität von Trinkwasser und deren Auswirkung auf Lebewesen.

Die **Geografie** untersucht, wie Wasser die Landschaft formt und das Klima beeinflusst. **Politik** und **Wirtschaft** beschäftigen sich mit dem Problem der Wasserknappheit, denn weltweit gehen die Trinkwasservorräte zurück, während der Bedarf an Wasser steigt. In der **Literatur** steht Wasser häufig für Leben, Neubeginn oder Gefühle.

01 Jede Wissenschaft betrachtet die Welt durch eine andere Brille.

So funktioniert Naturwissenschaft

01 Leonies Flaschengeisttrick

02 Überprüfung der Vermutung in einem Versuch

03 Wiederholung des Versuchs widerlegt die Vermutung.

Wenn Wissenschaftler rätselhafte Naturerscheinungen erklären wollen, folgen sie dazu einer festgelegten Vorgehensweise. Anhand von Leonies Flaschengeisttrick erfährst du, wie Naturwissenschaft funktioniert.

Staunen, Beobachten, Fragen stellen · Leonie nimmt eine leere Flasche aus dem Kühlschrank und legt eine angefeuchtete Münze auf den Flaschenhals (Bild 01). Anschließend umfasst sie den Flaschenbauch mit ihren Händen. Nach einer Weile beginnt die Münze zu klappern. Ihre Freundin Lena wundert sich: Ist das Zauberei? Oder gibt es dafür eine einfache Erklärung? Die Naturwissenschaft beginnt mit einer genauen Beobachtung: Eine kalte Flasche wird mit den Händen umfasst. Kurz darauf hebt sich die Münze und fällt auf den Flaschenhals zurück. Wir fragen: Was hebt die Münze an?

Vermutungen aufstellen · Du könntest vermuten, dass Leonie zaubert. Diese Vermutung ist jedoch nicht nachprüfbar und daher aus wissenschaftlicher Sicht nicht zu gebrauchen. In der Naturwissenschaft gelten nur Vermutungen, die in Experimenten überprüft werden können. Wissenschaftler sprechen von Hypothesen. Wir stellen für den Flaschengeisttrick eine Vermutung auf: Die kalte Luft in der Flasche wird durch die Hände erwärmt und steigt nach oben. So wird die Münze angehoben.

Experimente planen und Vorhersagen machen · Die Vermutung müssen wir mithilfe eines passenden Experiments überprüfen. Wenn die erwärmte Luft aufsteigt, müssten wir dies auch an einem Luftballon sehen können, den wir über den Flaschenhals ziehen. Der Luftballon müsste sich mit der aufsteigenden Luft füllen.

Experimente durchführen und auswerten · Leonie führt das Experiment durch und beobachtet, dass sich der Luftballon tatsächlich füllt (Bild 02). Unsere Vermutung wird also durch Leonies Versuch bestätigt.

Ihre Freundin Lena hat Zweifel und schlägt ein weiteres Experiment vor. Sie hält die kalte Flasche so, dass die Öffnung nun nach unten zeigt (Bild 03). Auch jetzt füllt sich der Luftballon mit Luft. Das ist merkwürdig, denn wir haben angenommen, dass sich der Luftballon aufbläht, weil die warme Luft nach oben steigt. Unsere Vermutung kann also so nicht stimmen: Sie wurde durch Lenas Versuch widerlegt.

Wir stellen daher eine weitere Vermutung auf: Die kalte Luft in der Flasche wird durch die Hände erwärmt und dehnt sich aus. Dadurch drückt sie die Münze nach oben. Im Experiment müsste sich der Luftballon mit Luft füllen, unabhängig von der Richtung, in die die Flaschenöffnung zeigt.

Genau dies beobachten wir in den Versuchen. Unsere zweite Vermutung wird also durch beide Experimente bestätigt. Wir haben nun eine wissenschaftliche Erklärung für Leonies Flaschengeisttrick gefunden: Die warme Luft dehnt sich aus und drückt die Münze nach oben.

Die naturwissenschaftliche Vorgehensweise · Unsere Vorgehensweise beim Flaschengeisttrick folgt einer allgemeinen naturwissenschaftlichen Methode (Bild 04). Zunächst beobachtest du das Phänomen genau und formulierst dazu eine Frage. Anschließend stellst du eine Vermutung auf. Bevor du deine Vermutung im Experiment überprüfst, überlegst du, wie sich diese im Experiment auswirken wird. Erst dann führst du das Experiment durch. Deine Ergebnisse solltest du in Form von Notizen und mithilfe deines Smartphones als Foto oder Video dokumentieren. Dann vergleichst du das Ergebnis mit deiner Vorhersage. Stimmen Ergebnis und Vorhersage überein, kannst du mit deiner Vermutung deine Beobachtungen erklären. Stimmen Ergebnis und Vorhersage nicht überein, ist deine Vermutung widerlegt und du musst dir eine neue Vermutung überlegen.

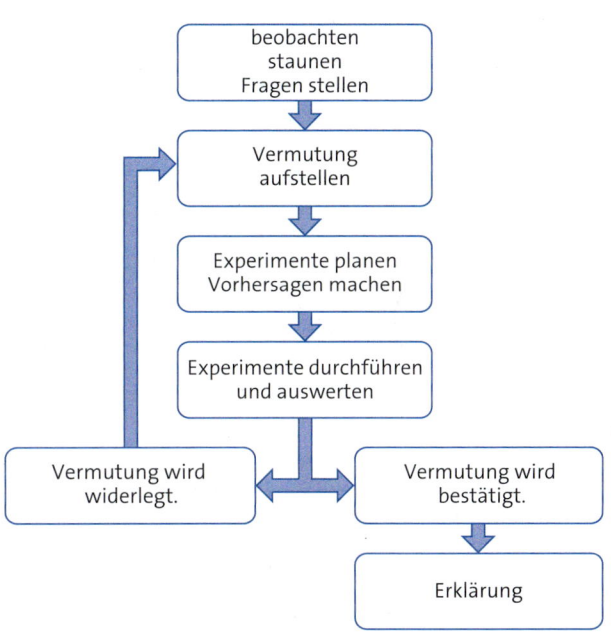

04 Wie Naturwissenschaft funktioniert

1) Funktioniert Leonies Flaschengeisttrick auch, wenn die Flasche vorher nicht im Kühlschrank lag?
a) Führe den Trick mit einer ungekühlten Flasche durch und beobachte genau. ☐
b) Stelle eine Vermutung auf, die deine Beobachtung erklärt. ◣
c) Plane einen Versuch und mache eine Vorhersage über deine mögliche Beobachtung. ◣
d) Führe den Versuch durch und werte ihn aus. ◣

2) Du hast sicherlich schon beobachtet, dass das Wasser beim Kochen von Reis immer weniger wird. Am Ende ist es ganz verschwunden.
a) Formuliere eine Frage zu dieser Beobachtung. ☐
b) Stelle eine Vermutung auf, die deine Beobachtung erklärt. ◣
c) Plane einen Versuch und mache eine Vorhersage über deine mögliche Beobachtung. ◣
d) Führe den Versuch durch und werte ihn aus. ◣

Verhalten im Fachraum für Naturwissenschaften

01 Fachraum für Naturwissenschaften

Fachräume für Naturwissenschaften unterscheiden sich von Klassenräumen. Damit man gefahrlos experimentieren kann, muss man sich im Raum gut auskennen und einige Verhaltensregeln beachten.

02 Not-Aus-Schalter

NOT-AUS-SCHALTER · *In jedem Fachraum befindet sich ein Not-Aus-Schalter. Dieser Not-Aus-Schalter muss sofort gedrückt werden, wenn bei einem Experiment ein Notfall eintritt. Er stoppt die Strom- und Gaszufuhr. Der Not-Aus-Schalter befindet sich meist neben der Tür oder in der Nähe des Lehrertisches.*

03 Fluchtweg-schild

FEUERLÖSCHER UND LÖSCHDECKE · *Kleine Brände können mit dem Feuerlöscher oder mit einer Löschdecke bekämpft werden. Das übernimmt in der Regel die Lehrkraft. Der Feuerlöscher darf niemals auf Personen gerichtet* werden. Alle Schüler und Schülerinnen sollten im Brandfall den Raum sofort verlassen.

FLUCHTWEG · *Der kürzeste Fluchtweg ins Freie wird durch ein grünes Schild angezeigt. Auch im übrigen Schulgebäude gibt es Fluchtwegeschilder.*

AUGENDUSCHE · *Falls beim Experimentieren Flüssigkeitsspritzer in die Augen gelangen, müssen diese sofort mit Wasser gespült werden. Für diesen Fall ist am Lehrertisch eine Augendusche angebracht. Auch wenn Flüssigkeit auf die Hände oder Kleidung gelangt, sollte sie sofort mit viel Wasser abgespült werden.*

ERSTE-HILFE-KASTEN · *Für den Fall, dass sich jemand verletzt, steht Verbandsmaterial zur Verfügung. Jede Verletzung ist sofort der Lehrerin oder dem Lehrer anzuzeigen.*

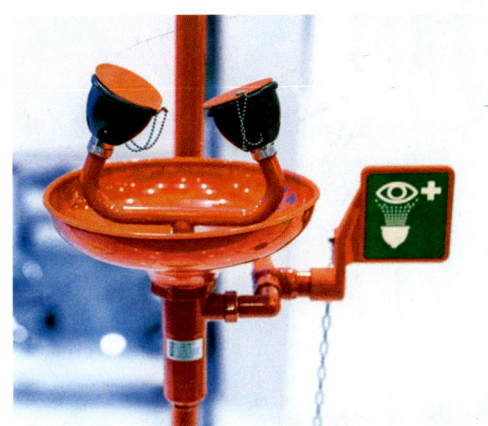

04 Augendusche

05 Feuerlöscher, Löschdecke und Erste-Hilfe-Kasten

NOTRUF · In dringenden Fällen sollte man die Notrufnummer 112 wählen. Über diese Nummer wird man automatisch mit der nächsten Rettungsstelle verbunden. Hier kann man Unfälle und Brände melden. Die Rettungsstelle leitet dann alle notwendigen Maßnahmen ein. Weitere Notrufnummern, zum Beispiel von der nächsten Arztpraxis, sind auf einer Hinweistafel zu finden.
Im Falle eines Unfalls ist sofort die Schulleitung zu informieren.

VERHALTENSREGELN · Beim Arbeiten im Fachraum gilt es, einige Verhaltensregeln zu beachten:
- Bewege dich im Raum stets langsam und umsichtig und halte Ordnung am Arbeitsplatz. Das gilt besonders beim Experimentieren.
- Beim Experimentieren ist das Essen und Trinken streng verboten!

- Achte auf die Hinweise der Lehrerin oder des Lehrers und beginne das Experiment erst nach Anweisung.
- Bei einigen Versuchen wie der Arbeit mit dem Brenner muss eine Schutzbrille getragen werden.
- Lange Haare und lockere Kleidung sollte man beim Experimentieren zusammenbinden, damit man sich selbst nicht gefährdet und damit die Kleidung nicht verschmutzt oder zerstört wird.

1 Informiere dich im Fachraum deiner Schule, wo sich die Sicherheitseinrichtungen befinden. ☐

2 Beschreibe den kürzesten Fluchtweg aus dem Fachraum und aus dem Schulgebäude. ◗

3 Begründe, warum Essen und Trinken beim Experimentieren streng verboten sind. ◗

Von den Sinnen zum Messen

In diesem Kapitel beschäftigst du dich mit

▶ der Wahrnehmung und Weiterleitung von Reizen sowie dem Zusammenhang von Reiz und Reaktion. Am Beispiel von Auge und Ohr erfährst du, wie diese Organe funktionieren. Hierbei lernst du wichtige Gefahren für die Sinnesorgane kennen und erfährst, wie diese zu schützen sind.

▶ den Sinnesleistungen der menschlichen Haut. Du lernst dabei, wie der Aufbau der Haut zu ihren Funktionen passt. Du erfährst, dass das Wärmeempfinden der Haut subjektiv und von Person zu Person unterschiedlich sein kann.

▶ der physikalischen Größe Temperatur. Du erfährst, dass Flüssigkeiten sich ausdehnen, wenn sich ihre Temperatur ändert. Du lernst, dass solche physikalischen Prinzipien genutzt werden können, um Messungen mit Geräten durchzuführen.

▶ der Masse und dem Volumen von Körpern. Du lernst, mit diesen Begriffen umzugehen und ihre Maßeinheiten ineinander umzurechnen.

01 Fahrt im Kettenkarussell

Mit allen Sinnen unterwegs

Bei der Fahrt im Kettenkarussell dreht sich alles, Lichter blinken, laute Musik dröhnt in den Ohren, Wind weht um den Kopf und der Duft von gebrannten Mandeln dringt in die Nase. Der eine findet es toll, dem anderen wird schon beim Zusehen schwindlig. Wie nehmen wir diese vielfältige Umwelt wahr?

SINNESORGANE UND GEHIRN · Das blinkende Licht sehen wir mit den Augen, die Musik hören wir mit den Ohren, den Duft gebrannter Mandeln riechen wir mit der Nase und den Fahrtwind des Karussells spüren wir auf der Haut. Licht, Musikgeräusche, Geruchsstoffe und Luftbewegung sind **Reize**. Augen, Ohren, Nase und Haut sind **Sinnesorgane.** In ihnen werden die Reize zu Informationen an das Gehirn umgewandelt. Diese werden durch Nerven transportiert, die Sinnesorgan und Gehirn verbinden. Im Gehirn werden die Meldungen verarbeitet und es entstehen **Wahrnehmungen**, zum Beispiel „grelles Licht", „laute Musik" oder „sanfte Luftbewegung". Schwindligsein ist ebenfalls eine Wahr-

nehmung, die im Gehirn entsteht. Sie kann durch schnelles Drehen hervorgerufen werden. Manchmal gibt es für Schwindel keinen erkennbaren Reiz.

Weitere Reize sind Geschmacksstoffe und Temperaturunterschiede. Zunge und Haut sind die zugehörigen Sinnesorgane.

REIZ UND REAKTION · An einer rot leuchtenden Ampel wartet ein Fußgänger auf „Grün". Sobald die grüne Lampe scheint, fällt ihr Licht in seine Augen. Dies wird über Nerven an sein Gehirn gemeldet und er nimmt das Leuchten wahr. Danach informiert sein Gehirn, ebenfalls über Nerven, einige Muskeln in den Beinen. Die Muskeln ziehen sich zusammen und sein Körper bewegt sich. Diese Bewegung ist seine **Reaktion** auf den Lichtreiz. Auch in anderen Situationen des Lebens hängen Reiz und sichtbare Reaktion eng zusammen. Man spricht daher von einem **Reiz-Reaktions-Schema.**

Einige Reaktionen müssen gelernt werden. Das rote Licht einer Ampel soll als Reiz bei jedem Verkehrsteilnehmer die Reaktion „anhalten und stehen bleiben" hervorrufen. Also muss jeder lernen, dass er bei „Rot" stehen bleibt. Andere Reaktionen auf einen Reiz erfolgen dagegen automatisch. Wer eine heiße Herdplatte anfasst, zieht die Hand zurück.

SICHER IM VERKEHR · Gegenständen, die sich sehr schnell bewegen, wie zum Beispiel Autos, kann man nicht rechtzeitig ausweichen. Wahrnehmung und Reaktion sind zu langsam. In diesem Fall helfen uns Verkehrsregeln, an die sich alle halten. Alle Verkehrsteilnehmer haben zum Beispiel gelernt, auf den Reiz „rote Ampel" zu reagieren.

Es kommt immer wieder vor, dass ein Verkehrsteilnehmer nicht auf die Verkehrszeichen achtet. Dies kann zu einem Unfall führen. Um sich vor Verletzungen als Unfallfolge zu schützen, trägt man zum Beispiel einen Fahrradhelm.

Im Straßenverkehr strömen viele Reize gleichzeitig auf uns ein. Wir können und müssen uns allerdings auf einzelne konzentrieren, sodass wir sie auch wahrnehmen. Wenn wir zum Beispiel die Geräusche des Straßenverkehrs wahrnehmen müssen, dürfen wir nicht gleichzeitig auf unsere Lieblingsmusik aus einem Kopfhörer achten. Deshalb ist beim Fahrradfahren das Musikhören über Kopfhörer verboten.

Manchmal hört man ein Auto, dreht sich nach ihm um, sieht es und geht dann zur Seite. In diesem Fall arbeiten zwei Sinnesorgane geordnet zusammen. Zuerst läuft das Reiz-Reaktions-Schema „Hören – Umdrehen" ab, dann kann das Schema „Sehen – Zur-Seite-Gehen" folgen.

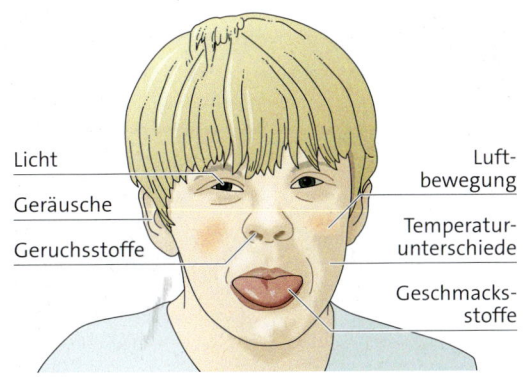

02 Reize und Sinnesorgane

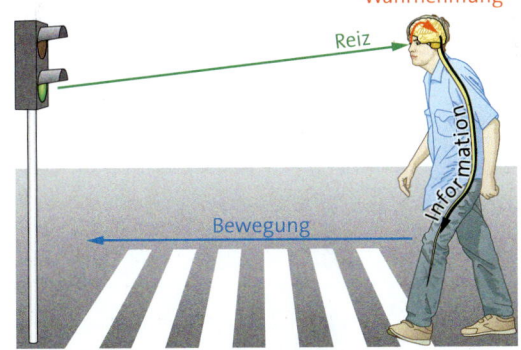

03 Reiz-Reaktions-Schema

04 Ein Helm schützt.

1 ⌡ Nenne zu jedem Sinnesorgan ein Beispiel für einen Reiz und beschreibe die Wahrnehmungen. Nimm Bild 02 zu Hilfe. ▢

2 ⌡ Ein Autofahrer biegt unachtsam nach rechts in eine Nebenstraße ein und schneidet einem Rad fahrenden Kind den Weg ab. Erläutere, auf welche Reize der Autofahrer sich nicht konzentriert hat. ◣

3 ⌡ Das Kind bremst und kommt rechtzeitig zum Stehen. Beschreibe das zugehörige Reiz-Reaktions-Schema. ◣

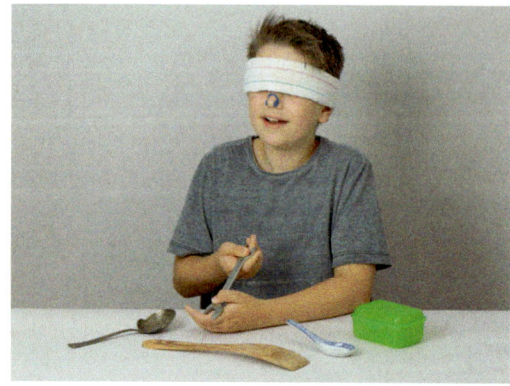

05 Material wird ertastet.

06 Material lässt sich durch Sehen unterscheiden.

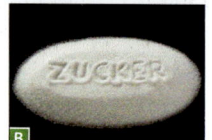

07 Kaum zu unterscheiden: **A** Salz, **B** Zucker

ALLE FÜNF SINNE ERGÄNZEN SICH · Im Alltag hat man mit vielen verschiedenen Gegenständen zu tun. Die Gegenstände unterscheiden sich nicht nur in ihrer Größe, Form und Farbe, sondern auch durch den Geruch und das Material, aus dem sie bestehen. Dabei bestehen die meisten Gegenstände aus mehreren verschiedenen Materialien.

Die verschiedenen Sinne liefern unterschiedliche Informationen. Daher ist es besser, so viele Sinne wie möglich gleichzeitig zu nutzen. Zum Beispiel geben Farbe, Geruch und Härte von Früchten Auskunft über ihren Reifegrad.

Die einzelnen Sinne können durch Training sogar verbessert werden. Dies ist besonders für Menschen mit Sinneseinschränkungen wichtig. Blinde können sich durch gezielte

Schulung ihres Gehörs sehr gut ohne die Hilfe ihrer Augen orientieren.

Die Sinneseindrücke liefern viele wertvolle Informationen über Gegenstände und Materialien in der umgebenden Umwelt.

GRENZEN DER SINNE · Die Sinne erreichen allerdings schnell ihre Grenzen. Viele Materialien lassen sich durch einen einzigen Sinn nicht unterscheiden. Beim Kochen kommt es vor, dass Zucker und Salz verwechselt werden. Rein optisch sind beide sehr ähnlich. Deshalb macht man in diesem Fall vorher eine Geschmacksprobe. Ähnlich verhält es sich mit der Intensität der Sinneseindrücke. So kann man zwar feststellen, ob eine Schokoladentorte süß schmeckt. Aber man kann nicht genau sagen, wie süß sie ist. Der Geschmack besitzt keine allgemeingültige Maßeinteilung, die die „Süße" genau beschreibt, um anderen Menschen den Stärkegrad der Süße mitzuteilen. Man kann ihn nur **subjektiv** wahrnehmen und nicht **objektiv** messen.

Die Tatsache, dass die Sinne begrenzt sind, kann unter Umständen auch sehr gefährliche Folgen haben. Wenn eine Person zum Beispiel allergisch auf Erdnüsse reagiert, dann können schon die geringsten Mengen davon in Lebensmitteln lebensbedrohlich sein, selbst dann, wenn man diese noch nicht schmecken kann. Hierin liegt eine der häufigsten Ursachen für Vergiftungen.

4 ⌡ Notiere, welche Sinne du zur Zuordnung der einzelnen Materialien und Gegenstände nutzen kannst: Säge, Glas, Essig, Silber, Brille, Eisen, Parfüm, Schere, Wolle, Wasser, Bleistift. ☐

5 ⌡ Sammle Ideen, bei welchen Aufgaben unsere Sinne an Grenzen stoßen, und begründe deine Entscheidung. ◗

VERSUCH A ▸ Stoffe mit den Sinnen unterscheiden

In den folgenden Versuchen wirst du mit einem Partner verschiedene Stoffe mithilfe deiner Sinne untersuchen und unterscheiden:

V1 Hören

Material:

Schal oder Tuch, diverse Gegenstände aus verschiedenen Stoffen (zum Beispiel Stifte, Würfelzucker, Papier ...)

Durchführung:

Verbinde deinem Partner die Augen. Lass nun die Gegenstände nacheinander fallen und deinen Partner erraten, um welchen Stoff es sich handelt. Anschließend bist du mit Raten an der Reihe. ☐

V2 Riechen

Material:

12 Kunststoffdöschen, verschiedene Gerüche (stark riechende, aber nicht gesundheitsschädliche Dinge,

zum Beispiel ein Stück Banane, ein Stück Zwiebel, ein Stück Orange, Nelkengewürz ...). Wenn du nicht weißt, ob etwas tatsächlich unschädlich ist, dann frage deinen Lehrer oder deine Lehrerin danach.

Durchführung:

Vorbereitung: Bohre mit einem kleinen Schraubendreher kleine Löcher in die Döschen. Beschrifte anschließend je zwei Dosen auf der Unterseite mit dem gleichen Namen des Geruchsstoffs und fülle sie mit dem gleichen Geruchsstoff.
Spiel: Spiele mit deinem Partner und den vorliegenden Filmdöschen Memory. Jeder darf der Reihe nach zwei Döschen auswählen und daran riechen. Wenn einer von euch den gleichen Geruch in zwei Döschen gefunden hat, gehört ihm das Dosenpärchen. Zum Absichern könnt ihr die Döschen umdrehen und lesen, was ihr gerochen habt und ob es zwei gleiche Gerüche sind. ☐

V3 Schmecken

Material:

verschiedene Schokoladen (Hersteller, Sorten), Schal oder Tuch zum Verbinden der Augen

Durchführung:

Dein Partner verbindet dir die Augen und reicht dir nacheinander kleine Stücke der unter-

schiedlichen Schokoladensorten. Versuche mit verbundenen Augen die Sorten zu bestimmen. Anschließend ist dein Partner mit dem Probieren an der Reihe. ☐

V4 Tasten

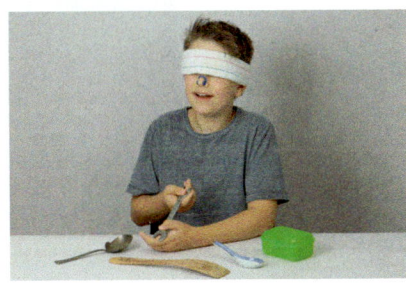

Material:

verschiedene Stoffe (Kaffeepulver, Salz, Zucker ...), verschiedene Gegenstände (Kerze, Seife mit verschiedenen Formen, Wolle ...), Nasenklemme (Wäscheklammer), Schal oder Tuch

Durchführung:

Verbinde deinem Partner die Augen und setze ihm die Nasenklemme auf. Gib deinem Partner nach und nach die verschiedenen Stoffe und Gegenstände und lass ihn sie ertasten. Dein Partner soll sagen, um welchen Stoff es sich handelt. Falls er ihn durch Tasten nicht erkennen kann, darf er die Nasenklemme abnehmen und zudem noch riechen. Anschließend bist du an der Reihe. ☐

01 Lesen am Schreibtisch

Das Auge – das Tor zur Welt

> *Wer im dunklen Zimmer lesen möchte, schaltet eine Lampe ein. Nur wenn das Buch mit Licht beschienen wird, kann man den Text und auch die Abbildungen erkennen. Weshalb benötigt man Licht beim Sehen?*

DER WEG DES LICHTS · Das von der Lampe beleuchtete Buch reflektiert, also spiegelt das Licht. Damit man lesen kann, muss dieses Licht ins Innere des Auges gelangen.

Das nahezu kugelförmige Auge ist von einer festen Haut umgeben, deren vorderer Teil durchsichtig ist. Dieser Teil heißt **Hornhaut**. Die Hornhaut dient zum Schutz des Auges und sorgt dafür, dass keine Fremdkörper eindringen können. Durch die Hornhaut und die **Pupille** gelangt das Licht ins Auge. Die Pupille ist ein Sehloch, das von der farbigen **Iris** oder *Regenbogenhaut* umgeben ist. Mithilfe von Muskeln wird das Auge beim Lesen so ausgerichtet, dass es von der betrachteten Stelle Licht erhält.

Bei starker Beleuchtung reflektiert die Buchseite viel Licht. Dann zieht sich die Iris zusammen und die Pupille wird enger. Bei geringerem Lichteinfall wird die Pupille weiter. So gelangt immer die angemessene Menge Licht ins Innere des Auges. Im Auge trifft das Licht auf die Linse, die direkt hinter der Pupille liegt. Die Linse sorgt für ein scharfes Bild. Sie lenkt das Licht durch den **Glaskörper** zur **Netzhaut**. Der durchsichtige Glaskörper besteht aus einer geleeartigen Masse und füllt das Augeninnere zum größten Teil aus. Die Netzhaut befindet sich hinter dem Glaskörper und enthält **Lichtsinneszellen**, die mit Nervenzellen verbunden sind. Die Lichtsinneszellen der Netzhaut wandeln Lichtreize in **Erregungen** in Form von *elektrischen Impulsen* um. Die Impulse werden von den Lichtsinneszellen über den **Sehnerv** zum Gehirn geleitet. Das Gehirn wertet dann aus, wo viel und wo wenig Licht aufgetroffen ist, und setzt es zu einem Bild zusammen.

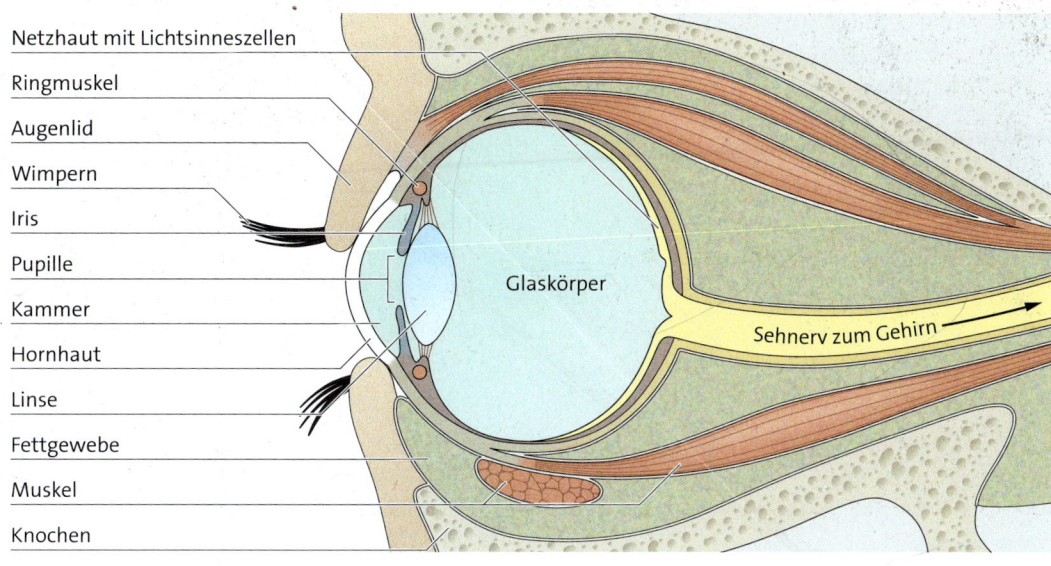

Netzhaut mit Lichtsinneszellen
Ringmuskel
Augenlid
Wimpern
Iris
Pupille
Kammer
Hornhaut
Linse
Fettgewebe
Muskel
Knochen

Glaskörper

Sehnerv zum Gehirn

02 Bau des Auges
(Längsschnitt)

FARBSEHEN · Sinneszellen können unterschiedlich auf Licht reagieren. Die Netzhaut enthält zwei Arten von Sinneszellen. Für das Hell-Dunkel-Sehen sind die sogenannten *Stäbchen* verantwortlich. Das Farbensehen wird durch die *Zapfen* ermöglicht. Dabei reagieren die Stäbchen sehr viel empfindlicher auf Licht als die Zapfen.

Tagsüber fällt viel Licht auf die Sinneszellen, wodurch neben den Stäbchen die Zapfen aktiviert werden und so Farbensehen möglich ist. Nachts hingegen ist der Lichteinfall deutlich geringer und nur die Stäbchen werden aktiviert. Deshalb kann man nur Umrisse oder Hell-Dunkel-Unterschiede wahrnehmen. Daher kommt auch die Redewendung „Nachts sind alle Katzen grau".

An der Stelle, an der der Sehnerv aus dem Auge austritt, befinden sich keine Sinneszellen. Hier kann man nichts sehen. Diese Stelle wird daher als **blinder Fleck** bezeichnet. Der Punkt, an dem man am schärfsten sehen kann, wird *gelber Fleck* genannt. An diesem Punkt befinden sich ausschließlich Zapfen.

RÄUMLICHES SEHEN · Wenn man am Schreibtisch sitzt, kann man erkennen, welche Bücher näher bei einem liegen und welche weiter entfernt sind. Man ist also in der Lage, einen Raum dreidimensional wahrzunehmen. Dieses **räumliche Sehen** ist möglich, weil die beiden Augen vorne am Kopf nebeneinander liegen. Dabei gelangt das Licht aus leicht abweichenden Richtungen in die Augen. Auf den beiden Netzhäuten entstehen dabei etwas unterschiedliche Bilder. Im Gehirn werden die beiden zweidimensionalen Bilder dann zu einem dreidimensionalen Bild zusammengefügt.

Diese Fähigkeit des Gehirns, aus zwei Bildern einen räumlichen Eindruck zu erzeugen, wird im 3D-Kino ausgenutzt. Dazu werden zwei Filme auf die Leinwand projiziert, einer für das linke und einer für das rechte Auge. Spezielle Brillen sorgen dafür, dass das Licht des einen Films in das linke Auge und das Licht des anderen in das rechte Auge gelangt. Das Gehirn macht daraus einen räumlichen Eindruck.

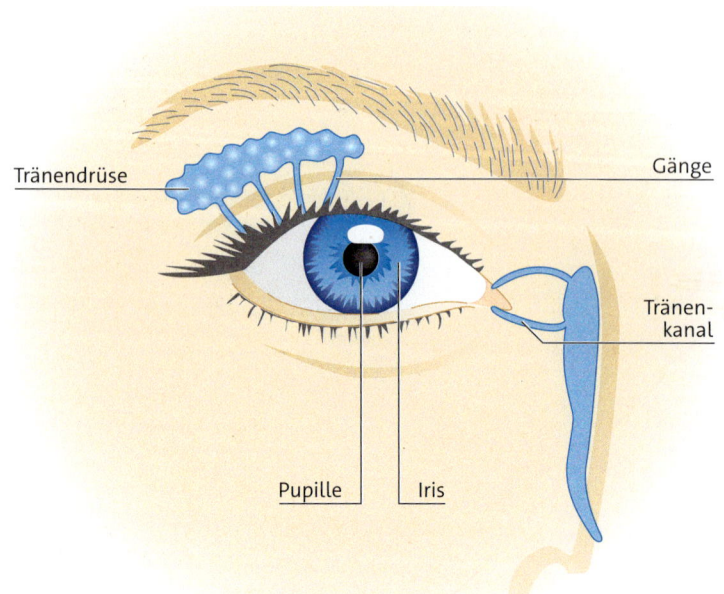

Tränendrüse

Gänge

Tränen-
kanal

Pupille   Iris

03 Transport von
Tränen

SEHEN UND WAHRNEHMEN · Um einen Gegenstand letztendlich wahrnehmen zu können, wird das Gehirn benötigt. Die Sinneszellen der Netzhaut leiten sämtliche Informationen über Nervenbahnen an das Gehirn weiter. Hier werden diese Impulse verarbeitet. Dabei interpretiert das Gehirn die Umwelt entsprechend bereits gemachter Erfahrungen. Das bedeutet, wenn man zuvor schon etwas Vergleichbares gesehen hat, lässt es sich einem Gegenstand oder einer Person zuordnen und so erkennen. Damit ein Buch gelesen werden kann, müssen somit das Gehirn und das Auge zusammenarbeiten, um die Wahrnehmung von Texten und Bildern zu erzeugen.

SCHUTZ DES AUGES · Gegen alltägliche Belastungen ist das Auge geschützt. Es liegt in einer *knöchernen Augenhöhle*, die mit Fettgewebe ausgepolstert ist. Dadurch ist es Schlägen und Stößen nicht direkt ausgesetzt. Vor dem Auge befinden sich zwei Hautfalten, das obere und das untere **Augenlid**, an denen besondere Haare wachsen, die **Wimpern**. Die *Tränendrüse*, eine Drüse oberhalb des Auges, gibt Tränenflüssigkeit ab. Sie hält über das regelmäßige Schließen der Lider die Hornhaut ständig feucht. Staub und andere kleine Fremdkörper werden durch den *Tränenkanal* weggespült.

Augenlider schließen sich auch, um Fremdkörper vom Auge fernzuhalten. Dieser Vorgang wird **Lidschlussreflex** genannt. Es ist ein Schutzmechanismus des Auges, um Schädigung des Augapfels vorzubeugen. Er wird ausgelöst, sobald mechanisch auf die Hornhaut und die nähere Augenumgebung eingewirkt wird. Dann verschließen sich die Augenlider blitzartig. So etwas kann zum Beispiel ein Sandkorn oder auch eine Fliege auslösen.

Sind Hornhaut, Linse oder Glaskörper beschädigt, lenken sie das ins Auge fallende Licht falsch ab. Es könnte auch sein, dass nicht mehr genügend Licht hindurchkommt, um noch sehen zu können.

Wenn man Arbeiten durchführt, bei denen Splitter oder schädliche Chemikalien an oder in das Auge gelangen könnten, setzt man daher eine Schutzbrille auf.

Sehr starkes Licht wie direktes Sonnenlicht kann die Lichtsinneszellen zerstören. Deshalb trägt man bei starkem Licht eine Sonnenbrille.

1 Nenne die von außen sichtbaren Teile des Auges und deren Funktionen. ☐

2 Beschreibe den Weg des Lichts durch das Auge. ☐

3 Erkläre den Satz: Nachts sind alle Katzen grau.

4 Begründe, warum sich das Augenlid bei einem Windstoß blitzartig schließt.

Material A ▶ Immer die richtige Menge Licht

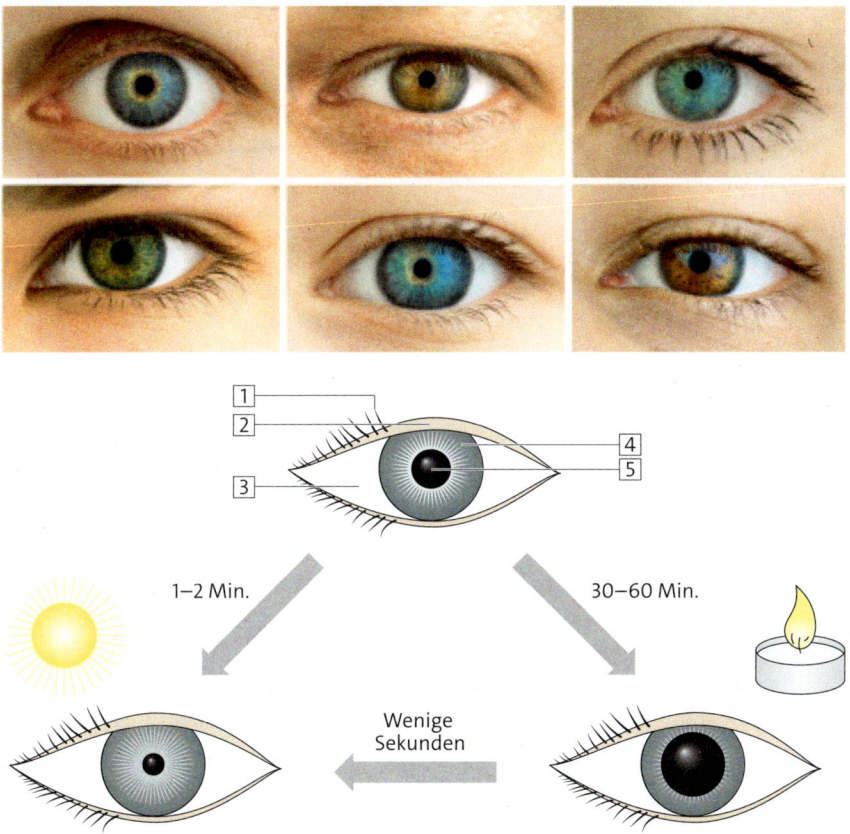

A1 Betrachte deine Augen in einem Spiegel und beschreibe, welche Augenfarbe du hast. ⬭

A2 Notiere in einer Tabelle alle Augenfarben, die in deiner Klasse vorkommen. Trage ein, wie oft jede Augenfarbe vorkommt. ⬭

A3 Ordne den mit Zahlen gekennzeichneten Bestandteilen des Auges die entsprechenden Fachbegriffe zu und notiere ihre Funktion. ◗

A4 Erkläre die Prozessabläufe der Lichtanpassung links und rechts in der Abbildung. ◗

A5 Betrachte die drei Zeitangaben der Hell-Dunkel-Anpassung. Begründe die Unterschiede. ◼

A6 Erläutere die Bedeutung der unterschiedlichen Anpassungszeiten für den Straßenverkehr. ◼

Material B ▶ Optische Täuschung

B1 Beschreibe die Abbildung. ⬭

B2 Miss mit einem Lineal die Größen der drei Menschen. Notiere das Ergebnis in deinem Heft. ⬭

B3 Schau das Bild von rechts her so an, dass du ganz flach über die Buchseite blickst. Drehe das Buch zurück und erläutere, dass dein Eindruck von den Körpergrößen eine Täuschung ist. ◗

Ein Protokoll anfertigen

Der Lidschlussreflex als Schutzmechanismus wird nicht nur mechanisch ausgelöst. Ein unwillkürlicher Lidschluss tritt auch bei starker Lichtreizung des Auges auf, bei spontanen akustischen Reizen sowie als Folge eines Schreckreizes. Bis zu welchem Abstand das erfolgt, lässt sich im Versuch bestimmen.

Damit man nach einiger Zeit noch weiß, wie man vorgegangen ist und was man beobachtet hat, erstellt man ein Protokoll des Versuchs. So können auch andere Personen den Versuch anhand des Protokolls nachvollziehen. Zu einem Protokoll gehören:

1. Frage/Versuchsziel: Schreibe auf, was mit dem Versuch untersucht werden soll.

2. Vermutungen: Formuliere Vermutungen, die im Versuch bestätigt werden oder nicht.

3. Materialien: Erstelle eine Liste der benötigten Materialien.

4. Durchführung: Beschreibe die Durchführung des Versuchs möglichst genau. Hier sollte eine Skizze vom Versuchsaufbau erstellt werden.

5. Beobachtung: Schreibe übersichtlich auf, was du gesehen oder gemessen hast.

6. Auswertung:
a) Ergebnis: Formuliere ein Ergebnis für den Versuch.
b) Erklärung: Notiere eine Erklärung zur Frage.

7. Schwierigkeiten und Fehler: Notiere, ob es beim Versuch Probleme oder Fehler gab und mache wenn nötig Änderungsvorschläge.

Frage:
Bis zu welchem Abstand wird der Lidschlussreflex ausgelöst?
Vermutungen: a) 50 cm, b) 150 cm
Materialien: 1 Buch, freier Fußboden

Durchführung:

Skizze:

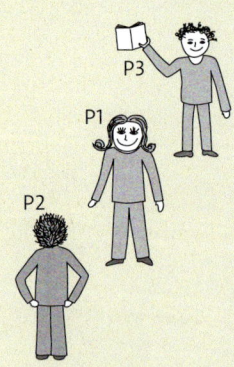

Person 1 stellt sich in den Raum und versucht die Augen offen zu halten.
Person 2 stellt sich vor die Versuchsperson und beobachtet sie gewissenhaft.
Person 3 nimmt ein Buch, stellt sich hinter die Versuchsperson und wirft es kräftig auf den Boden. Dieser Vorgang wiederholt sich bei den Abständen 25 cm; 50 cm; 75 cm; 100 cm; 125 cm; 150 cm; 175 cm; 200 cm.
Danach wechseln die Rollen der Personen.

Beobachtung:
Augenlider schließen: ✓   Augenlider schließen nicht: ✗

	25 cm	50 cm	75 cm	100 cm	125 cm	150 cm	175 cm	200 cm
P1	✓	✓	✓	✓	✓	✓	✗	✗
P2	✓	✓	✓	✓	✓	✓	✗	✗
P3	✓	✗	✗	✓	✗	✓	✗	✗

a) Ergebnis:
Die Augen schließen sich bei einem Abstand von 175 cm bei allen drei Versuchspersonen nicht mehr.

b) Erklärung:
Die Augenlider schließen sich bis zu einem Abstand von 150 cm. Dieser unwillkürliche Lidschluss tritt bei spontanen akustischen Reizen sowie als Folge auf einen Schreckreiz ein, um das Auge vor bevorstehenden Gefahren zu schützen.

Schwierigkeiten:
Person 2 hatte Schwierigkeiten, das Buch richtig auf den Boden zu werfen, weshalb bei Person 3 der Schreckreiz teils ausblieb.

VERSUCH A ▸ Wie siehst du?

In den folgenden Versuchen findest du heraus, wie sich deine Augen an verschiedene Situationen anpassen:

V1 Sehweite des Auges

Bei einer Sammellinse wird ein Gegenstand nur dann auf einem Schirm abgebildet, wenn er einen Mindestabstand zur Linse hat. Ähnliches gilt auch für das Auge. Dies kannst du in einem Experiment feststellen.

Material:

Papier, Lineal

Durchführung:

Schreibe verschieden große Buchstaben auf ein Blatt Papier und lege das Blatt auf den Tisch. Nähere dich langsam von oben dem Blatt und versuche festzustellen, bis zu welchem Abstand du die Buchstaben gerade noch scharf erkennen kannst. Miss mit dem Lineal den Abstand zwischen Auge und Papier. ☐

V2 Modellversuch zum Auge

Material:

mit Wasser gefüllte, kleine Luftballons (Wasserbomben) mit hellen Farben, Teelicht, Pappring

Durchführung:

a) Stelle eine Wasserbombe in den Pappring und das Teelicht davor. Beobachte die Rückseite der Wasserbombe. Beschreibe, was du siehst. Ordne Elementen des Versuchs Elemente beim Sehen zu. Verwende dabei die Worte Augapfel, Wasserbombenrückseite, Gegenstand, Kerze, Netzhaut und Wasserbombe. ◖

b) Nimm eine weitere Wasserbombe. Versuche, das Bild der Kerze auf der Rückseite der ersten Wasserbombe besser zu fokussieren. Beschreibe deine Erfahrungen. Ordne Elementen des Versuchs Elemente beim Sehen zu. ◖

V3 Perspektivisches Sehen

Material:

Papier

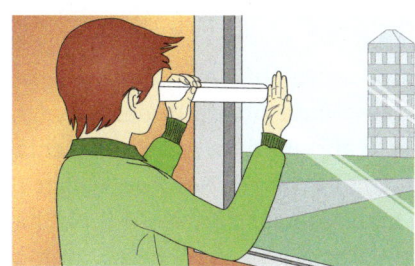

Durchführung:

a) Rolle ein Blatt Papier zu einer Röhre und halte sie direkt vor ein Auge. Halte die andere Hand so neben die Röhre, dass du sie mit dem anderen Auge sehen kannst. Beschreibe, was du siehst, wenn du deine Augen auf „in die Ferne sehen" einstellst. ☐

b) Halte dir ein Auge zu und versuche, verschiedene Gegenstände auf dem Tisch vor dir mit einem Finger der anderen Hand zu berühren. Begründe, warum dies schwierig ist. ◖

V4 Der blinde Fleck

Die Stelle im Auge, an der der Sehnerv das Auge verlässt, enthält keine lichtempfindlichen Zellen. Das Licht, das dorthin gelangt, wird nicht registriert. Dieser Bereich der Netzhaut heißt blinder Fleck. Den blinden Fleck kannst du im Folgenden erfahren.

Material:

die folgende Abbildung

★ ●

Durchführung:

Halte das linke Auge mit einer Hand zu und schaue mit dem rechten Auge auf den Stern. Nähere dich langsam dem Buch. Beschreibe deine Beobachtung. Kannst du den Kreis während der ganzen Zeit sehen? Erkläre deine Beobachtung. ◖

01 Musikhören zur Entspannung

Das Ohr – Hören von Musik

Musik hören, wer macht das nicht gern. Der Schall ist dafür verantwortlich, dass diese Lieblingsbeschäftigung möglich ist, dass man miteinander sprechen oder auch Gefahren wie heranfahrende Autos rechtzeitig wahrnehmen kann. Dabei stellt sich die Frage, wie hören wir?

SCHALL · Sämtliche Geräusche, die das Ohr erreichen, nennt man Schall. Musik etwa kann sowohl über den Computer oder das Smartphone als auch durch das Zupfen von Gitarrensaiten oder das Schlagen einer Trommel erzeugt werden. Egal wie man ihn erzeugt, bei der Bildung von Schall entstehen in allen Fällen Schwingungen, die man als Schall wahrnimmt.

Nimmt man beispielsweise ein Lineal und hält es mit der einen Hand oberhalb der Tischkante gut fest, während man mit der anderen daran zupft, hört man einen Ton. Gleichzeitig sieht man, wie das Lineal auf- und abschwingt. Solange es schwingt, sendet es Schallwellen aus, es wirkt als **Schallquelle**. Über die Luft gelangen die Schallwellen zum Ohr, es ist der **Schallempfänger**.

LAUT UND LEISE, HOCH UND TIEF · Je länger der schwingende Teil des Lineals ist, desto besser kann man die Bewegung erkennen. Ist er zu lang, dann hört man keinen richtigen Ton mehr. Wenn man aber den schwingenden Teil des Lineals immer mehr verkürzt, schwingt das Lineal schneller. Dabei wird der Ton höher und man hört ihn deutlicher. Schneller bedeutet, dass das Lineal öfter in einer bestimmten Zeit hin- und herschwingt. Die Tonhöhe hängt also davon ab, wie oft sich das Lineal, beispielsweise in einer Sekunde, hin- und herbewegt. Wenn man das Lineal stärker anschlägt, wird es dabei weiter ausgelenkt. Der Ton wird hierdurch lauter. Die Lautstärke hängt also davon ab, wie weit das Lineal hin- und herschwingt.

02 Schwingendes Lineal

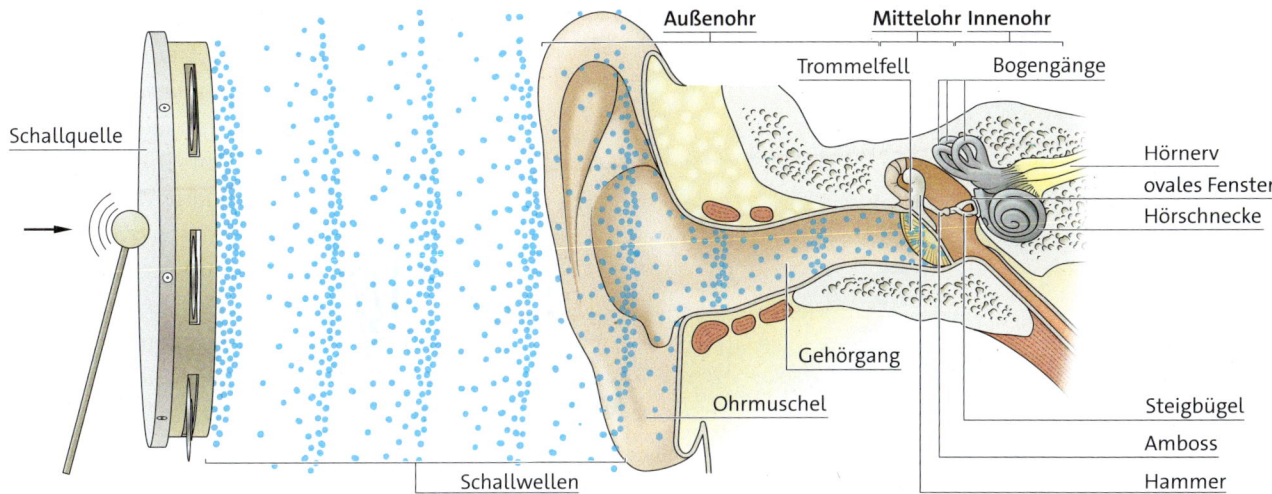

Schallquelle

Außenohr   Mittelohr Innenohr

Trommelfell   Bogengänge

Hörnerv

ovales Fenster

Hörschnecke

Gehörgang

Ohrmuschel

Steigbügel

Amboss

Hammer

Schallwellen

03 Der Weg des Schalls

BAU DES OHRES · Das menschliche Ohr wird in drei aufeinanderfolgende Bereiche unterteilt. Das **Außenohr** mit der trichterförmigen Ohrmuschel und dem Gehörgang endet am *Trommelfell*. Das luftgefüllte **Mittelohr** enthält die drei eng miteinander verbundenen *Gehörknöchelchen* Hammer, Amboss und Steigbügel. Das **Innenohr** besteht aus einem kompliziert gebauten Gangsystem, das mit Flüssigkeit gefüllt ist. Ein Teil davon ist die Hörschnecke, die die **Hörsinneszellen** enthält. Die Sinneszellen sind mit Nervenzellen verbunden, welche die Schnecke verlassen und als **Hörnerv** zum Gehirn führen. Ein weiterer Teil sind die *Bogengänge* mit Sinneszellen für das Gleichgewicht.

SCHALLWEITERLEITUNG · Die trichterförmige Ohrmuschel ist der sichtbare Teil des Ohres. Sie fängt den Schall auf und leitet ihn über den Gehörgang zum Trommelfell weiter. Es besteht aus einer dünnen Haut, die von den Schallwellen in Schwingungen versetzt wird. Das Trommelfell ist mit dem ersten der drei Gehörknöchelchen verwachsen. Schwingt das Trommelfell, schwingen alle Gehörknöchelchen mit.

Diese bewegen eine elastische Haut an der **Hörschnecke**, das *ovale Fenster*. Die Schnecke ist das eigentliche Hörorgan.
Die Schwingungen werden auf die Flüssigkeit in der Schnecke übertragen und bewegen dort feine Härchen von Hörsinneszellen. Diese wandeln die Schwingungen in elektrische Impulse um. Dabei reagiert eine Sinneszelle nur auf Schwingungen einer bestimmten Tonhöhe. Die Sinneszellen sind in der Schnecke so angeordnet, dass die vorderen auf hohe Töne reagieren, die weiter innen liegenden durch immer tiefere Töne gereizt werden. Die entstandenen elektrischen Impulse werden über den Hörnerv in das Gehirn geleitet. Die Nervenzellen übermitteln dem Gehirn auch die Information, welche Sinneszellen gereizt wurden. So kann das Gehirn hohe und tiefe Töne unterscheiden.
Lauter Schall führt zu stärkeren Schwingungen der Flüssigkeit als leiser Schall. Dadurch kann das Gehirn auch die Lautstärke von Schall unterscheiden. Das Gehirn wertet alle ankommenden Impulse aus und erkennt das Gehörte. Das Hören von Musik ist somit also ein Zusammenspiel von den Ohren und dem Gehirn.

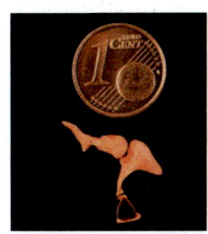

04 Gehörknöchelchen in Originalgröße

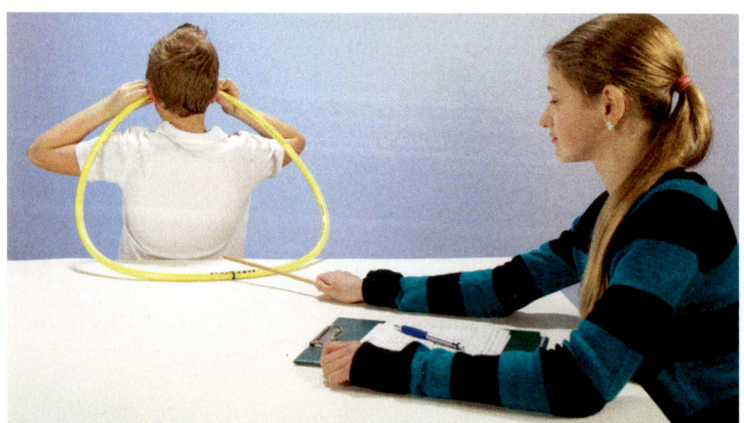

05 Versuch zum Richtungshören

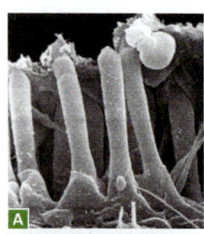

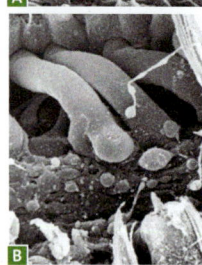

06 Hörsinneszellen mit Härchen:
A intakt, B zerstört

SCHALLÜBERTRAGUNG · Ein Gong, der stark schwingt, klingt lauter als ein Gong, der nur wenig schwingt. Wenn Schall in weiter Ferne erzeugt wird, klingt er leiser als Schall aus der Nähe. Also werden die Schwingungen über größere Entfernung schwächer. Der Schall kann sowohl durch feste Stoffe als auch durch Flüssigkeiten und Luft übertragen werden.

RICHTUNGSHÖREN · In einem Versuch hält sich die Versuchsperson die offenen Enden eines Gummischlauchs an die Ohren. Eine zweite Person schlägt mit einem dünnen Stab kräftig auf eine Stelle des Schlauches. Die Versuchsperson gibt an, ob sie den Schall von links, von rechts oder aus der Mitte kommend wahrnimmt. Ist auf dem Schlauch eine Skala aufgetragen, kann man messen, ab welchem Abstand von der Mitte die Versuchsperson die Richtung korrekt angibt. Bei vielen Menschen beträgt dieser Abstand etwa einen Zentimeter. Wie funktioniert das?
Das Gehirn ist in der Lage, Zeitunterschiede von einer zehntausendstel Sekunde zwischen dem Eintreffen des Schalls am linken und am rechten Ohr festzustellen. Diese Fähigkeit ermöglicht räumliches Hören oder Richtungshören.

SCHUTZ DES OHRES · Bei einem Sturz wird das Innenohr durch seine Lage im Schädel vor direkten Verletzungen bewahrt. Gegen lauten Schall ist es jedoch nicht geschützt. Viele Menschen schädigen ihr Gehör dadurch, dass sie lange Zeit laut Musik hören, zum Beispiel über das Tragen von In-Ear-Kopfhörern. Bei diesen Kopfhörern befindet sich die Schallquelle direkt im Gehörgang und damit unmittelbar vor dem Trommelfell. Das kann dort zu einem Schallpegel von weit über 100 Dezibel führen. Dezibel, kurz dB, ist die Maßeinheit für Schall.
Um das Ohr nicht zu schädigen, sollte der Wert nicht dauerhaft über 80 dB liegen. Hohe Dauerbelastungen führen letztlich zu Schwerhörigkeit. Um dem vorzubeugen, müssen solche Dauerbelastungen des Gehörs vermieden werden. An manchen Arbeitsplätzen muss man daher Gehörschutz tragen. Auch ein kurzzeitiger, sehr lauter Schall, ein Knall, kann zu einer dauerhaften Schädigung führen.
Der Grund für die Schädigung ist, dass dauerhafte oder sehr starke Einwirkung lauten Schalls die feinen Härchen der Hörsinneszellen zerstört. Da die vorn in der Schnecke liegenden Sinneszellen zuerst betroffen sind, kann man als Erstes die hohen Töne nicht mehr hören.

1 ﹚ Erstelle eine zweispaltige Tabelle und notiere die Bestandteile des Ohres sowie deren Funktion. ☐

2 ﹚ Beschreibe, wie die Schwingungen einer Trommel bis ins Innenohr kommen. ☐

3 ﹚ Erkläre, wie die Lautstärke einer Trommel verändert werden kann. ◗

4 ﹚ Erläutere, wie man erkennt, dass ein lauter Ton von links kommt. ◗

Material A ▸ Schallumlenkung

In einem hohen Glas liegt ein laut tickender Küchenwecker. Die Versuchsperson steht etwa zwei Meter entfernt. Sie kann das Ticken der Uhr nicht hören. Eine zweite Person hält einen Spiegel so über die Glasöffnung, dass die Versuchsperson die Uhr darin sehen kann. Jetzt kann sie das Ticken des Weckers hören. Wenn man die richtige Position kennt, kann man den Spiegel auch gegen eine Platte mit glatter Oberfläche austauschen.

A1 Formuliere eine Versuchsfrage.

A2 Erkläre, weshalb die Versuchsperson das Ticken ohne Spiegel nicht hört, wenn sie zwei Meter vom Glas entfernt ist.

A3 Erläutere mithilfe des Versuchsergebnisses, wie sich zwei Menschen unterhalten können, die auf zwei Seiten einer hohen Mauer stehen.

Material B ▸ Schwingungen und Hören

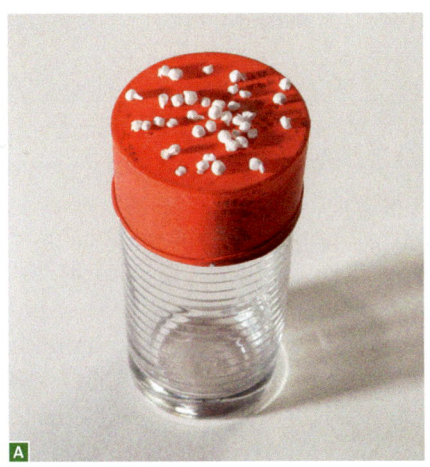

A

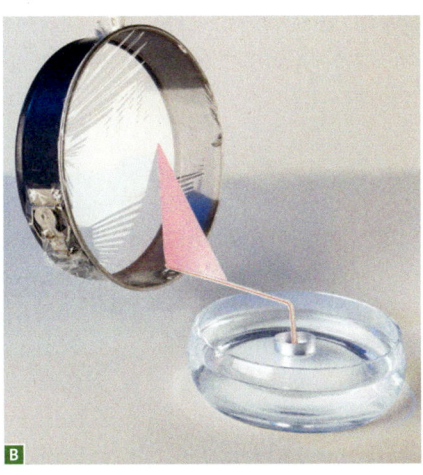

B

Modell A: Die Öffnung eines Trinkglases ist mit einem aufgeschnittenen Luftballon bespannt. Auf ihm liegen Gries- oder Styroporkügelchen. Laute Musik aus einem Lautsprecher in der Nähe lässt die Kügelchen hüpfen.

Modell B: Ein Kuchenring ist mit Folie bespannt. An dieser ist mithilfe eines Papierdreiecks ein Strohhalm oder Pfeifenputzer befestigt, der im Wachs eines Teelichts steckt, das in einer Schale auf dem Wasser schwimmt.

B1 Erkläre, weshalb im Modell A die Styroporkügelchen hüpfen. Erläutere die Funktion des Trommelfells.

B2 Ordne dem Modell B Bauteile des Ohres zu.

B3 Erläutere am Modell B, wie ein Gongschlag die Flüssigkeit in der Schnecke des Innenohrs schwingen lässt.

01 Barfußpfad

Die Haut – nicht nur ein Sinnesorgan

Mit nackten Füßen spürt man die unterschiedlichen Bodenbeläge: Der Holzbalken fühlt sich warm an und drückt gleichmäßig unter den Fußsohlen. Kieselsteine sind glatt, spitze Steine pieken. In der Sonne sind Steine sehr heiß. Dies alles erfahren wir über die Haut. Wie funktioniert das?

AUFBAU DER HAUT · Die Haut schließt den menschlichen Körper nach außen ab. Sie ist an den Handinnenflächen und den Fußsohlen bis zu mehreren Millimetern dick. An den meisten Körperstellen ist sie aber deutlich dünner als ein zehntel Millimeter.
Erst unter dem Mikroskop sieht man, dass die Haut aus verschiedenen Schichten aufgebaut ist. Außen gibt es eine **Hornschicht.** Sie besteht aus abgestorbenen Zellen der **Oberhaut.** Darunter liegt die **Lederhaut.** An sie schließt sich die **Unterhaut** an. Wichtige Bestandteile der Haut sind Schweißdrüsen und Haare. Diese stecken in Haarbälgen mit

Talgdrüsen. Die Haare fehlen nur an wenigen Stellen der Haut. Einige Zellen der Oberhaut bilden einen Farbstoff, der für die Hautfarbe verantwortlich ist. In der gesamten Haut verlaufen Blutgefäße.

In der Haut befinden sich verschiedene Sinnes- und Nervenzellen. Die meisten von ihnen liegen in der Lederhaut, einige auch in der Unterhaut. Sie reagieren auf spezielle Reize und werden entsprechend benannt. So gibt es Sinneszellen für Druck, Berührung, Bewegung, Vibration, Kälte und Wärme, sowie freie Nervenendigungen für Schmerzempfinden. Daher ist die Haut ein Sinnesorgan für viele verschiedene Sinneseindrücke. Wenn man über einen Barfußpfad läuft, sind also mehrere unterschiedliche Sinneseindrücke möglich.

1 Beschreibe den Aufbau der Haut. Nimm Abbildung 02 zu Hilfe. ☐

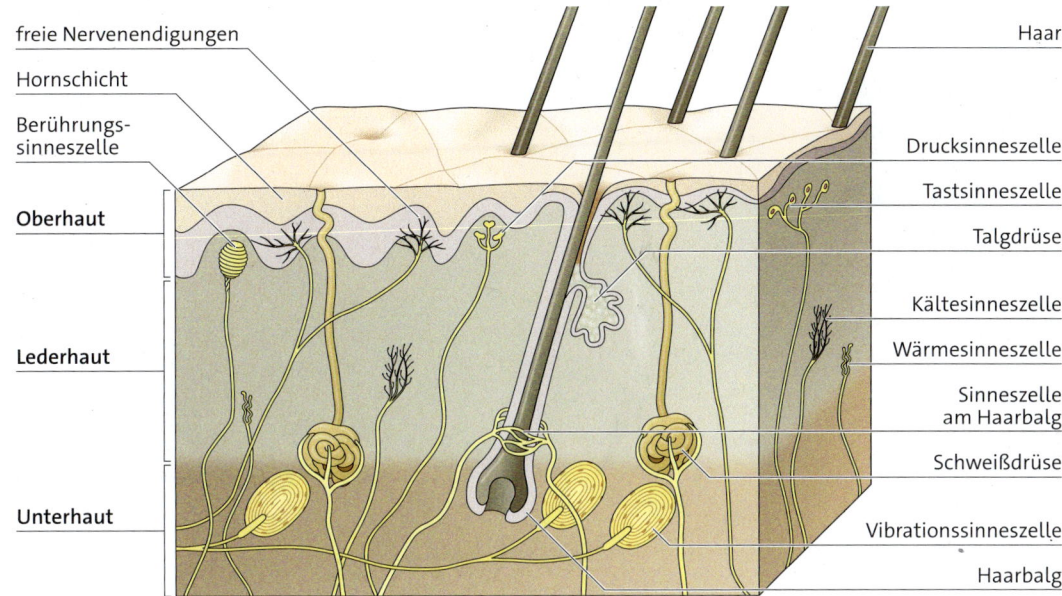

freie Nervenendigungen

Hornschicht

Berührungs-
sinneszelle

Oberhaut

Lederhaut

Unterhaut

Haar

Drucksinneszelle

Tastsinneszelle

Talgdrüse

Kältesinneszelle

Wärmesinneszelle

Sinneszelle
am Haarbalg

Schweißdrüse

Vibrationssinneszelle

Haarbalg

02 Sinneszellen in
der Haut

BAU UND SINNESFUNKTION · Die Sinneszellen sind auf der gesamten Hautfläche
verteilt. So kann man an allen Stellen seines
Körpers Sinneseindrücke sammeln.
Sinneszellen für verschiedene Reize liegen
unterschiedlich tief in der Haut. Diejenigen,
die nah unter der Hornschicht liegen, zeigen am besten an, woher der Reiz kommt.
Zu ihnen gehören die meisten Sinneszellen
für den **Tastsinn**. Sie sind Bestandteil der
Lederhaut.
Bewegung wird mithilfe der Sinneszellen
wahrgenommen, die an den Haarbälgen
anliegen. Sie sind mit den Haaren Teil der
Oberhaut, aber in die Lederhaut abgesenkt.
Wenn Wind an Körperstellen mit Haaren
vorbeistreift, kann mithilfe der Sinneszellen an den Haarbälgen schnelle Bewegung
der Haare von langsamer unterschieden
werden.
In der Unterhaut befinden sich die Sinneszellen, die auf Vibrationen reagieren.
Sinneszellen sind in den verschiedenen Körperstellen unterschiedlich verteilt. Besonders viele Sinneszellen, die auf Berührung

reagieren, sind in der Haut der Fingerspit-
zen vorhanden. Daher war es möglich, eine
Schrift für Blinde zu entwickeln, die man
mit den Fingerspitzen ertasten kann.
Dagegen sind am Rücken die wenigsten
Sinneszellen für Berührungsreize.

2 ⌡ Nenne die Sinneszellen, die auf dem
Barfußpfad in Abbildung 01 Reize erhalten. ☐

3 ⌡ Erläutere, wie Aufbau und Funktion
der Haut als Sinnesorgan zueinander
passen. Gehe dabei auf die Verteilung
der Sinneszellen ein. ◗

03 Medikamenten-
schachtel mit
Blindenschrift

04 Versuch zum Wärmesinn

WEITERE SINNESFUNKTIONEN · Eine Versuchsperson hält ihre Hand flach auf den Tisch. Die Versuchsleiterin berührt mit einer kalten oder mit einer warmen Nadel eine Stelle auf der Haut. Die Versuchsperson gibt an, ob sie an der berührten Stelle Wärme oder Kälte empfindet. Dadurch findet man die Lage von Wärmesinneszellen und Kältesinneszellen. Sie sind überall in der Haut vorhanden, aber in verschiedenen Hautbereichen in unterschiedlicher Anzahl. Am dichtesten liegen sie in der Haut von Nase, Lippen, Stirn und Handrücken.

Da man über die Gesichtshaut besonders viel Wärme verliert, ist es passend, dass dort viele Sinneszellen vorhanden sind. So nimmt man die Kälte und damit den Wärmeverlust besonders gut wahr und kann sich frühzeitig schützen.

Bei großer Hitze, Kälte oder sehr starkem Druck auf eine Hautstelle senden die freien Nervenendigungen Signale an das Gehirn. Man empfindet in diesem Fall Schmerz.

SCHUTZ DER HAUT · Die Talgdrüsen produzieren Fette, die sich verteilen. Sie bieten Schutz vor Austrocknung der Haut. Diese Schutzschicht kann zum Beispiel bei längerem Aufenthalt im Wasser verschwinden. Eine fettende Hautcreme hilft dagegen.

Im Allgemeinen schützt eine dickere Haut mit dunklerer Hautfarbe besser vor ultraviolettem Licht als eine helle, dünne Haut. Trotzdem muss jeder seine Haut vor intensiver Sonneneinstrahlung schützen. Denn jeder Sonnenbrand ist schädlich, und die Haut „vergisst nicht". Das bedeutet, dass jeder Sonnenbrand das Risiko steigert, an Hautkrebs zu erkranken.

Muss man mit heißen oder gefährlichen Stoffen umgehen, beugen Schutzhandschuhe und Schutzkleidung Verbrennungen, Verätzungen oder anderen Hautschäden vor. In der Schule kommt dies beim Experimentieren vor.

05 Sinneszellverteilung

Körperregion	Sinneszellen pro 10 cm²	
	Kälte	Wärme
Nase	104	10
Handrücken	74	6
Oberschenkel	48	4

Material A ▸ Die Haut als Tastorgan

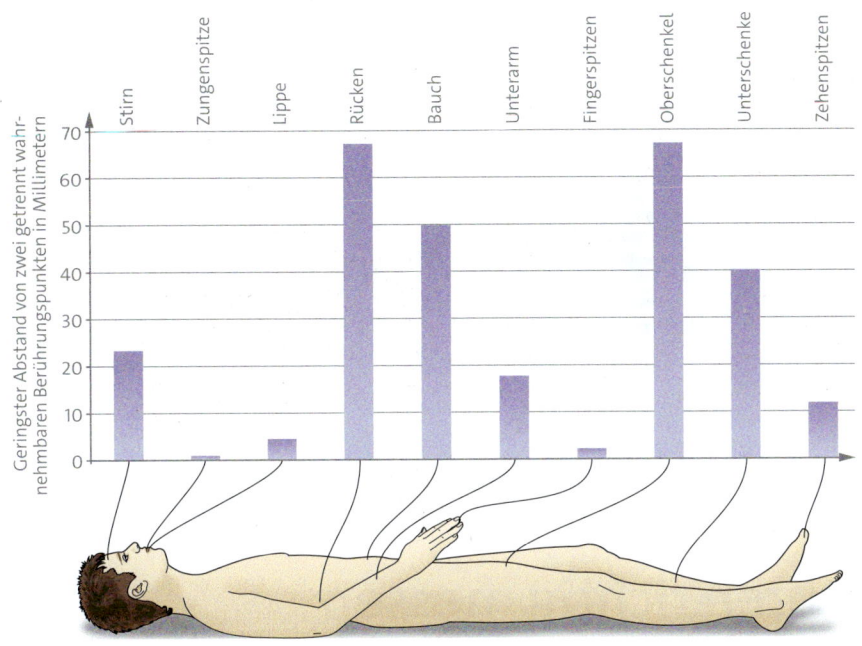

Die abgebildeten Versuchsergebnisse erhält man folgendermaßen: Man berührt mit beiden Spitzen eines Stechzirkels sehr vorsichtig, aber gleichzeitig eine Stelle der Haut. Die Versuchsperson gibt an, ob sie Berührung an zwei Punkten oder an einem Punkt empfindet.

A1 Formuliere eine Versuchsfrage. ☐

A2 Formuliere eine vollständige Versuchsdurchführung. ◖

A3 Beschreibe die Versuchsergebnisse. ☐

A4 Erläutere die Ergebnisse. ◖

Material B ▸ Blind sein

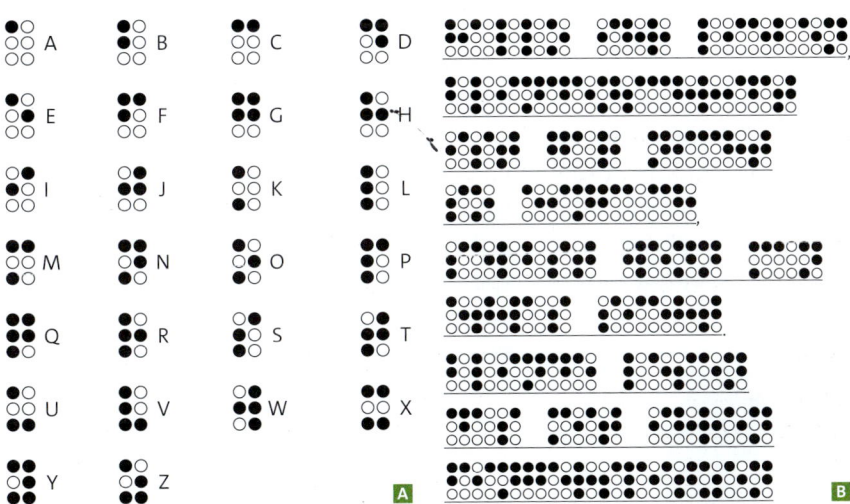

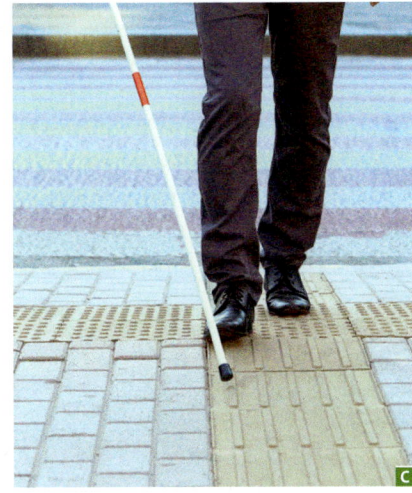

B1 Übersetze deinen Namen in Blindenschrift. Nutze dafür das Bild A. ☐

B2 Übersetze den Text in Bild B mithilfe des Braille-Alphabets. ☐

B3 Betrachte Bild C und notiere, welche Orientierungsmittel einem blinden Menschen im Straßenverkehr zur Verfügung stehen. ◖

B4 Notiere weitere Orientierungshilfen aus deinem Alltag. ◖

B5 Erkläre die Notwendigkeit dieser Hilfsmittel im Alltag eines blinden Menschen. ◼

01 Jeder empfindet Temperaturen anders.

Temperaturen richtig messen

„Brrr, ist das kalt", jammert Philipp. „Ich weiß nicht, was du hast. Ist doch angenehm!", antwortet Sarah. Beide empfinden die gleiche Wassertemperatur unterschiedlich. Wie kann das sein?

TEMPERATUR EMPFINDEN · Wenn man einen Gegenstand berührt, dann fühlt er sich heiß, warm oder kalt an. Diese Wahrnehmung von heiß oder kalt ist überlebenswichtig. Sie führt zum Beispiel dazu, dass

02 Temperaturkontrolle beim Babyfläschchen

man die Hand sehr schnell von einem heißen Topfdeckel zurückzieht. So lassen sich Verbrennungen meist vermeiden. Außerdem kann der Körper feststellen, ob er zu warm oder zu kalt ist, und seine Temperatur bei Bedarf anpassen.

Bei Gegenständen, die ungefähr so warm sind wie der eigene Körper, lassen sich selbst kleine Temperaturunterschiede erspüren. Eltern prüfen zum Beispiel mit ihrer Wange, ob die Milchflasche für ihr Baby nicht zu heiß ist.

Doch obwohl das Temperaturempfinden in vielen Situationen schützt und den Körper mit wichtigen Informationen versorgt, liefert es nicht immer die gleichen Eindrücke. Dieselbe Temperatur wird unterschiedlich wahrgenommen, je nachdem, ob man sich vorher in einer warmen oder in einer kalten Umgebung aufgehalten hat. Für genauere Aussagen über die Temperatur brauchen Menschen daher ein **Thermometer**.

TEMPERATUR MESSEN · Mit einem Thermometer lässt sich eine Temperatur genau bestimmen – immer wieder mit dem gleichen Ergebnis, wie die Längenmessung mit einem Lineal. Damit können die Temperaturen verschiedener Gegenstände nicht nur untereinander verglichen werden. Das Thermometer ermöglicht, konkrete Werte für die Temperatur anzugeben, die jeder versteht und einordnen kann.

Zur Angabe von Temperaturen wird in weiten Teilen der Welt eine **Messskala** oder kurz Skala genutzt, die der schwedische Forscher Anders CELSIUS eingeführt hat. Dazu legte er die Temperatur, bei der Eis schmilzt, auf 0 °C, sprich „null Grad Celsius", fest. Mit 100 °C bezeichnete er die Temperatur, bei der Wasser sprudelnd kocht. Beide Temperaturen sind an allen Orten der Erde annähernd gleich, also fix. Daher bezeichnet man sie als Fixpunkte.
Anschließend teilte CELSIUS den Abstand zwischen den Fixpunkten für 0 °C und 100 °C wie bei einem Metermaß in 100 gleich große Schritte ein. Außerhalb dieses Bereichs setzte er die Skala mit den gleichen Schritten fort. Auf diese Weise erhielt er eine gleichmäßige Skala, an der sich beispielsweise auch Temperaturen bei Frost ablesen lassen.

ANDERE TEMPERATURSKALEN · Es gibt auch andere Temperaturskalen. In englischsprachigen Ländern wie den USA verwendet man die Fahrenheit-Skala. Der deutsche Physiker Daniel FAHRENHEIT hatte schon vor CELSIUS eine Skala entwickelt und dazu ebenfalls zwei Fixpunkte festgelegt. Er bestimmte die tiefste Temperatur im Winter 1708/09 in seiner Heimatstadt Danzig als 0 °F und seine eigene Körpertemperatur als 100 °F. Auf dieser Skala liegt die Schmelz-temperatur von Eis bei 32 °F. Allerdings kann man hier nicht von wirklichen Fixpunkten sprechen. Die Körpertemperatur schwankt selbst bei gesunden Menschen zwischen 35,8 °C und 37,2 °C. Deshalb wurden später neue und bessere Fixpunkte für die Fahrenheit-Skala festgelegt.

TEMPERATURANGABEN · Mithilfe der Skalen lassen sich Temperaturen ähnlich wie Längen mit verschiedenen **Maßeinheiten** angeben. Während sich die **Maßzahlen** bei den üblichen Längenangaben allerdings nur in der Position des Kommas unterscheiden, sind die Maßzahlen der Celsius- und der Fahrenheit-Skala ganz verschieden. An einem Thermometer mit beiden Skalen lässt sich beispielsweise ablesen, dass 30 °C der Temperatur 86 °F entsprechen.

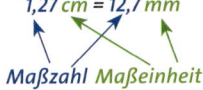

1,27 cm = 12,7 mm
Maßzahl Maßeinheit

Bauart	Flüssigkeitsthermometer mit Glasröhrchen
Messbereich	−50 °C bis +50 °C −60 °F bis +120 °F
Genauigkeit	1 °C, 1 °F
Anwendung	z. B. Messung der Zimmertemperatur

03 Steckbrief eines Thermometers

1⌋ Untersuche die Thermometer, die ihr zu Hause nutzt, und erstelle Steckbriefe wie in Tabelle 03. ☐

2⌋ Gib die nachfolgenden Temperaturen mithilfe des nebenstehenden Thermometers in °F an: −40 °C, 38 °C, 49 °C. ☐

3⌋ Ein Thermometer mit einem Messbereich von −10 °C bis 120 °C hat eine unleserliche Skala. Erkläre, wie man diese Skala erneuern kann. 🌿

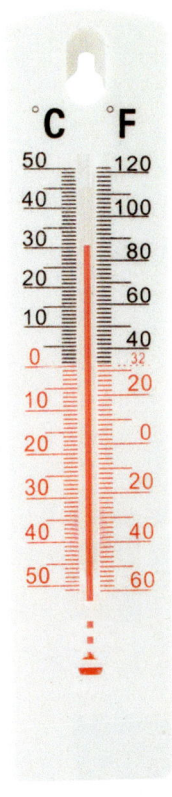

04 Flüssigkeitsthermometer

THERMOMETER MÜSSEN PASSEN · Je nach Verwendung werden Thermometer mit unterschiedlichen Skalen benötigt. So eignet sich ein Thermometer mit einem Messbereich von 35 °C bis 42 °C zum Fiebermessen. Es ist aber völlig ungeeignet, um die Temperatur von kochendem Karamell zu bestimmen. Es könnte die entsprechende Temperatur nicht anzeigen und würde vor allem dabei kaputtgehen.

Dafür hat die Skala des Fieberthermometers eine feinere Unterteilung. Mit ihm lässt sich die Temperatur auf 0,1 °C genau messen. Mit einem normalen Haushaltsthermometer geht dies nicht.

Auf der Sonnenoberfläche	etwa 5500 °C
In der blauen Flamme des Bunsenbrenners	etwa 1000 °C
Zucker karamellisiert bei	etwa 150 °C
Wasser siedet bei	100 °C
Höchste auf der Erde gemessene Tagestemperatur	71 °C
Normale Körpertemperatur des Menschen	etwa 37 °C
Eis schmilzt bei	0 °C
In der Tiefkühltruhe (***)	−18 °C
Tiefste auf der Erde gemessene Lufttemperatur	−89 °C

05 Ausgewählte Temperaturen

METHODE

Richtig messen mit dem Thermometer

Um Temperaturen mit dem Thermometer richtig zu messen und Ungenauigkeiten zu vermeiden, muss man einige Regeln befolgen:

1. *Das Thermometer muss für den Messbereich geeignet sein, in dem die Temperatur gemessen werden soll.*
2. *Die Einteilung der Skala muss für die Messung fein genug sein.*
3. *Man muss so lange mit dem Ablesen warten, bis sich die Anzeige des Thermometers nicht mehr ändert. Das Thermometer benötigt einige Zeit, bis es die gleiche Temperatur angenommen hat wie der Stoff, dessen Temperatur gemessen werden soll.*
4. *Bestimmt man die Temperatur einer Flüssigkeit, die gerade erhitzt oder abgekühlt wird, dann sollte man die Flüssigkeit während des Messens umrühren.*
5. *Zum Flüssigkeitsthermometer:*
   Beim Ablesen muss man senkrecht auf das obere Ende der Flüssigkeitssäule im Thermometer schauen. Eine andere Blickrichtung führt zu falschen Messwerten.

06 Digitales Thermometer

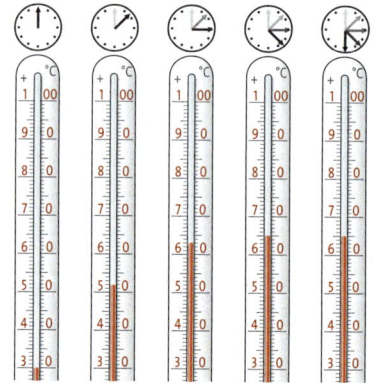

07 Die Temperatur beträgt 65 °C.

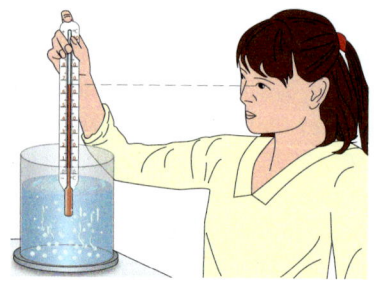

08 Richtiges Ablesen der Temperatur

Darstellung von Messwerten in einem Diagramm

Mit einem Diagramm können Messwerte übersichtlich dargestellt werden. Dies zeigt ein Beispiel.

Eine Tasse mit heißem Tee kühlt ab ①. Die Temperaturänderung wird beobachtet. Dafür misst man alle fünf Minuten die Temperatur des Tees und hält die Messwerte in einer Tabelle fest ②.

ANLEGEN EINES KOORDINATENSYSTEMS *· Man zeichnet zunächst ein Koordinatensystem mit etwa 10 cm langen Achsen. Die x-Achse ③ wird meist für die Größe genutzt, die zuerst gemessen wird, hier die Zeit in Minuten. Die daraus folgende Größe, hier die Temperatur in °C, steht dann an der y-Achse ④. Die Achsen müssen entsprechend beschriftet werden.*
Die Einteilung der Achsen wird so gewählt, dass sich auch die größten Messwerte noch eintragen lassen.

EINTRAGEN DER MESSWERTE *· Die jeweils zusammengehörigen Werte trägt man als kleine Kreuze ein. Im Bild 01 ist markiert, wie der Punkt eingetragen wird, der zum Messwert 10 min | 64 °C gehört ⑤.*

AUSGLEICHSKURVE *· Jetzt zeichnet man eine möglichst glatte Kurve zwischen den eingetragenen Punkten hindurch (hier in Rot ⑥). Die Punkte sollten davon gleich weit nach oben und nach unten abweichen. An ihr lässt sich ablesen, welche Werte in den Zeiträumen zwischen den Messungen vermutlich vorlagen.*

ARBEITEN MIT DEM DIAGRAMM *· Welche Temperatur hatte der Tee nach 23 Minuten? Aus dem Diagramm lässt sich eine Temperatur von 45 °C ablesen.*
Wann hatte der Tee eine Temperatur von 60 °C? Um die Frage zu beantworten, liest man das Diagramm in umgekehrter Reihenfolge ⑦: Wenn der Tee 60 °C heiß ist, dann sind 12 Minuten vergangen.

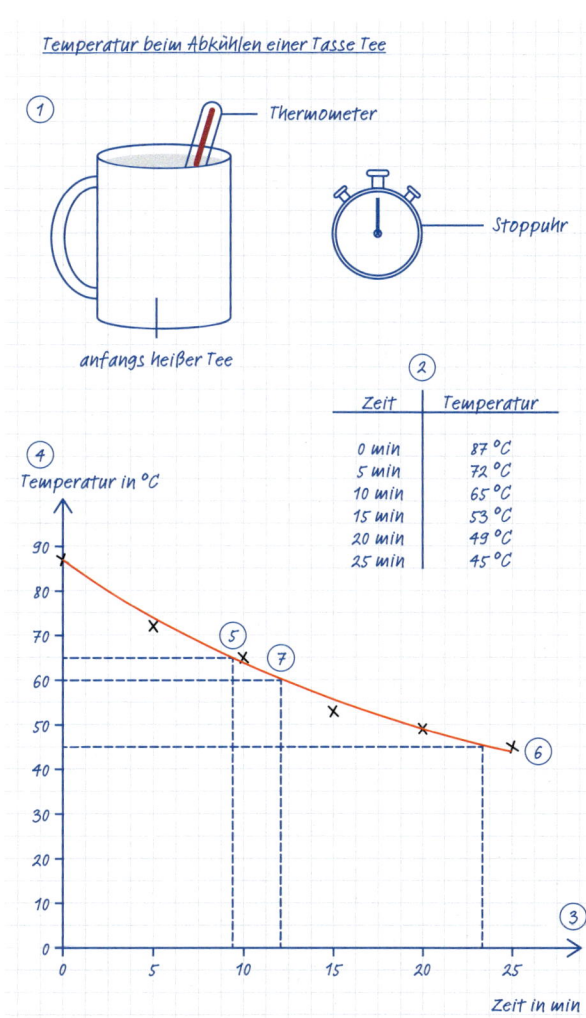

Zeit	Temperatur
0 min	87 °C
5 min	72 °C
10 min	65 °C
15 min	53 °C
20 min	49 °C
25 min	45 °C

01 Temperaturverlauf beim Abkühlen einer Tasse Tee

1) Bestimme mithilfe des Diagramms, wie lange es dauert, bis sich der Tee von 70 °C auf 50 °C abgekühlt hat. ☐

2) Beschreibe, wann die Temperatur am schnellsten abgenommen hat. Erkläre, woran man das im Diagramm und in der Tabelle erkennt. ◣

VERSUCH A ▸ Ist das menschliche Temperaturempfinden wirklich zuverlässig?

Material:
3 flache Schalen: mit warmem Wasser, mit kaltem Wasser und mit Wasser bei Zimmertemperatur, Kupfernägel, roter und blauer Stift

A1 Halte eine Hand ins kalte Wasser und die andere Hand ins warme Wasser. Nach mindestens 30 Sekunden tauchst du beide Hände gleichzeitig in das Wasser mit Zimmertemperatur. Beschreibe dein Empfinden in deinen beiden Händen. ☐

A2 Lege einige Nägel in das warme und in das kalte Wasser. Warte zwei Minuten, bis die Nägel die Wassertemperatur angenommen haben. Berühre mit einem warmen Nagel leicht verschiedene Hautstellen auf deinem Handrücken. Markiere Stellen, an denen du Wärme empfindest, mit einem roten Punkt. Wiederhole den Versuch mit einem kalten Nagel und markiere Stellen blau, an denen du Kälte empfindest. ☐

A3 Aus dem Muster lässt sich die Verteilung der Temperatursinneszellen in der Haut des Handrückens ablesen. Beschreibe sie. ◳

A4 Erläutere deine Empfindungen mit der Funktionsweise der Temperatursinneszellen. ◼

VERSUCH B ▸ Bau eines Modellthermometers

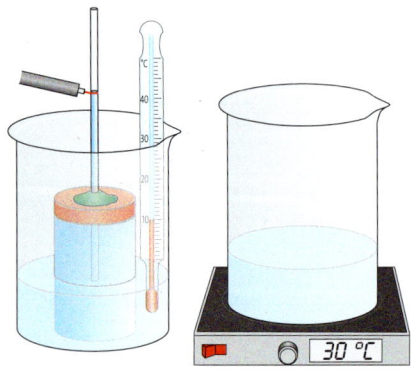

Material:
Marmeladenglas, Stechahle oder dicker Nagel, Hammer, Trinkhalm, Knete, Tinte, Becherglas, Stift, Thermometer

B1 Bohre ein Loch in den Deckel des Marmeladenglases, durch das gerade der Trinkhalm gesteckt werden kann. Lass dir dabei von einem Erwachsenen helfen.

Dichte den Bereich um den Trinkhalm mit Knete ab. Fülle das Glas mit Wasser, gib Tinte hinzu und verschließe es. ☐

B2 Stelle dein Thermometer in ein kaltes Wasserbad. Markiere die Höhe der Flüssigkeitssäule, sobald sie sich nicht mehr bewegt. Miss die Wassertemperatur mit dem fertigen Thermometer. Wiederhole dies mit etwa 30 °C warmem Wasser. ☐

B3 Erstelle eine Skala auf dem Trinkhalm. ◳

B4 Miss die Temperatur von lauwarmem Wasser und vergleiche mit der Anzeige des fertigen Thermometers. ◳

B5 Nenne Vor- und Nachteile des Modellthermometers. ◼

VERSUCH C ▸ Abkühlen

Gerade als Jasmin Milch in ihren Tee gießen will, ruft ihr Vater sie. Soll sie die Milch jetzt schon in den Tee gießen oder erst später?

Material:
Becher, Messbecher, heißes und kaltes Wasser, Thermometer, Stoppuhr

C1 Fülle 150 ml heißes Wasser in den Becher und miss über fünf Minuten alle 30 s die Temperatur. Gib dann 50 ml kaltes Wasser hinzu und miss erneut die Temperatur. ☐

C2 Wiederhole den Versuch, gib das kalte Wasser aber direkt zu Beginn mit in den Becher. ☐

C3 Vergleiche deine Ergebnisse. Formuliere eine Empfehlung. ◳

Material D ▸ Thermometerskalen

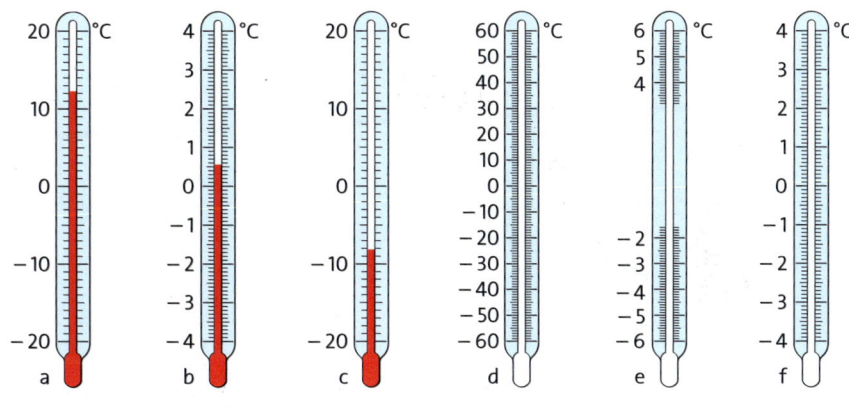

D1 Lies die Temperaturen der Thermometer a–c ab. ▢

D2 Lege Butterbrotpapier oder eine Folie auf die übrigen Thermometer. Pause sie ab und vervollständige die Skala von Thermometer e. ◣

D3 Zeichne jeweils eine Flüssigkeitssäule ein, die der Temperatur 3 °C entspricht. ◧

Material E ▸ Temperaturentwicklung beim Erwärmen von Wasser

Zeit in Minuten	0	1	2	3	4	5	6	7	8	9	10	11	12	13	14	15
Temperatur in °C	21	22	26	34	42	51	58	64	72	81	88	95	99	100	100	100

E1 Das nebenstehende Diagramm wurde mit den angegebenen Messwerten erstellt, enthält aber Fehler. Benenne die Fehler und zeichne ein verbessertes Diagramm. ◣

E2 Lies ab, nach welcher Zeit die Wassertemperatur 60 °C betragen hat und wie warm das Wasser nach 150 s sowie nach 15 min und 10 s war. ▢

E3 Begründe, ob du auch die Temperatur nach 20 min aus dem Diagramm folgern kannst. ◧

Material F ▸ Temperaturskalen

Im USA-Urlaub zeigt Jans Smartphone 56 °F an. Erst denkt er, sein Smartphone würde falsche Daten empfangen, so heiß ist es eigentlich gar nicht.

F1 Im Internet findet Jan folgende Vorschrift für die Umrechnung von °F nach °C:
Temperatur in °C = (Temperatur in °F −32) · 5 : 9.
Rechne 56 °F in °C um. ◣

F2 Lass dir in der Wetter-App deines Smartphones die aktuelle Temperatur in °F anzeigen. Berechne die Temperatur in °C und vergleiche mit der Anzeige in °C. ◣

01 Vorratsgefäß, Steigröhrchen und Skala eines Flüssigkeitsthermometers

Flüssigkeiten dehnen sich aus

Mit einem Flüssigkeitsthermometer lassen sich Temperaturen messen. Wird das Vorratsgefäß des Thermometers erwärmt, dann steigt die Flüssigkeit im Glasröhrchen und auf der Skala lässt sich die Temperatur ablesen. Warum funktioniert das?

WAS PASSIERT IM THERMOMETER? · Bei steigender Temperatur steigt die Flüssigkeit im Thermometer. Doch wie kann das sein, obwohl von außen keine Flüssigkeit hinzukommt? Es gibt nur eine Möglichkeit: Die Flüssigkeit braucht mit zunehmender Temperatur mehr Platz und dehnt sich aus.

Und da das Vorratsgefäß bereits vollständig gefüllt ist, muss sie nach oben ausweichen.

Die Skala des Thermometers ist genau an die Ausdehnung der Flüssigkeit angepasst. So lässt sich die Temperatur anhand der Steighöhe der Flüssigkeit im Röhrchen ablesen. Diese Anpassung der Thermometerskala nennt man **Kalibrierung**. Wird die Kalibrierung vom Eichamt durchgeführt, damit ein Thermometer mit Sicherheit fehlerfrei funktioniert, dann spricht man von einer Eichung des Thermometers. Das ist zum Beispiel bei einem Fieberthermometer nötig.

VERSCHIEDENE FLÜSSIGKEITEN · Als Modell für ein Thermometer dient ein flüssigkeitsgefüllter Kolben, in dessen Stopfen ein Steigrohr sitzt. Dabei stellt sich die Frage, welche Flüssigkeit sich für das Modellthermometer eignet. Beispielhaft wird das Verhalten von Wasser, Öl und Benzin verglichen. Alle anderen Eigenschaften der Modellthermometer sollten genau gleich

02 Verschiedene Flüssigkeiten im Modellthermometer

sein, damit klar ist, dass beobachtete Unterschiede nur mit den unterschiedlichen Flüssigkeiten zusammenhängen. Die Kolben enthalten also anfangs jeweils die gleiche Menge Flüssigkeit und haben die gleiche Temperatur.

Stellt man die Gefäße nun in ein heißes Wasserbad, dann steigen alle Flüssigkeitssäulen in den Steigrohren. Wie weit eine Flüssigkeitssäule steigt, wie viel mehr Raum also aufgrund einer bestimmten Temperaturerhöhung von der Flüssigkeit eingenommen wird, hängt dabei von der jeweiligen Flüssigkeit ab: Benzin dehnt sich beispielsweise stärker aus als Öl und Öl stärker als Wasser.

Wenn die Flüssigkeiten wieder auf die Anfangstemperatur abkühlen, dann sinkt die Flüssigkeitssäule zurück auf den Anfangswert. Bei Abkühlung zieht sich die Flüssigkeit also zusammen.

EINFLUSS DER TEMPERATUR

· Bei den meisten Flüssigkeiten steigt die Flüssigkeitssäule im Steigrohr bei Temperaturzunahme ganz gleichmäßig. Sie dehnen sich umso stärker aus, je weiter die Temperatur zunimmt: Bei der Erwärmung um 20 °C ist die Ausdehnung doppelt so groß wie bei einer Erwärmung um 10 °C. Erwärmt man die Flüssigkeit um 30 °C, dehnt sie sich dreimal so stark aus. Dies ermöglicht eine gleichmäßige Thermometerskala.

EINFLUSS DER FLÜSSIGKEITSMENGE

· Die Flüssigkeit dehnt sich nicht nur im Steigrohr, sondern überall gleichmäßig aus. Daher hängt das Ausmaß der Ausdehnung auch davon ab, wie viel Flüssigkeit insgesamt enthalten ist. Je mehr Flüssigkeit ein Thermometer enthält, umso stärker steigt die Flüssigkeitssäule bei einer bestimmten Temperaturerhöhung.

THERMOMETERFLÜSSIGKEIT

· Im Prinzip eignen sich die meisten Flüssigkeiten für den Einsatz in einem Thermometer. Daher wird zunächst eine Flüssigkeit gewählt, deren Ausdehnung zum gewünschten Messbereich passt. Dann wird der genaue Messbereich des Thermometers durch die Größe des Vorratsbehälters und durch die Dicke des Steigrohrs eingestellt. Je dicker dabei das Steigrohr ist, umso mehr Flüssigkeit passt hinein und umso langsamer steigt die Flüssigkeit nach oben.

In Haushaltsthermometern wird heute meist Alkohol genutzt. Er dehnt sich bei Temperaturerhöhung noch stärker aus als Benzin, lässt sich preiswert herstellen und wird auch im Gefrierschrank nicht fest. Ein solches Thermometer sollte allerdings nicht bei Temperaturen über 60 °C genutzt werden, da es sonst platzen könnte.

1 ╯ Saft wird in der Mosterei heiß abgefüllt. Allerdings sind die Flaschen im Geschäft nie so voll wie in Bild 03. Begründe dies. ☐

2 ╯ Ein Hersteller möchte ein Thermometer mit einem kleineren Messbereich, aber einer genaueren Skala entwickeln. Begründe, wie Vorratsgefäß und Steigrohr zu ändern sind. 🍃

03 Saftflaschen werden randvoll befüllt.

04 Geplatzte Wasserflaschen auf einem Balkon

SONDERFALL WASSER · Wenn Wasser in Flaschen gefriert, dann können diese leicht platzen. Doch warum – nimmt die Flüssigkeitsmenge nicht mit Senkung der Temperatur ab?

Zur Klärung werden Teelichthülsen randvoll mit Wasser beziehungsweise flüssigem Wachs gefüllt und dann in ein Gefrierfach gestellt. Während sich das Wachs wie erwartet beim Abkühlen zusammenzieht, braucht das Eis mehr Platz als das flüssige Wasser.

05 Wasser und flüssiges Wachs standen bis zum Rand.

Tatsächlich bildet Wasser eine Ausnahme – man spricht auch von der *Anomalie des Wassers*: Beim Abkühlen von 4 °C auf 0 °C nimmt die Flüssigkeitsmenge nur ein wenig zu. Gefriert es aber, dehnt es sich sprunghaft aus. Daher können Wasserflaschen bei Frost platzen.

GLÜCKSFALL EISDECKE · Eis benötigt viel mehr Platz als flüssiges Wasser. Daher wiegt ein Liter Eis weniger als ein Liter flüssiges Wasser. Wie ein Stück Korken schwimmt das Eis an der Wasseroberfläche. Dies ist lebenswichtig für Wassertiere. Denn dieses seltsame Verhalten des Wassers führt dazu, dass Seen stets von der Wasseroberfläche her zufrieren. Unter der Eisdecke bleibt meist noch genug Wasser, damit die Fische nicht einfrieren.

3) Bei einem Wasseranschluss zur Gartenbewässerung sollte im Herbst immer das Wasser abgestellt und die Leitung entleert werden. Begründe. ◖

4) Wenn kleinere Gewässer in einem Sommer fast austrocknen, dann kann auch der kommende Winter für die Fische gefährlich werden. Erkläre. ◼

06 Wassertemperaturen in einem See im Sommer und im Winter

VERSUCH A ▸ Kalibrieren eines Thermometers

Achtung: Siedendes Wasser bedeutet Verbrühungsgefahr!

Material:
Thermometerrohling, Papierstreifen, Becherglas, Eiswürfel, Wasser, Rührstab, wasserfester Stift, Thermometer

A1 Gib mehrere Eiswürfel und die gleiche Menge an kaltem Wasser in das Becherglas. Stelle den Thermometerrohling in das Eiswasser und rühre immer wieder um. Markiere die Höhe der Flüssigkeitssäule, wenn fast alles Eis geschmolzen ist. ◤

A2 Erhitze das Wasser unter gelegentlichem Rühren, bis es kocht. Markiere wieder die Höhe der Flüssigkeitssäule. ☐

A3 Gib die Bedeutung der beiden Markierungen an. ☐

A4 Nimm den Thermometerrohling aus dem Wasser, trockne ihn ab und lege ihn neben den Papierstreifen. Übertrage die Markierungen und erstelle daraus eine beschriftete Skala in 5-Grad-Schritten. ☐

A5 Bestimme mithilfe deiner Skala und dem Thermometerrohling die Raumtemperatur und vergleiche mit der Anzeige eines anderen Thermometers. ◤

Material B ▸ Erwünschte und unerwünschte Ausdehnung

B1 Die Bildfolge zeigt eine Sprinkleranlage, aufgenommen mit einer Hochgeschwindigkeitskamera. Der Löschvorgang wird dann ausgelöst, wenn eine bestimmte Temperatur in der Umgebung der Anlage überschritten wird. Beschreibe den Aufbau und die Funktionsweise einer solchen Sprinkleranlage. ◤

B2 Nach dem Winter zeigen sich oft Straßenschäden, wo vorher noch keine waren. Erkläre, warum in dieser Zeit Schlaglöcher entstehen. ◤

B3 An den Wasserkreislauf einer Heizungsanlage muss immer ein Ausdehnungsgefäß angeschlossen sein.

Begründe, warum dieses Ausdehnungsgefäß unbedingt nötig ist. ◤

B4 Geht das Ausdehnungsgefäß kaputt, dann muss erst Wasser in der Heizungsanlage nachgefüllt werden. Später entweicht auch Wasser aus dem Sicherheitsventil. Gib eine begründete Vermutung an, warum das so ist. ◼

01 Ganz schön schwer, oder?

Masse und Volumen von Körpern

> *Man unterscheidet die Dinge, die einen umgeben, anhand ihrer Eigenschaften. Der Felsbrocken ist groß und sehr schwer. Das Kind ist eher klein und leicht. Doch wie lassen sich diese Unterschiede genauer beschreiben?*

SCHWER ODER LEICHT? · Wenn man eine Tasche trägt, dann spürt man, ob sie schwer oder leicht ist. Ähnlich wie bei den Temperaturen kann man dabei nicht sagen, wie schwer sie genau ist. Hebt man aber zwei verschiedene Taschen mit beiden Händen gleichzeitig hoch, dann lässt sich recht genau entscheiden, welche Tasche schwerer ist. Das Gefühl der „Schwere" beruht auf einer Eigenschaft, die alle Gegenstände und alle Lebewesen besitzen, der **Masse**.

Die Gegenstände und Lebewesen werden zusammenfassend als *Körper* bezeichnet. Schwere Körper haben eine große Masse, leichte Körper eine kleine.

BESTIMMUNG DER MASSE · Zur Bestimmung der Masse einer Schultasche kann man sie zum Beispiel mit der Masse einer Anzahl Äpfel vergleichen. Nimmt man dazu die Schultasche in die eine Hand und einen Beutel mit Äpfeln in die andere Hand, dann lässt sich mit etwas Probieren herausfinden, wie groß die Masse der Tasche in der Einheit „Apfel" ist.
Allerdings ist diese Methode ungenau, denn die Äpfel sind relativ groß und haben unterschiedliche Massen. Trotzdem funktioniert die richtige Messung ganz ähnlich.

02 Die Tasche wiegt 19 „Apfel".

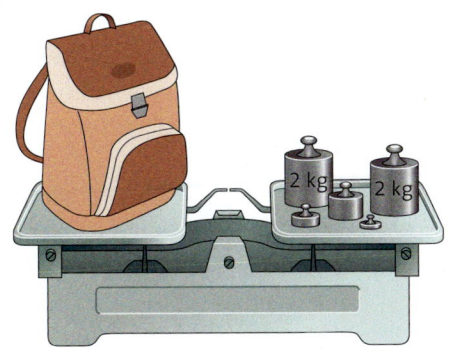

03 Die Masse der Tasche beträgt 4,75 kg.

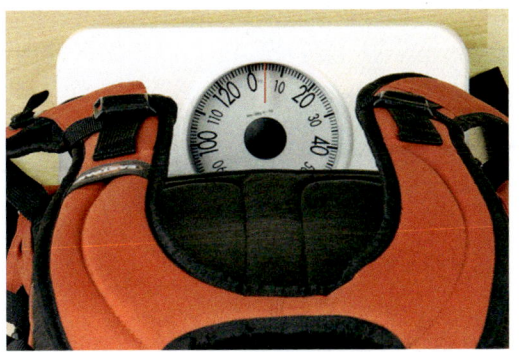

04 Schultasche auf der Personenwaage

05 Küchenwaage

Die Äpfel werden durch Vergleichsmassen ersetzt, die eindeutig bestimmt sind. 1889 einigte man sich weltweit auf das Kilogramm als allgemeingültige Vergleichsmasse. In allen Ländern existieren Metallkörper, deren Masse sehr exakt auf ein Kilogramm (1 kg) bestimmt wurde. Für Messungen anderer Massen werden noch kleinere und größere Vergleichsmassen benötigt. Solche Vergleichsmassen nennt man auch Massestücke.

Um die Masse der Schultasche zu bestimmen, lässt sich statt der Arme eine Tafelwaage nutzen. Auf die eine Seite wird die Tasche gestellt. Auf die andere Seite werden Massestücke gesetzt, bis die Waage im Gleichgewicht ist, bis also die beiden Zeiger in der Mitte genau auf der gleichen Höhe stehen. Auch hier muss man ein wenig probieren. Alle Massestücke zusammen haben dann die gleiche Masse wie die Tasche.

WAAGEN IM ALLTAG · In den meisten Haushalten findet man eine Küchenwaage oder eine Personenwaage. Diese arbeiten meist nach einem anderen Prinzip. Sie haben im Inneren verformbare Teile. Diese verformen sich umso stärker, je größer die Masse der Tasche ist. Ein Mechanismus überträgt die Verformung auf eine Skala.

Mit der Personenwaage lässt sich die Tasche viel bequemer wiegen als mit der Tafelwaage. Man stellt einfach die Tasche auf die Waage und liest die Masse auf der Anzeige ab. Je nach Anwendung werden Waagen für unterschiedliche Messbereiche hergestellt. Die Personenwaage kann größere Massen bestimmen. Die Küchenwaage ist nur für kleinere Massen geeignet, misst diese aber viel genauer.

KLEINE UND GROSSE MASSEN · Um unterschiedlich große Massen angeben zu können, gibt es unterschiedliche Maßeinheiten. Die zum Kilogramm nächstkleinere Masseneinheit ist 1 Gramm (1 g). Dabei ergeben 1000 g genau ein 1 kg. Eine Tafel Schokolade hat meist eine Masse von 100 g, bei der Schultasche auf Bild 03 sind es 4 kg und 750 g. Für viel größere Massen verwendet man die Maßeinheit 1 Tonne (1 t). Hier entsprechen 1000 kg genau 1 t. Ein Auto hat somit eine Masse von etwa 1,5 t.

1 t = 1000 kg
1 kg = 1000 g
1 g = 1000 mg

1 mg steht für
1 Milligramm.

1 ⌡ Gib für die kleineren Massestücke aus Bild 03 die zugehörigen Massen an. ▢

2 ⌡ Nenne für folgende Körper jeweils die passende Masseneinheit: Elefant, Mensch, Gummibärchen, Baumstamm, Vogelfeder, Turnschuh. 🍃

Der Plural von Volumen ist Volumina.

GROSS ODER KLEIN? · Auf Getränkeflaschen findet man häufig die Angabe 1 ℓ, in Worten: ein Liter. Diese Angabe beschreibt eine weitere Körpereigenschaft, das **Volumen**, und macht eine Aussage darüber, wie viel Raum ein Körper einnimmt. Man sagt auch, dass der Saft in der Flasche ein Volumen von 1 ℓ hat.

Das Volumen von Flüssigkeiten kann man mit einem *Messbecher* bestimmen. Außen oder innen befindet sich eine Skala, an der man das Volumen der enthaltenen Flüssigkeit ablesen kann. Oft wird das Volumen in Messbechern in Millilitern (mℓ) gemessen. Dabei gilt: 1000 mℓ = 1 ℓ.

VOLUMEN VON FESTEN KÖRPERN · Das Volumen fester Körper kann man mit einem Messbecher nicht oder nicht direkt messen, denn die festen Körper füllen nicht den ganzen Raum im Messbecher aus. Daher würde man ein zu großes Volumen ablesen. Für feste Körper, die nicht schwimmen, wie beispielsweise ein Stein, gibt es aber eine clevere Methode:
Man füllt den Messbecher zuerst mit so viel Wasser, dass der Stein komplett darin versinken kann. Taucht man jetzt den Stein ein, dann verdrängt er eine bestimmte Menge Wasser und der Wasserspiegel steigt im

Messbecher. Das Volumen des verdrängten Wassers ist dann genauso groß wie das des Steins. Man erhält also das Volumen des Steins, indem man die beiden Volumina voneinander abzieht.
In dem in Bild 08 dargestellten Beispiel wurden 500 mℓ Wasser in einen Messzylinder gefüllt. Dieses Volumen wird notiert. Durch das Eintauchen des Steins steigt der Wasserstand und an der Skala lässt sich ein Gesamtvolumen von 720 mℓ ablesen. Die Differenz der beiden Werte ergibt dann das Volumen des Steins, hier also:
720 mℓ − 500 mℓ = 220 mℓ.

MASSEINHEITEN VON VOLUMINA · Zur Angabe des Volumens fester Körper nutzt man häufig wieder Vergleichskörper und gibt ihr Volumen in Kubikmetern an. Ein Kubikmeter (1 m³) ist das Volumen eines Würfels mit der Kantenlänge 1 m. Er verdrängt genau 1000 ℓ Wasser. Das ist sehr viel. Häufig werden daher auch kleinere Vergleichskörper mit der Kantenlänge 1 Dezimeter (1 dm) genutzt. Ihr Volumen beträgt 1 Kubikdezimeter (1 dm³) – das ist genau 1 ℓ.

3 Begründe mit Bild 06, warum der Umrechnungsfaktor zwischen benachbarten Volumeneinheiten 1000 ist. 🖎

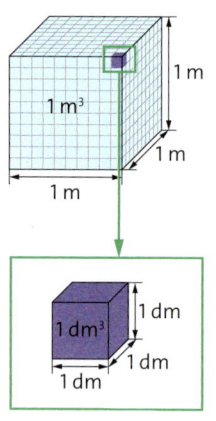

06 Volumen eines Würfels

$1\,m^3 = 1000\,dm^3$
$\quad\quad = 1000\,ℓ$
$1\,dm^3 = 1\,ℓ$
$\quad\quad = 1000\,mℓ$
$1\,cm^3 = 1\,mℓ$

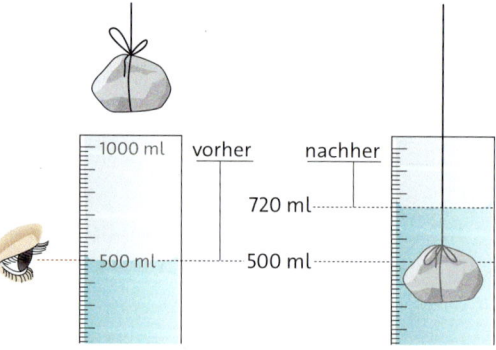

07 Volumenmessung mit dem Messbecher

08 So bestimmt man das Volumen eines Steins.

VERSUCH A ▸ Bestimmung der Masse

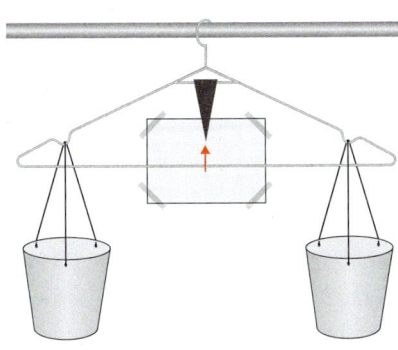

Material:
Kleiderbügel, 2 Joghurtbecher, Schnur, Pappe, Papier, Klebeband, Schere, Stift, mehrere gleiche und verschiedene Münzen, zu wiegende Körper, Küchenwaage

A1 Bohre je drei Löcher unter den Rand der Joghurtbecher und befestige die Becher dann wie im Bild am Kleiderbügel. ☐

A2 Befestige einen Zeiger aus Pappe am Bügel. Kennzeichne die Stellung des Zeigers im Gleichgewicht mithilfe eines aufgemalten Pfeils. ☐

A3 Kalibriere deine Waage, indem du die Massen der verschiedenen Münzen mit der Küchenwaage ermittelst. Begründe, warum du dabei mehrere gleiche Münzen auf einmal wiegen solltest. ◨

A4 Bestimme mit deiner Kleiderbügelwaage die Masse der verschiedenen Körper und notiere deine Ergebnisse in einer Tabelle. ◨

A5 Überprüfe die Genauigkeit deiner Ergebnisse. Miss die Massen dazu noch einmal direkt mit der Küchenwaage. ◨

VERSUCH B ▸ Volumenmessung

Material:
Messbecher mit Wasser, mehrere Gegenstände, die nass werden dürfen, mehrere gleiche Münzen

B1 Bestimme jeweils das Volumen von verschiedenen Gegenständen, zum Beispiel eines Radiergummis oder eines Schlüsselbunds. ☐

B2 Gib an, welche Voraussetzungen erfüllt sein müssen, damit die Volumenmessung gut gelingen kann. ◨

B3 Bestimme das Volumen einer Münze. Überlege dir dazu, wie du mit mehreren gleichen Münzen ein genaues Ergebnis erreichen kannst. Beschreibe dein Vorgehen. ◨

Material C ▸ Messbecher

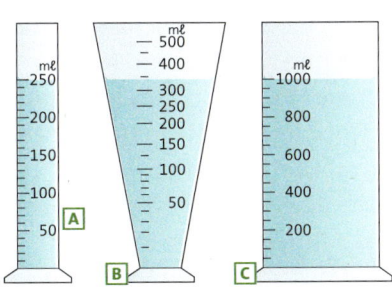

C1 Es sind 35 mℓ und 430 mℓ abzumessen. Gib jeweils den geeigneten Messbecher an. ☐

C2 Sammle Vor- und Nachteile der dargestellten Messbecher. ◨

Material D ▸ Benzin im Tank

Ein voll beladenes Tanklastfahrzeug beginnt an einem heißen Tag seine Tour. Vorher muss beim Beladen die erwartete Temperatur beachtet werden. Denn wenn man einen Liter Benzin um 1 °C erwärmt, nimmt sein Volumen um etwa 1 mℓ zu.

D1 Das Tankfahrzeug hat 24 000 ℓ geladen. Es wurde früh am Morgen bei ca. 15 °C mit Benzin betankt. Berechne die Zunahme des Volumens, wenn das Fahrzeug bei 30 °C zum Bestimmungsort fährt. ◨

D2 Berechne die Mindestgröße des Tanks, damit er nicht überläuft oder platzt. ☐

D3 Auslaufendes Benzin ist gefährlich und belastet die Umwelt. Formuliere eine allgemeingültige Regel für das Betanken von Fahrzeugen. ◨

Die Welt der Sinne

Reize: Umwelteinflüsse, die eine Wirkung auf Lebewesen haben, nennt man Reize.

Sinne des Menschen: Zu den fünf wichtigsten Sinnen des Menschen gehören Sehen, Riechen, Schmecken, Hören und Tasten. Weitere Sinne sind der Temperatursinn und der Gleichgewichtssinn.

Sinnesorgane: Menschen und Tiere nehmen Reize über Sinnesorgane auf. Jedes Sinnesorgan ist auf eine bestimmte Art von Reizen spezialisiert.

Wahrnehmung: Reize werden von den Sinnesorganen zu Informationen umgewandelt, die über Nerven an das Gehirn weitergeleitet werden. Im Gehirn findet die Verarbeitung vieler Informationen gleichzeitig statt, es entstehen die Wahrnehmungen.

Reiz und Reaktion: Ein Reiz wird von dem passenden Sinnesorgan aufgenommen und über die Nerven an das Gehirn übermittelt. Das Gehirn verarbeitet die Information. Es gibt daraus folgende Anweisungen über die Nerven weiter an einen Bestimmungsort, zum Beispiel an die Muskeln. Sie ziehen sich daraufhin zusammen und reagieren damit auf den Reiz. Ein Beispiel hierfür ist das Schließen der Augen nach einem hellen Lichtreiz.
Die Verkettung von Reiz und Reaktion wird auch **Reiz-Reaktions-Schema** genannt.

Grenzen der Sinne: Verschiedene Sinne ergänzen sich. Oft reicht ein einziger Sinn nicht aus, um etwa Materialien eindeutig erkennen zu können. Auch die Genauigkeit der Sinne ist begrenzt. Geschmack kann man zum Beispiel als süß oder salzig wahrnehmen. Es gibt aber keine passende Maßeinheit, um den Geschmack genau zu bestimmen. Dies wird als subjektive Wahrnehmung bezeichnet, im Gegensatz zum objektiven Messen.

Sehen: Man kann Gegenstände sehen, wenn Licht von diesen aus ins Auge trifft. Das Licht gelangt dann im Auge durch die Hornhaut, die Pupille und die Linse und trifft auf die Netzhaut. Dort liegen die Lichtsinneszellen, bestehend aus Zapfen für das Farbensehen und Stäbchen für das Hell-Dunkel-Sehen. Diese Zellen werden durch den Lichtreiz erregt und leiten einen elektrischen Impuls über den Sehnerv zum Gehirn. Im Gehirn kann nun ein Bild wahrgenommen werden.

Hören: Beim Hören erreicht Schall von einer Schallquelle das Ohr, den Schallempfänger. Vom Außenohr gelangt der Schall über den Gehörgang zum Trommelfell. Dort leiten die Gehörknöchelchen den Schall zur Hörschnecke und bringen die dort enthaltene Flüssigkeit in Bewegung. In der Hörschnecke sitzen Hörsinneszellen mit Härchen. Diese werden ebenfalls bewegt und wandeln dabei den ankommenden Reiz in einen Impuls um, der über den Hörnerv zum Gehirn transportiert wird.

Tasten: Tasten und Fühlen kann man über die Haut. Dort sind viele Sinnes- und Nervenzellen unterschiedlich tief in die Hautschichten eingebettet. Diese Zellen sind meist auf bestimmte Reize spezialisiert. So gibt es

Sinneszellen zur Wahrnehmung von Druck, Berührung, Bewegung, Vibration, Kälte und Wärme sowie freie Nervenzellenden für Schmerzempfinden.

Von der Wahrnehmung zum Messen

Maßeinheit und Maßzahl: Viele Größen können mit verschiedenen Maßeinheiten angegeben werden. Diese ermöglichen meist Angaben mit unterschiedlicher Genauigkeit. So können Massen beispielsweise in Gramm oder in Tonnen angegeben werden. Mit der Änderung einer Maßeinheit ändert sich auch die ihr vorangestellte Maßzahl.
Manche Maßeinheiten werden in Ländern unterschiedlich oft genutzt, wie Grad Celsius oder Grad Fahrenheit für Temperaturen.

Temperatur messen: Zum Messen von Temperaturen werden Thermometer genutzt. Die bei uns üblichen Thermometer geben die Temperatur in der Maßeinheit Grad Celsius (°C) an. Zur Erstellung der Skala legte Anders CELSIUS zwei Temperaturen fest: 0 °C für die Schmelztemperatur und 100 °C für die Siedetemperatur von Wasser.

Kalibrierung: Die Einrichtung einer Messskala nennt man Kalibrierung. Wird diese vom Eichamt durchgeführt, damit beispielsweise ein Thermometer mit Sicherheit fehlerfrei funktioniert, dann spricht man von einer Eichung.

Ausdehnung von Flüssigkeiten: Die meisten Flüssigkeiten dehnen sich bei Temperaturerhöhung gleichmäßig aus. Wie stark das Volumen zunimmt, hängt von der Art der Flüssigkeit ab. Diese Eigenschaft wird in Thermometern angewendet. Das Volumen nimmt beim Erwärmen umso mehr zu
– je größer die Temperaturänderung ist,
– je größer das Anfangsvolumen ist.

Anomalie des Wassers: Wenn man Wasser abkühlt, dann dehnt es sich im Gegensatz zu anderen Flüssigkeiten zwischen 4 °C und 0 °C aus, statt sich zusammenzuziehen. Gefriert es zu Eis, dann steigt sein Volumen nochmals stark an.

Körper: In den Naturwissenschaften werden alle Gegenstände als Körper bezeichnet. Auch abgegrenzte Mengen von Wasser und Luft sind in diesem Sinne Körper.

Masse: Jeder Körper hat eine Masse. Schwere Körper haben eine große Masse, leichte Körper eine kleine. Die Masse eines Körpers kann mit den Einheiten Kilogramm (kg), Gramm (g) oder Tonne (t) angegeben werden.

Volumen: Das Volumen beschreibt die Größeneigenschaft eines Körpers. Es gibt an, wie viel Raum er einnimmt. Die verwendeten Einheiten dafür sind Liter (ℓ) oder Milliliter (mℓ) sowie Deziliter (dℓ). Das Volumen kann zum Beispiel mit einem Messbecher gemessen werden. Volumina von Körpern lassen sich ermitteln, indem man misst, wie viel Wasser sie verdrängen.

Vom ganz Kleinen und ganz Großen

In diesem Kapitel beschäftigst du dich mit

▶ der Beobachtung mikro- und makroskopischer Objekte mit optischen Geräten. Du lernst den Aufbau von Mikroskopen und Teleskopen kennen und kannst sie nachbauen. Du lernst, mit verschiedenen Größenskalen und Maßstäben umzugehen und sie zur Beschreibung zu verwenden.

▶ dem Mikrokosmos. Anhand von Kristallen und ihren Strukturen lernst du das Teilchenmodell kennen. Du lernst Zellen als Grundbausteine der Lebewesen kennen. Du erfährst, welche Aufgaben verschiedene Bestandteile in Tier- und Pflanzenzellen haben.

▶ der Technik des Mikroskopierens. Du lernst, mit dem Mikroskop umzugehen und Teile von Pflanzen und Tieren so vorzubereiten, dass du ihre Zellen im Mikroskop untersuchen kannst.

► dem Makrokosmos. Du erfährst, wie die verschiedenen Phasen des Mondes entstehen. Du beschäftigst dich mit unserem Sonnensystem und der Orientierung mithilfe von Sternbildern.

01 Mohnsamen unter der Lupe

Vom ganz Nahen zum ganz Fernen

Dinge und Lebewesen in unserer Umwelt sind manchmal zu klein oder zu weit entfernt, um Einzelheiten mit bloßem Auge zu erkennen. Wie ist es möglich, dass man trotzdem wissen kann, wie sie aussehen?

$1\,\mu m = 0{,}001\,mm$
$1\,mm = 0{,}1\,cm$
$1\,cm = 0{,}1\,dm$
$1\,dm = 0{,}1\,m$

02 Brennpunkt

GRENZEN DES SEHENS · Ein Mohnsamen ist ungefähr zwei Millimeter groß. Mit bloßem Auge sind Farbe und Form noch gut zu erkennen. Doch welche weiteren winzigen Einzelheiten kann das menschliche Auge noch wahrnehmen?

Man kann gerade noch Strukturen erkennen, die 100 Mikrometer groß sind, das sind 0,1 Millimeter oder ein zehntausendstel Meter. 1 Millimeter ist ein tausendstel Meter. Möchte man die noch kleineren Oberflächenstrukturen der Mohnsamen genauer betrachten, benötigt man dazu Hilfsmittel zum Vergrößern, wie beispielsweise eine Lupe.

LINSEN VERGRÖSSERN · Eine einfache Lupe besteht aus einer Kunststoff- oder Glaslinse, die in der Mitte dicker ist als am Rand. Eine so gewölbte Linse nennt man **Sammellinse**. Sie kann von Objekten ein vergrößertes Abbild erzeugen. Sammellinsen verwendet man außer in Lupen beispielsweise auch in Mikroskopen oder Linsenfernrohren.

Beim passenden Abstand bündelt die Linse das Licht zu einem hellen Punkt, dem **Brennpunkt**. Er kann so heiß werden, dass man dort ein Streichholz entzünden könnte. Die Entfernung des Brennpunkts bis zur Mitte der Linse heißt **Brennweite**.

Sammellinsen mit unterschiedlich starker Wölbung haben verschieden große Brennweiten. Je stärker die Linse gewölbt ist, desto kleiner ist die Brennweite. Je kleiner die Brennweite, umso stärker ist die Vergrößerung.

03 Wespe unter Stereolupe

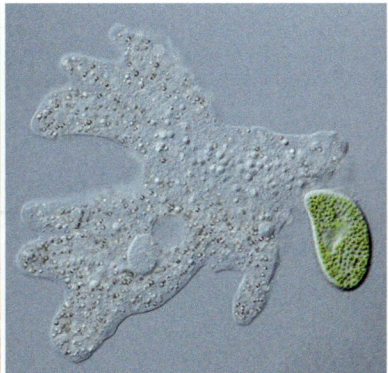

04 Einzeller unter Mikroskop

05 Mond im Teleskop

OPTISCHE GERÄTE · Um mehr Einzelheiten zu erkennen als mit der Lupe, benötigt man eine deutlich stärkere Vergrößerung. Diese erreicht man mit dem Prinzip der doppelten Vergrößerung durch zwei aufeinanderfolgende Linsen. Die Linse, die näher am betrachteten Objekt liegt, heißt **Objektiv**. Die Linse, die sich näher am Auge befindet, nennt man **Okular**.

Eine Stereolupe besitzt für jedes Auge diese zweistufige Linsenkombination. Betrachtet man mit beiden Augen gleichzeitig das Objekt, erhält man so ein vergrößertes räumliches Bild. Mit der Stereolupe lassen sich gut Blütenteile oder Oberflächenstrukturen von kleinen Tieren und Gegenständen erkennen. Da das Objekt von oben angeleuchtet wird, kann man auch undurchsichtige Objekte gut untersuchen.

Lichtmikroskope dagegen sind nur für dünne oder durchscheinende Objekte geeignet, die mithilfe einer Lichtquelle durchleuchtet werden. Hier sind bis zu 1000-fache Vergrößerungen möglich. Um noch mehr Einzelheiten zu sehen, benutzen Forschende große Elektronenmikroskope. Hiermit erreicht man bis zu millionenfache Vergrößerungen. Lupen und Mikroskope vergrößern allerdings nur in der Nähe. Um weiter entfernte Objekte zu sehen, verwendet man ein Fernglas oder Fernrohr, auch **Teleskop** genannt. Im Inneren von einfachen Ferngläsern und Fernrohren befinden sich ebenfalls zwei Sammellinsen.

Astronomen verwenden besonders leistungsstarke Spiegelteleskope, um das Weltall zu beobachten. Diese enthalten als Hauptbauteil keine Linse, sondern einen gewölbten Spiegel. Bei großen Spiegelteleskopen kann der Spiegel einen Durchmesser von mehreren Metern haben. Solche Teleskope ermöglichen einen Blick in weit entfernte Bereiche des Weltalls.

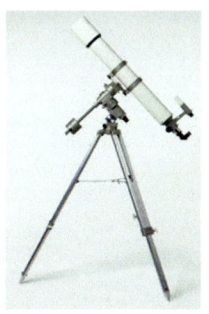

06 Teleskop

LICHTJAHR · Die Entfernungen im Weltall betragen häufig viele Milliarden Kilometer. Um diese Strecken übersichtlicher angeben zu können, nutzt man die Einheit Lichtjahr. Das **Lichtjahr** ist die Strecke, die das Licht in einem Jahr zurücklegt. Das sind 9,5 Billionen Kilometer. Zur besseren Vorstellung: Licht legt in einer Sekunde fast 300 000 Kilometer zurück. Das ist in etwa die Entfernung zwischen Mond und Erde.

1 Begründe für folgende Objekte, welche Hilfsmittel sich zur Beobachtung eignen würden: Vogelnest, Sandkorn, Mond. 🔖

/// METHODE ///

Untersuchung mit Lupe und Stereolupe

Um sehr kleine Gegenstände oder Lebewesen genauer zu untersuchen, benötigt man Hilfsmittel zur Vergrößerung.

LUPE · Mit einer Lupe lässt sich das Bild, das unser Auge wahrnimmt, bis zu 15-fach vergrößern. Wenn du eine Lupe zur Vergrößerung verwenden möchtest, gehe in folgenden Schritten vor:

- *Nimm das Objekt so in die Hand, dass es gut beleuchtet wird. Benutze zum Halten eventuell eine Pinzette.*
- *Halte die Lupe nah vor ein Auge und schließe das andere.*
- *Die Hand muss ganz ruhig gehalten oder die Lupe an einem Stativ befestigt werden.*
- *Führe dann das Objekt, das du betrachten möchtest, so weit an die Lupe heran, bis ein scharfes Bild erscheint.*

STEREOLUPE · Mehr Einzelheiten kann man mit einer Stereolupe erkennen. Sie besteht aus jeweils einer Objektivlinse und einer Okularlinse für jedes Auge. Ihre Vergrößerungsfähigkeit ist bis zu 40-fach. Eine eingebaute Lampe erhellt das Objekt, sodass man alle Oberflächenstrukturen gut sehen kann. Da man es mit beiden Augen betrachtet, erscheint das Bild räumlich.

Gehe folgendermaßen vor:
- *Lege das zu untersuchende Objekt in die Mitte des Objekttischs.*
- *Schaue mit beiden Augen durch die Okulare. Stelle diese eventuell auf deine Augenbreite ein, indem du die Okularrohre vorsichtig seitlich verschiebst.*
- *Drehe am seitlichen Stellrad langsam so lange, bis du mit beiden Augen das Objekt scharf siehst.*

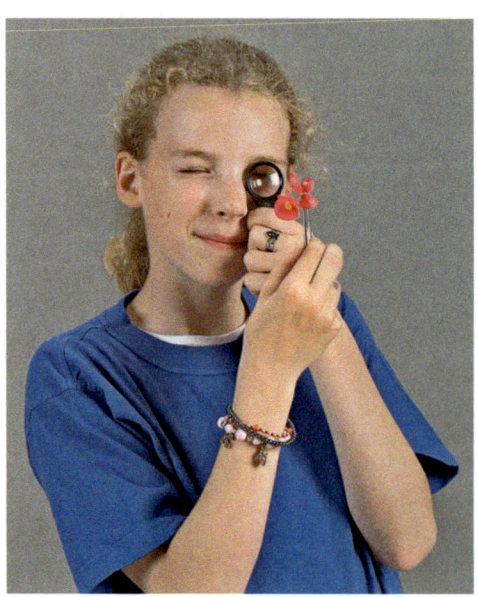

01 Untersuchung mit der Lupe

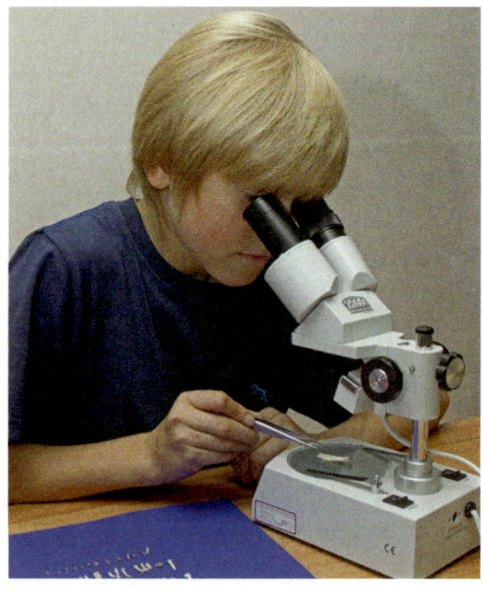

02 Untersuchung mit der Stereolupe

Material A ▸ Größenordnungen und Maßstäbe

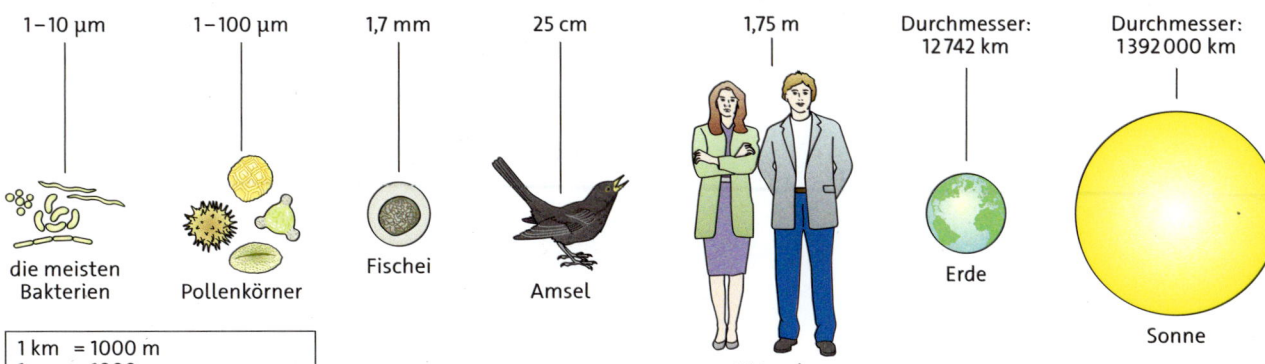

1–10 μm	1–100 μm	1,7 mm	25 cm	1,75 m	Durchmesser: 12 742 km	Durchmesser: 1 392 000 km
die meisten Bakterien	Pollenkörner	Fischei	Amsel	Mensch	Erde	Sonne

```
1 km  = 1000 m
1 m   = 1000 mm
1 mm = 1000 μm (Mikrometer)
```

A1 Berechne, wievielmal größer der Sonnendurchmesser im Vergleich zum Erddurchmesser ist. ◧

A2 Informiere dich im Internet über die Größen folgender Lebewesen und Strukturen: Blattlaus, Birkenpollen, Stärkekörnchen der Kartoffel, Blauwal, Mars. Ordne sie jeweils an der richtigen Stelle in die oben dargestellten Größenskalen ein. ◧

VERSUCH B ▸ Sand unter der Stereolupe

Material:
Stereolupe, Petrischalen mit etwas Sand von verschiedenen Orten, Millimeterpapier

Durchführung:
Untersuche zunächst die Sandkörner in den verschiedenen Petrischalen. Lege dann jeweils eine Fingerspitze davon auf Millimeterpapier zur Bestimmung der Größe der einzelnen Körner.

B1 Beschreibe Aussehen, Größe und Farbe der Sandkörner und benenne den jeweiligen Fundort. ▢

B2 Ist der Fundort auch der Entstehungsort des Sandes? Leite eine Vermutung daraus ab und begründe sie. ◼

VERSUCH C ▸ Bau einer Wasserlupe

Unter dem Mikroskop erkennt man, ... Laubblatt der Aquarienpflanze Was... aus viel... ... ... aufgebaut ... ein... ... ... Blatt e... i... ... ...unkten. Wie ... ? ...LICH ZELLEN... ... ...zeln... is... ...te Hülle, di... hä... ... ...d v... den p... ... ...stabile...

Material:
Pappe, Stift, Schere, Frischhaltefolie, Kleber, etwas Wasser, Zeitungstext, Ausdruck eines Computers, Zeitschriftentext

Durchführung:
Zeichne den Umriss einer Lupe auf eine doppelt gelegte Pappe und schneide ihn aus. Schneide danach jeweils in der Mitte mit einer kleinen Schere einen Kreis heraus. Klebe ein Stück Frischhaltefolie zwischen den Karton. Gib vorsichtig einige Tropfen Wasser auf die Folie und betrachte die Buchstaben.

C1 Beschreibe deine Beobachtung Welche Unterschiede sind zwischen den Schriften erkennbar? ▢

C2 Verändere mit mehr oder weniger Wasser die Dicke des Tropfens und erläutere die Auswirkung auf die Vergrößerung. ◧

C3 Wiederhole die Beobachtung mit einer Stereolupe und vergleiche die Ergebnisse. ◧

01 Ein Fernglas als Lupe?

Linsen machen Bilder

Jan hat durch Zufall festgestellt, dass er sein Fernglas als Lupe nutzen kann, wenn er es verkehrt herum und ganz dicht vor einen Gegenstand hält. Dabei sind Fernrohre doch eigentlich dafür gedacht, ferne Objekte zu beobachten. Wie kann das sein?

FERNROHR ALS MODELL · Das, was Jan beobachtet, lässt sich an einem Modell für ein Fernrohr wiederholen. Ein Fernrohr ist vereinfacht wie ein Fernglas aufgebaut,
bloß etwas in die Länge gestreckt und für nur ein Auge nutzbar. Im Modell sind zwei Linsen mit unterschiedlicher Brennweite an einer Stativstange befestigt. Die Linse mit der kleineren Brennweite dient als *Okular*, befindet sich also näher am Auge. Jetzt schaut man durch die beiden Linsen in die Ferne und schiebt die *Objektiv*linse so lange hin und her, bis ein scharfes Bild zu sehen ist. Dieses Bild steht dann allerdings auf dem Kopf und ist seitenverkehrt.

ZWEI ARTEN VON BILDERN · Wenn man nun ein Blatt Papier zwischen die beiden Linsen hält, dann lässt sich eine weitere Position finden, wo ein scharfes Bild entsteht. Dieses Bild heißt Zwischenbild und steht ebenfalls auf dem Kopf, ist aber deutlich kleiner als das Bild, das durch beide Linsen zu sehen ist.
Dagegen gelingt es nicht, das Bild hinter dem Okular auf einem Blatt Papier einzufangen. Man kann es nur direkt sehen.

Eine Messung zeigt, dass der Abstand der beiden Linsen ziemlich genau der Summe der Brennweiten beider Linsen entspricht.

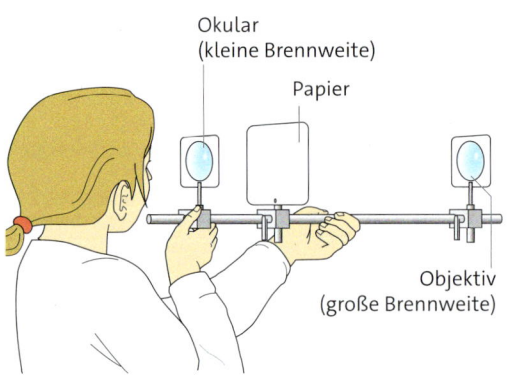

Okular
(kleine Brennweite)

Papier

Objektiv
(große Brennweite)

02 Modell eines Fernrohrs

Anscheinend haben die beiden Linsen unterschiedliche Wirkungen: Das Objektiv erzeugt ein Zwischenbild, das auf dem Kopf steht und auf einem Schirm abgebildet werden kann. Dies bezeichnet man als ein *reelles Bild*. Das Okular dreht das Bild dagegen nicht wieder um, sondern vergrößert es nur. Weil sich dieses Bild aber nicht auf einem Schirm abbilden lässt, wird es als *virtuelles Bild* bezeichnet.

Dies ist eigentlich seltsam. Die Linsen gleichen sich bis auf ihre Brennweite. An ihrem Bau kann diese unterschiedliche Wirkung also nicht liegen.

UMGEKEHRTER AUFBAU · Wenn man das Modellfernrohr umdreht und statt des weit entfernten Gegenstands ein hell angestrahltes Objekt ganz in der Nähe betrachtet, dann erhält man tatsächlich ein Mikroskop! Allerdings muss man den Abstand der beiden Linsen noch etwas vergrößern, um ein scharfes Bild zu erhalten. Auch durch dieses Mikroskop sieht man ein Bild, das auf dem Kopf steht und seitenverkehrt ist. Und auch diesmal lässt sich ein reelles Zwischenbild erzeugen, während man durch die Kombination der Linsen ein virtuelles Bild sieht. Offensichtlich haben die beiden Linsen ihre Funktion getauscht.

EINE LINSE, ZWEI BILDER · Die Entstehung der virtuellen Bilder ist eigentlich schon bekannt: Wenn man eine einzelne Linse als Lupe verwendet und sie entsprechend nah an den zu beobachtenden Gegenstand hält, dann entsteht ein aufrechtes und vergrößertes Bild. Dieses Bild kann nicht auf einem Schirm festgehalten werden, sondern ist nur direkt im Auge wahrzunehmen. Das Okular von Fernrohr und Mikroskop wirkt also als Lupe, die das Zwischenbild vergrößert.

03 Zwei Bilder an der gleichen Sammellinse

Wenn man aber die gleiche Linse in deutlich größerem Abstand zu einem Gegenstand hält, dann lässt sich auf der anderen Seite ein Bild auf einem Schirm auffangen. Dieses steht wie das Zwischenbild beim Objektiv auf dem Kopf. Dabei kann es entweder vergrößert oder verkleinert sein, je nachdem welchen Abstand die Linse zum Gegenstand hat.

1 Hannah behauptet, auch ein Spiegelbild sei ein virtuelles Bild. Stimmt das? Begründe mit den Eigenschaften der virtuellen und reellen Bilder.

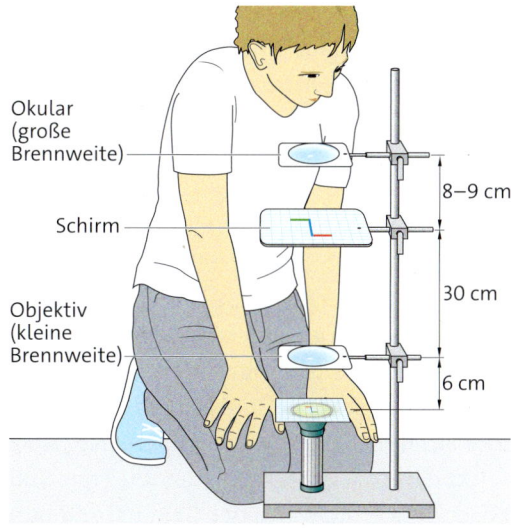

Okular (große Brennweite)

Schirm

Objektiv (kleine Brennweite)

8–9 cm

30 cm

6 cm

04 Modell eines Mikroskops

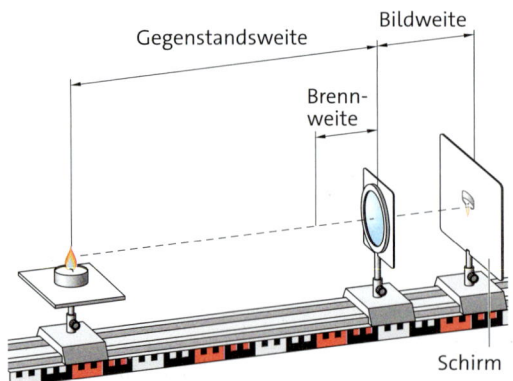

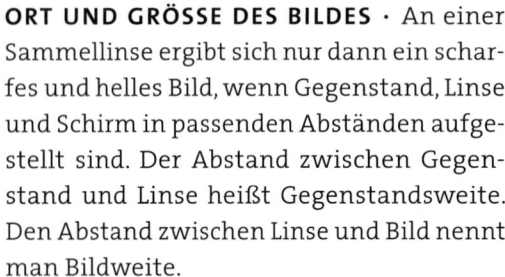

05 Bild bei großer Gegenstandsweite

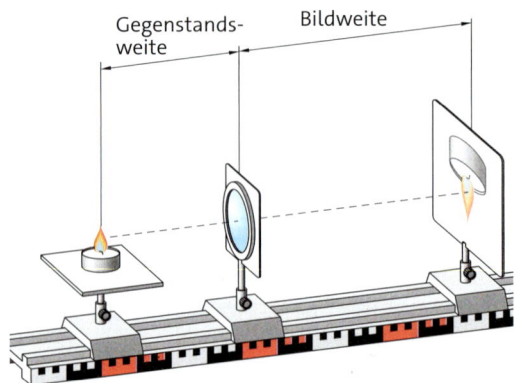

06 Bild bei kleiner Gegenstandsweite

ORT UND GRÖSSE DES BILDES · An einer Sammellinse ergibt sich nur dann ein scharfes und helles Bild, wenn Gegenstand, Linse und Schirm in passenden Abständen aufgestellt sind. Der Abstand zwischen Gegenstand und Linse heißt Gegenstandsweite. Den Abstand zwischen Linse und Bild nennt man Bildweite.

Wenn man die passenden Abstände für ein scharfes Bild gefunden hat und dann den Gegenstand von der Linse wegrückt, dann vergrößert man die Gegenstandsweite und das Bild wird unscharf. Ein scharfes Bild ist erst dann wieder zu sehen, wenn man den Schirm verschiebt und die Bildweite verkleinert. Damit wird aber auch das Bild kleiner. Es gilt also: Je größer die Gegenstandsweite, desto kleiner das Bild.

Andersherum muss die Bildweite zum Erreichen eines scharfen Bildes vergrößert werden, wenn man den Gegenstand näher an die Linse heranschiebt. Wird die Gegenstandsweite allerdings kleiner als die Brennweite, dann gelingt es nicht mehr, ein Bild auf dem Schirm zu erzeugen. Die Linse wirkt dann als Lupe. Auch hier wird das Bild besonders groß, wenn der Gegenstand nah am Brennpunkt steht.

MIKROSKOP · Beim Mikroskop ist der Abstand zwischen Präparat und Objektiv, also die Gegenstandsweite, sehr klein. Die Brennweite des Objektivs muss aber noch ein bisschen kürzer sein als diese Gegenstandsweite, damit ein reelles Zwischenbild entsteht. Dieses ist dann zwar deutlich vergrößert, aber immer noch sehr klein. Daher wird es durch ein Okular mit größerer Brennweite noch einmal vergrößert.

FERNROHR UND FERNGLAS · Beim Fernrohr sind die betrachteten Gegenstände weit weg. Die große Gegenstandsweite hat dann ein verkleinertes Zwischenbild zur Folge. Ein Objektiv mit großer Brennweite sorgt dafür, dass es nicht zu klein wird. Die Brennweite des Okulars ist dagegen viel geringer.

Das beschriebene Fernrohr eignet sich gut zur Beobachtung von Sternen und wird daher auch astronomisches Fernrohr genannt. Für Beobachtungen auf der Erde nutzt man dagegen ein terrestrisches Fernrohr. Hier sorgt eine andere Linse für ein aufrechtes Bild.

2 ⌡ Mit dem Objektiv eines Fernrohrs lässt sich im Mikroskop kein reelles Zwischenbild erzeugen. Begründe. 🍃

VERSUCH A ▸ Bilder an Linsen

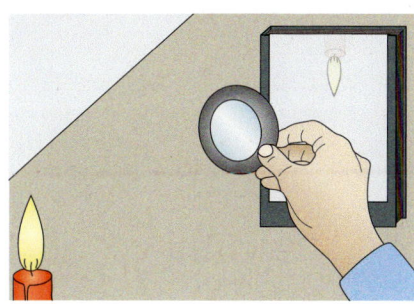

Material:

Linsen verschiedener Brennweiten, Stativmaterial, Kerze, Buch, Papier

A1 Ziehe ein Blatt Papier als „Leinwand" über einen Buchdeckel und stelle das Buch aufrecht hin. Zünde die Kerze an und erzeuge mithilfe einer Linse ein scharfes Bild der Flamme auf der Leinwand. Miss Gegenstandsweite, Bildweite und Bildgröße und trage sie in eine Tabelle ein. ⬜

A2 Verändere die Gegenstandsweite und verschiebe die Leinwand, bis du wieder ein scharfes Bild erhältst. Miss die zugehörigen Längen und trage sie in die Tabelle ein. ⬜

A3 Mache entsprechende Messungen mit der zweiten Linse. Nutze dabei die gleichen Gegenstandsweiten und trage deine Messwerte wieder in eine Tabelle ein. ⬜

A4 Vervollständige die nachfolgenden Sätze in Bezug auf die Bildweite und die Bildgröße:

- Je kleiner die Gegenstandsweite ist, desto ...
- Je stärker die Linse gekrümmt ist, desto ...
- Ein verkleinertes Bild erhalte ich, wenn ...
- Ein vergrößertes Bild erhalte ich, wenn ... ◧

A5 Miss jeweils die kleinste Gegenstandsweite, bei der du noch ein scharfes Bild auf dem Schirm erreichen kannst. Vergleiche den Wert mit der Brennweite der Linse. ◧

A6 Wenn du die Gegenstandsweite noch weiter verkleinerst, wirkt die Linse als Lupe. Probiere dies aus und beschreibe genauer, was sich dann ändert. ◧

VERSUCH B ▸ Fernrohr und Mikroskop

Material:

3 Linsen verschiedener Brennweiten, Stativmaterial

B1 Baue aus zwei Linsen und dem Stativmaterial ein Fernrohr auf. Miss den Abstand der Linsen und vergleiche ihn mit ihren Brennweiten. ◧

B2 Durch dein Fernrohr siehst du alles auf dem Kopf stehen. Teste und beschreibe, wie du mithilfe einer weiteren Linse aufrechte Bilder erhältst. Das Okular dient dabei weiterhin als Lupe. ▨

B3 Baue das Fernrohr wieder wie zu Beginn auf. Drehe es um und betrachte einen nahen Gegenstand. Beschreibe, was du tun musst, um ein gutes Bild zu erhalten. ◧

Material C ▸ Baum im Fernrohr

Mit etwas Übung kann man mit einem Auge durch das Fernrohr schauen und mit dem anderen die gleichen Dinge ohne Fernrohr betrachten.

C1 Begründe, ob der im Fernrohr betrachtete Apfel eher rechts oder eher links im Baum hängt. ◧

C2 Bestimme die dargestellte Vergrößerung. ▨

01 Mann in der Kristallhöhle von Naica

Kristalle bestehen aus Teilchen

> *In der Naica-Höhle von Mexiko wachsen die größten Kristalle der Welt. Sie sind bis zu 14 m lang und wiegen mehr als zwei volle Schulbusse. Doch wie entstehen solche Riesenkristalle? Was sind Kristalle überhaupt?*

KRISTALLFORMEN · Betrachtet man die Kristalle genauer, so fallen die glatten Kanten, ebenen Flächen und Ecken auf. Die Kristalle der Naica-Höhe erinnern mit ihren langen Spitzen stellenweise an Schwerter. Die Form der Kristalle ist charakteristisch für das Mineral Selenit.

02 Kristalle:
A verschiedene Kristallformen,
B Eiskristall

Kochsalzkristalle sind würfel- oder quaderförmig, Eiskristalle am Fenster sind oft sternförmige kleine Kunstwerke. Welche Kristallform gebildet wird, hängt zum Beispiel von äußeren Bedingungen wie der Temperatur und dem verfügbaren Platz ab.

BILDUNG VON KRISTALLEN · In der Naica-Höhle hat sich in Hohlräumen Wasser angesammelt und aus dem Gestein sind Mineralien herausgewaschen. Mineralien sind aus winzig kleinen **Teilchen** aufgebaut. Diese Salzteilchen sind kleiner als ein millionstel Millimeter. Auch das Wasser besteht aus solchen kleinsten Wasserteilchen. Die Flüssigkeit in der Höhle besteht also aus Salzteilchen und Wasserteilchen. Verdunsten die Wasserteilchen, so rücken die Salzteilchen immer dichter zusammen und bilden eine feste Anordnung. Die Anordnung nennt man **Kristallgitter.** Dieses Kristallgitter bildet eine bestimmte geometrische Form. Das Gitter wird immer größer, je mehr Wasserteilchen verdunsten und je mehr Salzteilchen sich aneinanderlagern. Mit der Zeit werden die Kristallgitter so groß, dass man sie mit bloßem Auge erkennen kann. Das Ergebnis sind die Kristalle. Den Vorgang des Kristallwachstums bezeichnet man als *Kristallisation*.

LÖSEN VON KRISTALLEN · Zum Süßen von Tee gibt man Zucker in heißes Wasser. Die Zuckerkristalle bestehen aus Zuckerteilchen, die an einer festen Position im Kristallgitter sitzen. Im Gegensatz dazu sind die Wasserteilchen in flüssigem Wasser ständig in Bewegung. Sie bewegen sich nicht kontrolliert, sondern ändern ständig ihre Richtung, wenn sie mit anderen Teilchen zusammenstoßen. Gibt man nun Zuckerkristalle ins Wasser, schieben sich die Wasserteilchen zwischen die Zuckerteilchen der Zuckerkristalle und lösen das Kristallgitter nach und nach auf. Ist das Kristallgitter zerfallen, so kann man die Kristalle nicht mehr sehen.

Die Wärmezufuhr beim Erhitzen des Teewassers verstärkt die Bewegungen der Wasserteilchen. Daher löst sich der Zuckerwürfel in warmem Wasser schneller als in kaltem.

Die Bewegung der Zucker- und Wasserteilchen im Teewasser hört nie auf. Das Vermischen und Verteilen durch diese ungeordneten Teilchenbewegungen nennt man *Diffusion*.

Obwohl die gelösten Zuckerteilchen nicht mehr sichtbar sind, lässt sich in einem Experiment zeigen, dass die Zuckerteilchen immer noch in der Flüssigkeit vorhanden sind und wieder neue Kristalle bilden können. Dazu löst man einen Esslöffel Zucker in einem halben Glas warmem Wasser auf und gießt etwas davon auf einen Unterteller. Den Unterteller stellt man auf

03 Kristallgitter: **A** quadratische Salzkristalle mit Gittermodell, **B** sechseckige Calcitkristalle mit Gittermodell

die Fensterbank und wartet. Nach einigen Stunden bilden sich erste kleine weiße Zuckerkristalle auf dem Unterteller.

1 Erkläre die Bildung der Zuckerkristalle auf dem Unterteller im Experiment.

2 Zum Kochen von Nudeln gibt man Kochsalz ins Wasser. Erkläre die dann folgenden Vorgänge im Teilchenmodell. Fertige dazu eine Skizze an.

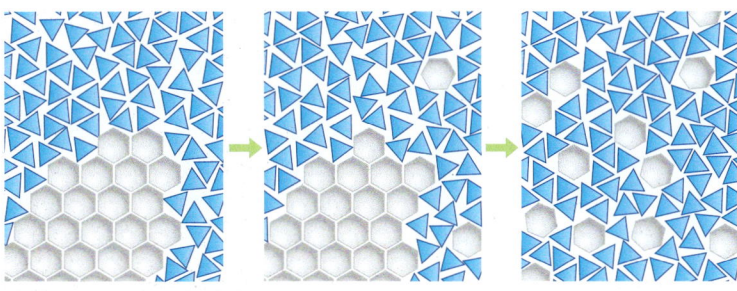

04 Lösen von Zucker im Teilchenmodell

Arbeiten mit dem Teilchenmodell

01 Modelle

02 Teilchenmodell

WAS IST EIN MODELL? · *Ein Modell ist ein Gegenstand oder eine Vorstellung, mit deren Hilfe man verschiedene Vorgänge in unserer Umwelt beschreiben und besser verstehen kann. Der Globus ist ein Modell, mit dessen Hilfe man ein Bild von der Erde bekommt. Andere Modelle sind ein Spielzeug-Feuerwehrauto oder eine Babypuppe.*

*Alle diese Modelle sind der Wirklichkeit, also den realen Objekten, nachempfunden. Das geschieht aber nur teilweise. Einige Details sind bewusst weggelassen. Am Globus ist zu erkennen, dass die Erde eine Kugel ist. Man kann die Größe und Entfernung von Ländern, Ozeanen und Kontinenten abschätzen, aber über das Innere der Erde, die Entstehung von Vulkanen und Erdbeben gibt der Globus keine Auskunft. Er ist auch viel kleiner als die Erde. Dabei sind die Kontinente **maßstabgetreu** dargestellt, also im gleichen Verhältnis verkleinert wie der Globus zur Erde. Dafür sind zusätzliche Informationen zu sehen wie die Namen von Ländern, Flüssen und Städten.*

Am Feuerwehrauto lässt sich die Drehleiter erkennen und bedienen. Man kann die Stützen ausfahren und ihre Bedeutung verstehen. Den Motor sieht man nicht, er ist in diesem Modell auch nicht enthalten. Man kann sich auch nicht hineinsetzen und das Feuerwehrauto fahren. Dafür lässt es sich in den Schrank räumen, wenn man nicht mehr damit spielen möchte.

*Die genannten Modelle sind Gegenstände, die man sehen und anfassen kann. Es handelt sich um **Anschauungsmodelle**. Über Anschauungsmodelle erhält man eine Vorstellung zum Aussehen von Objekten. Erforscht man wie beim Feuerwehrauto die Funktion von Bauteilen, so nutzt man das Anschauungsmodell als **Funktionsmodell**.*

TEILCHENMODELL · *Wenn in den Naturwissenschaften der Aufbau und die Eigenschaften von Untersuchungsobjekten oder Vorgängen zu beschreiben ist, werden ebenfalls Modelle genutzt. Man stellt sich vor, dass die Untersuchungsobjekte aus winzig kleinen Teilchen bestehen, die so klein sind, dass man sie nicht einmal mit dem Mikroskop sehen kann. Die Teilchen sind nur ein Bild, das man sich im Kopf von der Wirklichkeit macht. Eine solche Vorstellung nennt man **Denkmodell**. Beim Teilchenmodell stellt man sich vor, dass beispielsweise Objekte, Materialien, Flüssigkeiten oder Gase aus kleinsten Teilchen aufgebaut sind. Oft zeichnet man die Teilchen oder baut Teilchenanordnungen nach, um seine Vorstellungen anderen zeigen zu können.*

Alle Modelle sind zu einem bestimmten Zweck geschaffen und helfen, einen Teil der Wirklichkeit auf einfache Weise zu erkennen und zu begreifen.

Material A ▸ Farbstoffkristalle in Wasser

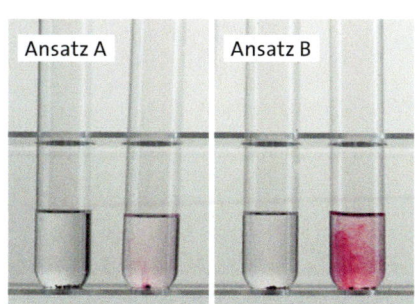

Ansatz A   Ansatz B

Gibt man violette Farbstoffkristalle in Reagenzgläser mit Wasser, bilden sich nach kurzer Zeit violette Schlieren.

A1 Erkläre die Vorgänge in den Reagenzgläsern mit dem Teilchenmodell. Fertige dazu Zeichnungen der Wasser- und Farbstoffteilchen zu Beginn und am Ende des Versuchs im Teilchenmodell an. ◨

A2 Gib eine begründete Vermutung für die unterschiedliche Färbung in den Reagenzgläsern an. ◼

VERSUCH B ▸ Backmischung

Material:
Kochsalz, Backpulver, Brausepulver, Zucker, Mehl, Backmischung, Stereolupe mit schwarzer Platte, 6 Objektträger, Spatel

Durchführung:
Gib auf die Objektträger je eine Spatelspitze der Pulver und betrachte sie mit der Stereolupe.

B1 Vergleiche die verschiedenen Pulver mit der Backmischung. Begründe, welche Bestandteile die Backmischung enthält. Fertige eine Zeichnung der Bestandteile an. ◨

VERSUCH C ▸ Zuckerkristallisation für Kandisstick

Material:
Zucker, Wasser, Schüssel, Waage, Kochtopf, Schneebesen, Herdplatte, Holzstäbchen, Marmeladengläser, Pappstreifen oder Wäscheklammern zum Fixieren der Stäbchen

Durchführung:
Bringe 480 g Wasser im Kochtopf zum Kochen. Wiege 1350 g Zucker ab und gib ihn portionsweise ins kochende Wasser, bis er sich komplett gelöst hat. Fülle den nicht mehr siedenden Zuckersirup in die Marmeladengläser und warte, bis sich eine Haut gebildet hat. Feuchte die Holzstäbchen an, wende sie im Kristallzucker und tauche sie in die Marmeladengläser. Befestige sie so, dass die Stäbchen das Glas nicht berühren. Stelle sie an einen ruhigen Ort und warte 2–3 Wochen. Dann kannst du die Kristallschicht durchstoßen und die Sticks herausnehmen.

C1 Protokolliere das Kristallwachstum. Fertige dazu auch alle 2 Tage Fotos an. ◨

Material D ▸ Kristallmodelle

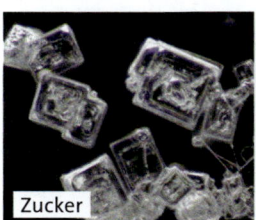
Zucker

Granat

Fluorit

Halit

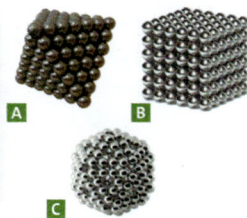

D1 Ordne die Kristallmodelle begründet den Kristallen zu. ☐

D2 Baue die Modelle mit Kugeln und Legosteinen nach. Nenne Vor- und Nachteile der Modellvarianten. ◨

01 Wasserfloh im Mikroskop

Entdeckung der Zellen

Wasserflöhe werden bis zu sechs Millimeter groß. Betrachtet man sie im Mikroskop, kann man Strukturen erkennen, die mit bloßem Auge nicht sichtbar sind. Woraus bestehen sie und wie wurden diese Strukturen entdeckt?

ERSTE ENTDECKUNG · Die Geburtsstunde der Zellbiologie lässt sich auf das Jahr 1665 datieren. Der englische Physiker Robert HOOKE untersuchte mit einem Mikroskop, das 30-fach vergrößerte, ver-schiedene Gegenstände und Lebewesen, darunter auch die Rinde von Korkeichen. In dünnen Schnitten erkannte er kästchenförmige Strukturen, „little boxes". Da ihn diese Kästchen an Bienenwaben erinnerten, bezeichnete er sie als „cells". Somit wurden zum ersten Mal **Zellen** beschrieben. Etwa zur gleichen Zeit konnte Antoni van LEEUWENHOEK durch eine bis zu 270-fache Vergrößerung winzige Tiere und Pflanzen in einem Wassertropfen erkennen. Neben Wasserflöhen entdeckte

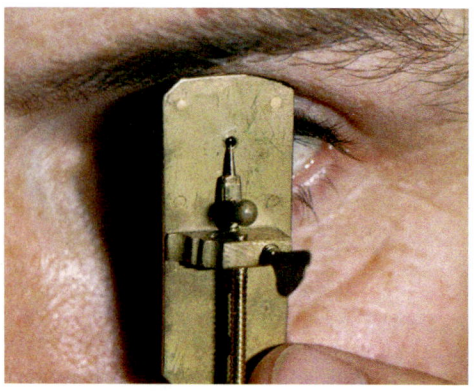

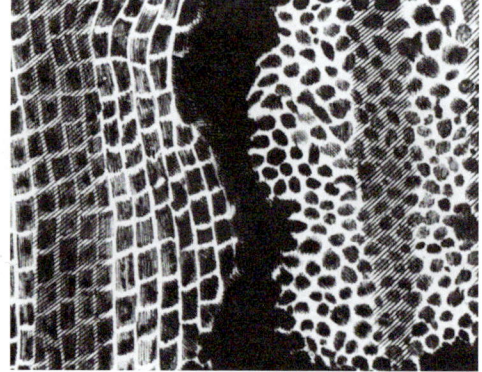

02 Geschichte der Zellbiologie: Mikroskope **A** von van LEUWENHOEK, **B** von HOOKE, **C** gezeichnete Korkzellen von HOOKE

er auch Lebewesen, die nur aus einer einzigen Zelle bestanden.

Zwei Naturwissenschaftler, Matthias SCHLEIDEN und Theodor SCHWANN, kamen 1839 zu der Erkenntnis, dass alle Lebewesen aus mikroskopisch kleinen Zellen aufgebaut sind. Sie begründeten damit die Zelltheorie.

GRUNDBAUSTEINE · Zellen sind die kleinste funktionsfähige Einheit aller Lebewesen. Oft bestehen Lebewesen aus vielen verschiedenen Zellen. Der Mensch beispielsweise besteht aus bis zu 75 Billionen Zellen, die sich gegenseitig in ihren Aufgaben ergänzen. Es gibt aber auch viele Pflanzen und Tiere, die nur aus einer einzigen Zelle bestehen. Diese **Einzeller** leben oft im Wasser und haben sehr unterschiedliche Formen. Weder zu den Tieren noch zu den Pflanzen zählen die **Pilze**. Die mikroskopisch kleinen Hefepilze bestehen ebenfalls nur aus einer einzigen Zelle, während sich der Champignon aus unzähligen Zellen zusammensetzt.

Bakterien sind grundsätzlich Einzeller. Sie unterscheiden sich aber in vielen Merkmalen von Tieren, Pflanzen und Pilzen, denn sie sind viel kleiner und einfacher gebaut. Trotzdem gehören die Bakterien zu den Lebewesen, da auch sie aus Zellen bestehen.

WEITERENTWICKLUNG DER ZELLBIOLOGIE · Noch bis Ende des 18. Jahrhunderts glaubte man, dass Käfer, Würmer und Fliegen spontan in feuchtem Stroh oder in verwesendem Fleisch entstehen würden. Erst gute Mikroskope ermöglichten die Beobachtung, dass Zellen sich teilen können und sich so vermehren. Der Arzt Rudolf VIRCHOW konnte damit die Zelltheorie entsprechend weiterentwickeln. Er erkannte, dass jede Zelle aus einer anderen Zelle hervorgehen muss.

Mit der Möglichkeit, auch Bakterien mikroskopisch nachweisen und unterscheiden zu können, ließen sich Ursachen vieler bis dahin unerklärlicher Krankheiten untersuchen. Damit wurden wichtige Voraussetzungen zur Entwicklung entsprechender Medikamente geschaffen. Einen weiteren großen Fortschritt brachte die Erfindung des *Elektronenmikroskops* 1931 mit einer millionenfachen Vergrößerung. Winzige Einzelheiten in den Zellen werden so sichtbar. Die Zellbiologie ist auch heute weiterhin ein wichtiges Forschungsgebiet der Medizin, denn viele Krankheiten haben ihre Ursache in einer Fehlfunktion der Zellen.

1) Beschreibe die Aussagen der Zelltheorie und welche Vorstellungen durch sie widerlegt wurden. ☐

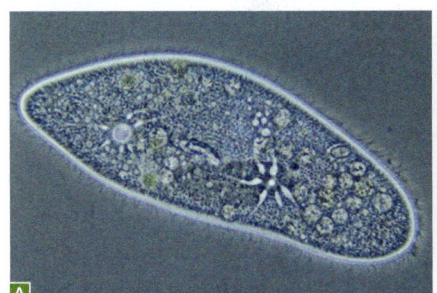
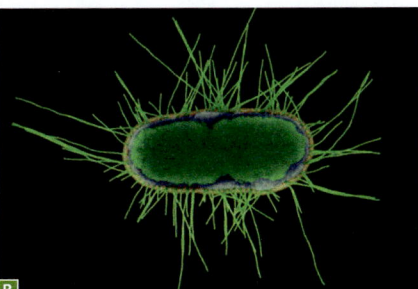
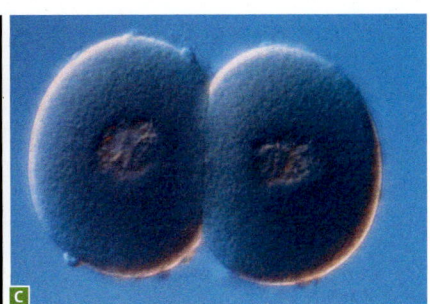

03 Zellen im Mikroskop: **A** einzelliges Pantoffeltierchen, **B** Bakterienzelle im Elektronenmikroskop, **C** sich teilende tierische Zelle

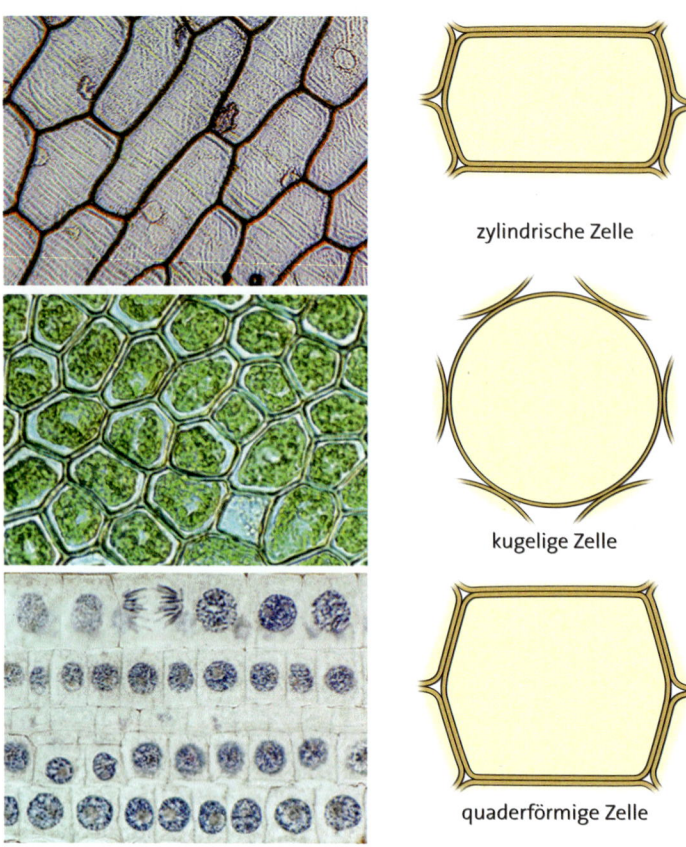

zylindrische Zelle

kugelige Zelle

quaderförmige Zelle

04 Formenvielfalt von pflanzlichen Zellen

ZELLGRÖSSE UND FORMENVIELFALT · In ihrer Form und Größe sind die Zellen der Lebewesen sehr verschieden, auch Zellen innerhalb eines Lebewesens.

Im mikroskopischen Bild erscheinen die Zellen flächig. Sie sind aber kleine Körper. Nach der **äußeren Form** sind die Zellen zum Beispiel quaderförmig, kugelig oder zylindrisch. Erhebliche Unterschiede gibt es auch in der **Größe der Zellen**. Da viele Zellen sehr klein sind, wird zum Angeben der Zellgröße die Maßeinheit Mikrometer, kurz µm, verwendet. Ein Mikrometer ist der tausendste Teil eines Millimeters.

Pflanzliche Zellen haben in der Regel eine Größe von 10 bis 400 Mikrometer, tierische Zellen sind mit meist 10 bis 30 Mikrometern deutlich kleiner.

2 Stelle in einem Säulendiagramm die Größenverhältnisse der Zellen in Bild 05 dar. Wähle dazu einen geeigneten Maßstab.

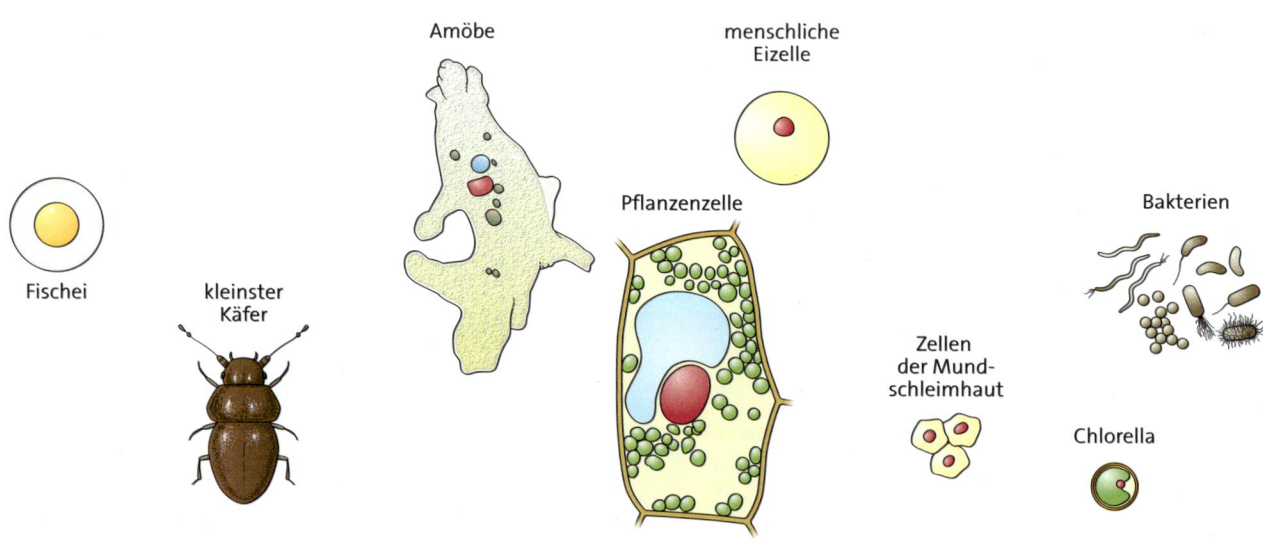

05 Größenvergleich verschiedener Zellen und Lebewesen

VERSUCH A ▸ Mikroskopieren – Vielfalt von Pflanzenzellen

Material:
wie auf Seite 72, zusätzlich: Schere, Sternmoos, Tomate, Hagebutte, Stängel oder Blattstiel einer Brennnessel

Durchführung:

Sternmoos Zupfe mit der Pinzette ein einzelnes Blättchen ab. Fertige ein Präparat an und mikroskopiere.

Tomate und Hagebutte Schneide die Frucht auf und entnimm mit der Präpariernadel etwas Fruchtfleisch. Zupfe mit der Pinzette etwas Schale ab. Fertige je ein Präparat an und mikroskopiere.

Brennnessel Schneide ein kleines Stück Blattstiel ab. Mikroskopiere bei kleinster Vergrößerung ohne Deckglas. Stelle ein Brennhaar scharf.
Löse ein Brennhaar mit der Pinzette ab und mikroskopiere in einem Wassertropfen mit Deckglas bei stärkerer Vergrößerung.

A1 Mikroskopiere die Präparate. Nimm dabei Seite 67 zu Hilfe. Beschreibe Zellform und Zellinhalt. 🖊

A2 Fotografiere mehrere Stellen des Präparats. ☐

A3 Betrachte die Präparate nun mit der Stereolupe und vergleiche sie mit den mikroskopisch erzielten Ergebnissen. 🖊

A4 Vor fast 200 Jahren vermuteten Forscher, dass alle Lebewesen aus Zellen bestehen. Überprüfe, ob deine Beobachtungen die Vermutung bestätigen. 🟧

VERSUCH B ▸ Mikroskopieren – Vielfalt im Heuaufguss

In einem Tümpel schwimmen winzige Lebewesen, von denen viele nur aus einer einzigen Zelle bestehen. Um in einem Tropfen genug von ihnen zu finden, musst du sie in einem Heuaufguss vermehren: Von dem getrockneten Gras ernähren sich Bakterien und winzige Pilze. Sie bilden ein Häutchen auf der Wasseroberfläche, die *Kahmhaut*. Von den Bakterien und Pilzen wiederum ernähren sich andere Kleinstlebewesen, die du so vermehrst.

Material:
Heu, Tümpelwasser, großes Glasgefäß, Abdeckung

Durchführung:
Lege das Heu in das Glasgefäß. Fülle es mit Leitungswasser und etwas Tümpelwasser. Lege die Abdeckung so darauf, dass das Gefäß noch gut belüftet wird. Stelle es für zwei Wochen in einen warmen Raum.

B1 Nimm mit einer Pipette etwas Wasser unterhalb der Kahmhaut ab und mikroskopiere einen Tropfen. 🖊

B2 Bakterien sind meistens etwa 100-mal kleiner als die gut sichtbaren Kleinstlebewesen. Zeige den Größenunterschied anhand einer Skizze. 🖊

Mikroskopieren

Eines der wichtigsten Geräte in der Biologie ist das Lichtmikroskop. Es liefert ein stärker vergrößertes und viel genaueres Bild als eine Lupe.

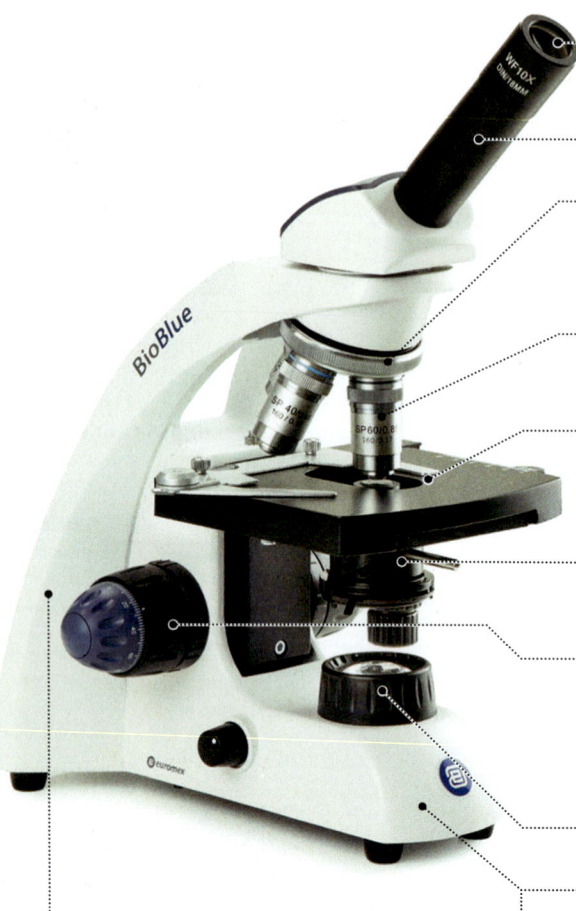

Okular: *vergrößert das Bild des Objektivs. Die Vergrößerung ist neben der Linse eingraviert.*

Tubus: *Röhre mit dem Okular am oberen Ende*

Objektivrevolver: *Vorrichtung, um verschiedene Objektive mit unterschiedlichen Vergrößerungen über das Objekt zu stellen*

Objektiv: *vergrößert das Bild. Die Vergrößerung ist meistens seitlich eingraviert.*

Objekttisch: *Auflage für das Objekt. Das Objekt muss in den Lichtstrahl, über die Öffnung im Objekttisch gelegt werden.*

Blende: *reguliert die Helligkeit und den Kontrast des Bildes.*

Triebrad: *verändert den Abstand zwischen dem Objekttisch und dem Objektiv und stellt so das Bild scharf. Meistens ist ein Triebrad für die grobe und eins für die feine Einstellung vorhanden.*

Mikroskopleuchte: *durchleuchtet das Objekt.*

Stativ und Fuß: *Halterung für die Teile des Mikroskops. Am Stativ trägt man das Mikroskop beim Transport.*

01 Bau eines Lichtmikroskops

*Damit das Objekt von Licht durchstrahlt wird, muss es dünn und durchsichtig sein. Aus dem gleichen Grund liegt es auf einer Glasplatte, dem **Objektträger,** und wird oben von einem dünnen Glasplättchen abgedeckt, dem **Deckgläschen.** Das Bild des Objekts, das man durch das Okular sieht, ist seitenverkehrt und steht auf dem Kopf.*

Um zu berechnen, wie stark ein mikroskopisches Bild vergrößert ist, multipliziert man die Vergrößerung des Okulars mit der des Objektivs. Schulmikroskope vergrößern häufig mit einem 10-fachen Okular und einem 40-fachen Objektiv bis etwa 400-fach. Forschungsmikroskope erreichen eine etwas mehr als 2000-fache Vergrößerung.

Bedienung des Lichtmikroskops

Um das Lichtmikroskop richtig nutzen zu können und um es dabei nicht zu beschädigen, muss man einige wichtige Regeln beachten:

1) **Transport:** *Trage das Mikroskop mit einer Hand am Stativ und mit der anderen unter dem Fuß.*

2) **Vorbereitung:** *Schließe die Stromversorgung an und schalte die Beleuchtung ein. Stelle durch Drehen am Objektivrevolver das Objektiv mit der geringsten Vergrößerung über die Öffnung im Objekttisch.*

3) **Auflegen des Objektträgers:** *Trockne die Unterseite des Objektträgers und lege ihn in den Lichtstrahl über die Öffnung im Objekttisch.*

4) **Scharfstellen des Bildes:** *Fahre mit dem Grobtrieb den Objekttisch möglichst nahe an das Objektiv heran. Kontrolliere dabei seitlich, dass das Objektiv den Objektträger nicht berührt. Schau dann durch das Okular und drehe gleichzeitig mit dem Feintrieb den Objekttisch so weit nach unten, bis du ein scharfes Bild siehst.*

5) **Helligkeit und Kontrast:** *Stelle mit der Blende die Helligkeit und den Kontrast so ein, dass möglichst viele Einzelheiten klar zu sehen sind.*

6) **Suche geeignete Stellen:** *Schau durch das Okular und verschiebe gleichzeitig den Objektträger, bis du einen geeigneten Bereich des Objekts gefunden hast. Berücksichtige dabei, dass das Bild seitenverkehrt ist und auf dem Kopf steht.*

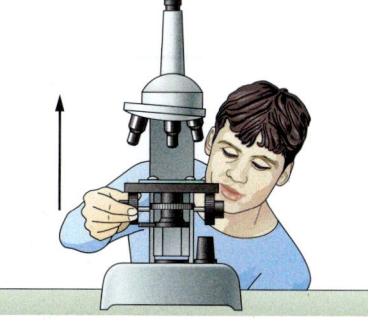

01 Heben des Objekttischs

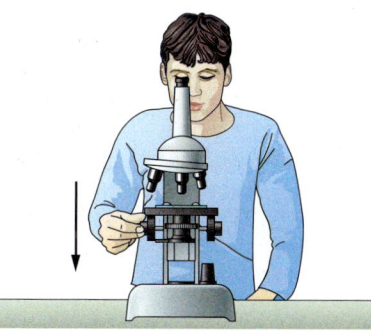

02 Einstellen der Bildschärfe

Ergebnissicherung

*Eine mikroskopische Untersuchung lässt sich häufig durch eine beschriftete **Zeichnung** besser sichern als durch eine Beschreibung. Für die Anfertigung von mikroskopischen Zeichnungen gelten folgende Regeln:*

1) *Verwende weißes, unliniertes Papier und zeichne möglichst groß, mindestens eine halbe DIN-A4-Seite.*

2) *Zeichne nur mit Bleistift. Ziehe klare, durchgängige Linien.*

3) *Zeichne nur das, was du wirklich siehst.*

4) *Beschrifte die Zeichnung. Ziehe die Beschriftungsstriche mit dem Lineal. Achte dabei darauf, dass sie sich nicht kreuzen.*

5) *Gib oben auf der Seite an, welches Objekt dargestellt ist, die Vergrößerung, die Art der Vorbehandlung, zum Beispiel die Färbung, das Datum und deinen Namen.*

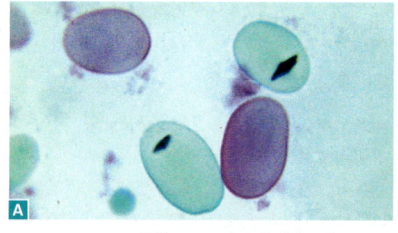

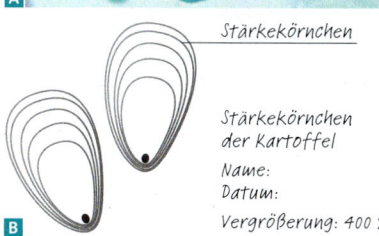

Stärkekörnchen

Stärkekörnchen der Kartoffel
Name:
Datum:
Vergrößerung: 400 x

03 Stärkekörnchen der Kartoffel: **A** mikroskopisches Bild, **B** Zeichnung

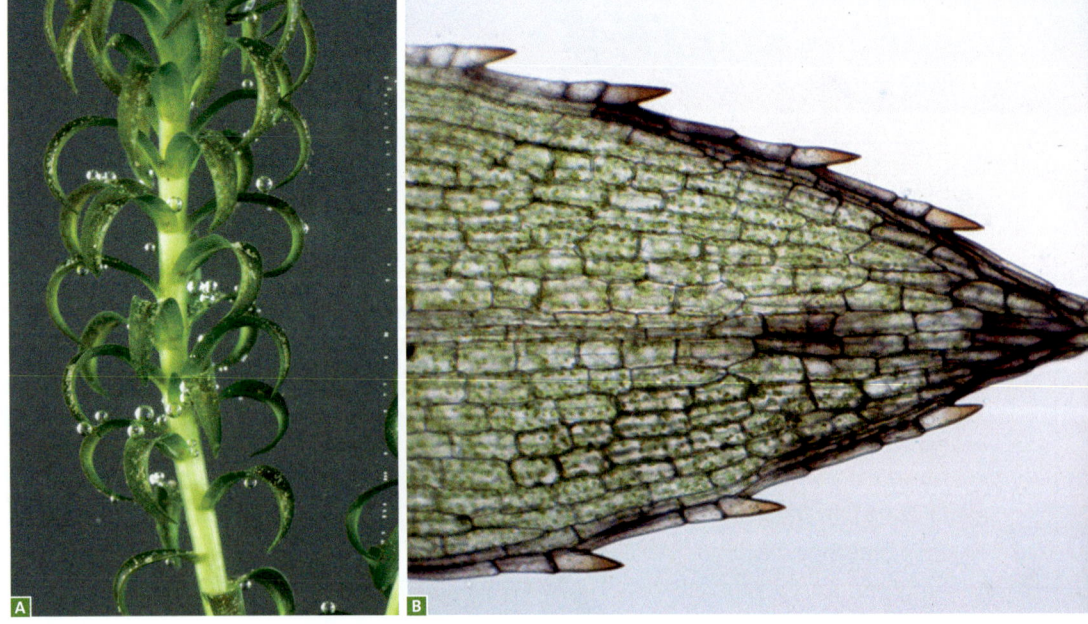

01 Wasserpest:
A Spross,
B lichtmikroskopisches Bild eines Blattes der Wasserpest

Bestandteile der Zellen

> *Unter dem Mikroskop erkennt man, dass das Laubblatt der Aquarienpflanze Wasserpest aus vielen kleinen Zellen aufgebaut ist. Das einheitlich grün aussehende Blatt erscheint in der Vergrößerung vorwiegend hell mit grünen Punkten. Wie kommt das?*

PFLANZLICHE ZELLEN · Die gut sichtbare Umrandung der einzelnen Pflanzenzellen ist eine feste Hülle, die **Zellwand**. Sie enthält ein Geflecht von Fasern und verleiht den pflanzlichen Zellen eine stabile Form.

Unter dem Mikroskop sieht man im Inneren der Zellen viele grüne, kugel- bis linsenförmige Körperchen, die Blattgrünkörnchen oder **Chloroplasten**. Sie sind typische Bestandteile der grünen Zellen. Dort läuft die *Fotosynthese* ab, bei der mithilfe der Lichtenergie aus Kohlenstoffdioxid und Wasser Zucker hergestellt wird.

Neben den Chloroplasten sind weitere Zellbestandteile zu erkennen. So weist jede Zelle eine relativ große, meistens kugelförmige, durchsichtige Struktur auf. Dies ist der **Zellkern**, der die Vorgänge in einer Zelle steuert.

Zellkern und Chloroplasten sind Beispiele dafür, dass Zellen unterschiedlich abgegrenzte Räume aufweisen, die bestimmte Funktionen erfüllen.

Der größte Teil der meisten pflanzlichen Zellen wird von einem weiteren Zellbestandteil ausgefüllt, der **Vakuole**. Diese Vakuole ist in den Zellen der Wasserpest farblos. Je nach Verteilung der Chloroplasten und der Vakuole erscheinen die

02 Zelle aus dem Blatt der Wasserpest bei starker Vergrößerung

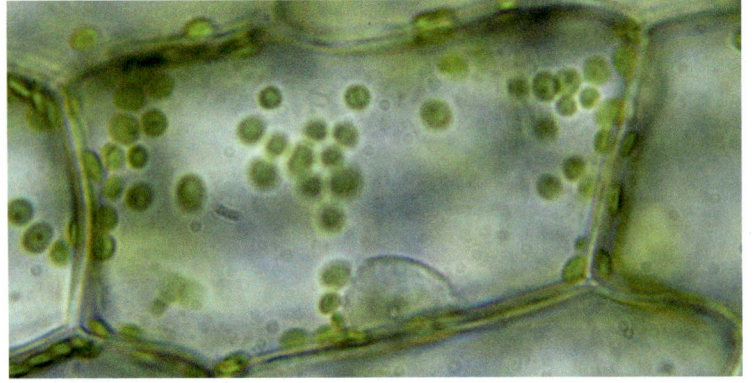

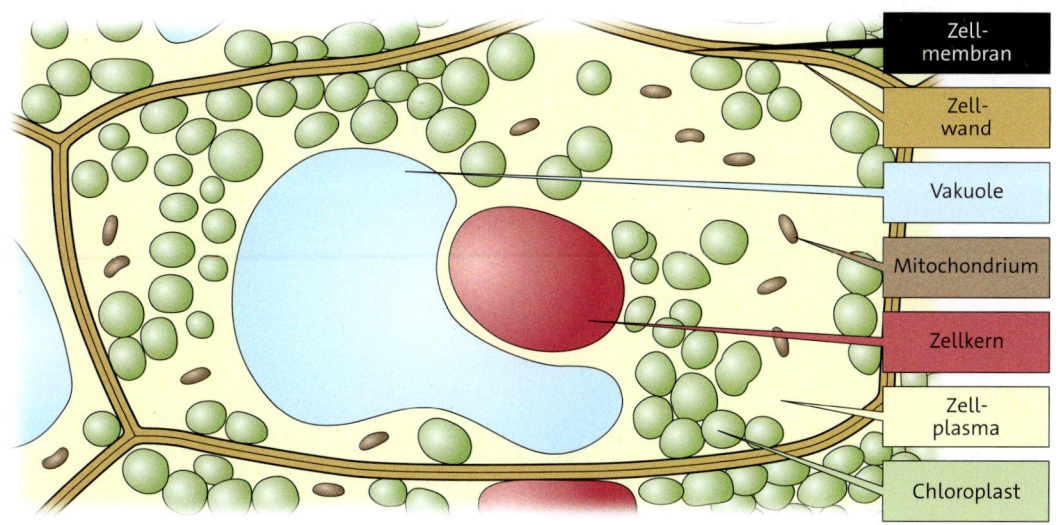

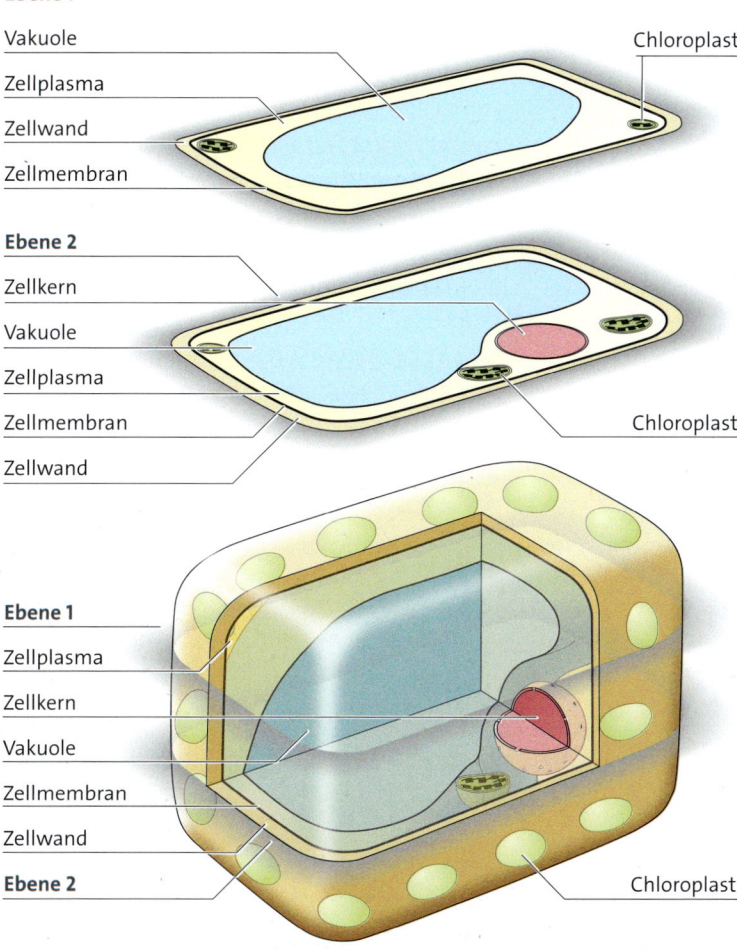

03 Pflanzenzelle (Schema des lichtmikroskopischen Bildes)

einzelnen Bereiche unter dem Mikroskop durchscheinend oder grün.

Die Grundsubstanz der Zelle besteht aus einer flüssigen Masse, die man **Zellplasma** nennt. Hier sind alle Zellbestandteile eingebettet. Zu ihnen gehören neben den Chloroplasten und dem Zellkern unter anderem die sehr kleinen **Mitochondrien**. Sie stellen der Zelle Energie für Lebensprozesse bereit. Man bezeichnet sie daher als „Kraftwerke der Zellen". Das Zellplasma ist nach außen von der Zellmembran begrenzt. Sie liegt der Zellwand von innen dicht an und ist sehr dünn, sodass sie im Lichtmikroskop nicht zu sehen ist.

Der Blick durch das Lichtmikroskop zeigt stets nur eine Ebene innerhalb der Zellen scharf. Stellt man nacheinander auf verschiedene Ebenen scharf, sind teilweise unterschiedliche Zellbestandteile zu erkennen. Erst die Summe dieser Ebenen ermöglicht eine dreidimensionale Vorstellung des Aufbaus der Zellen.

1 ᒐ Fasse die Funktionen der einzelnen Zellbestandteile in einer Tabelle zusammen. ☐

04 Zwei Ebenen einer Zelle und entsprechender dreidimensionaler Aufbau

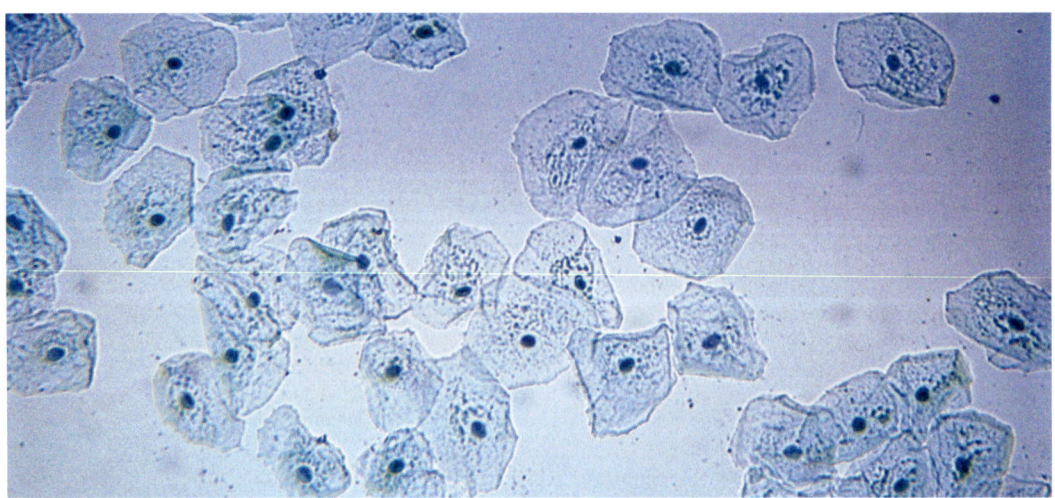

05 Zellen der Mundschleimhaut

TIERISCHE ZELLEN · Die meisten tierischen Zellen, zum Beispiel die Zellen der Mundschleimhaut, sind kleiner als Pflanzenzellen und etwas anders aufgebaut. Ihre Form ist weniger stark festgelegt, weil sie nur von einer Zellmembran umgeben sind. Eine zusätzliche Hülle aus einer Zellwand fehlt. Tierzellen sind daher weich und lassen sich leichter zerreißen als Pflanzenzellen.

ZELLBESTANDTEILE · Mundschleimhautzellen sind wie alle Tierzellen vollständig von *Zellplasma* ausgefüllt. Sie haben keine zentrale Vakuole. Im Zellplasma liegt der *Zellkern* oft in der Mitte der Zelle und nicht am Rand wie in Pflanzenzellen. Auch die Kraftwerke der Zellen, die *Mitochondrien*, sind vorhanden. In Tierzellen gibt es keine Chloroplasten. Sie sind daher nicht in der Lage, mithilfe von Lichtenergie Zucker herzustellen, und müssen ihre Nährstoffe mit der Nahrung aufnehmen.

ORGANELLEN · Zellbestandteile wie der Zellkern, die Vakuole, die Chloroplasten und Mitochondrien mit ihren besonderen Formen und ihren speziellen Aufgaben fasst man unter dem Begriff **Organellen** zusammen. Die meisten Organellen sind von Membranen umhüllt. Sie sorgen dafür, dass völlig verschiedene Vorgänge in der Zelle gleichzeitig ablaufen können.

2 ⌡ Nenne drei Bestandteile von Pflanzenzellen, die Tierzellen fehlen. ☐

3 ⌡ Vergleiche die Fotos von Wasserpest und Mundschleimhautzellen und beschreibe die erkennbaren Unterschiede. ◗

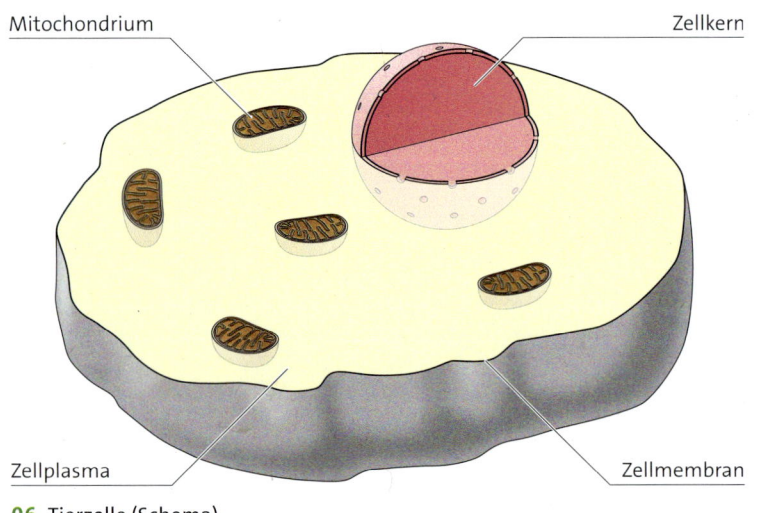

Mitochondrium

Zellkern

Zellplasma

Zellmembran

06 Tierzelle (Schema)

Material A ▸ Ein Zellmodell bauen

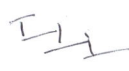

Trotz der unterschiedlichen Anordnung ihrer Zellbestandteile weisen alle grünen Pflanzenzellen einen ähnlichen Grundaufbau auf. Diesen Grundaufbau kann man besser verstehen, wenn man ein entsprechendes Modell baut.

A1 Notiere, aus welchen wesentlichen Bestandteilen eine pflanzliche Zelle aufgebaut ist. ◻

A2 Suche geeignete Materialien aus, um die wesentlichen Bestandteile einer pflanzlichen Zelle modellhaft darzustellen. Lege eine entsprechende Tabelle an. Liste darin die Zellbestandteile in der ersten und die Modellteile in der zweiten Spalte auf. ◻

A3 Füge die ausgewählten Teile zu einem Modell zusammen, sodass die Grundstruktur der Zelle deutlich wird. ◣

A4 Vergleiche nun das entwickelte Modell mit Originalaufnahmen pflanzlicher Zellen. Erläutere, welche Eigenschaften pflanzlicher Zellen anhand des Modells deutlich werden und welche nicht. ◼

A5 Baue ein Tierzellmodell. Übertrage dazu die entsprechenden Arbeitsschritte aus den Aufgaben A1–A3 auf die Tierzelle. ◣

Material B ▸ Zuordnung von Tier- und Pflanzenzellen

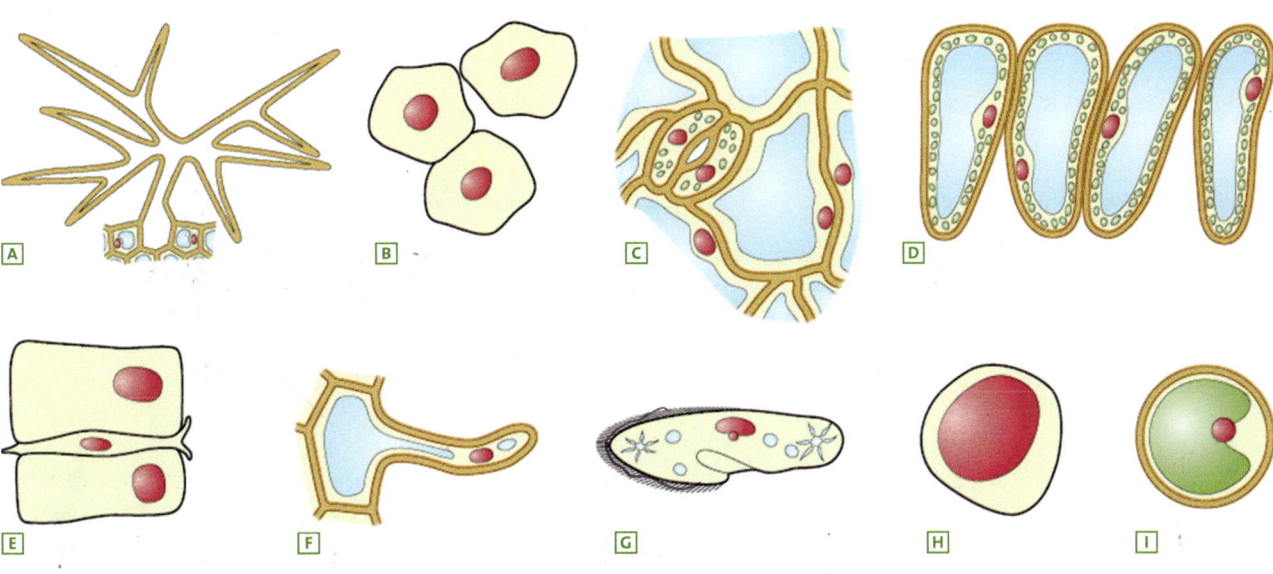

B1 Ordne jede Abbildung entweder den Pflanzen oder den Tieren zu. Begründe jede Zuordnung. ◣

B2 „Bild A stellt eine tote Zelle dar." Nimm Stellung zu dieser Aussage. ◣

B3 Nenne die Zellen, die vermutlich selbst keinen Zucker herstellen können. Begründe. ◼

Herstellung eines mikroskopischen Präparats von Pflanzenzellen

Die Schuppenhaut einer Küchenzwiebel lässt sich leicht so vorbereiten, dass ihre Zellen unter dem Lichtmikroskop sichtbar werden. Man nennt solche Vorgänge **Präparation**. *Folgende Hilfsmittel sind dafür erforderlich:*

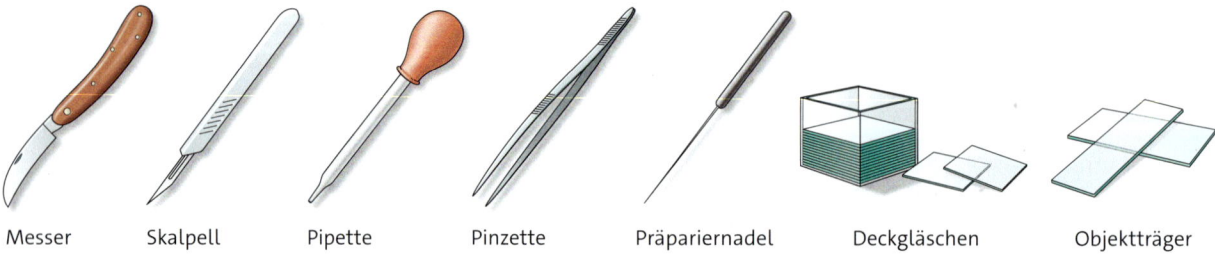

Messer   Skalpell   Pipette   Pinzette   Präpariernadel   Deckgläschen   Objektträger

01 Hilfsmittel für die Anfertigung eines mikroskopischen Präparats der Zwiebelschuppenhaut

Um das Präparat herzustellen, arbeitet man in folgenden Schritten:

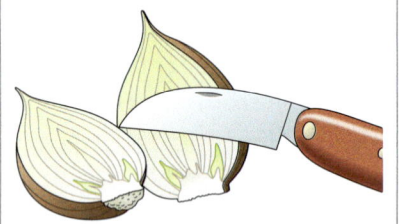

1) Schneide mit dem Messer die Küchenzwiebel längs so durch, dass vier gleiche Teile entstehen. Löse eine Schuppe heraus.

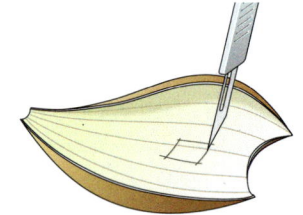

2) Ritze mit dem Skalpell auf der hohlen Innenseite der Schuppe ein etwa 0,5 Zentimeter großes Quadrat in die dort liegende dünne Zwiebelschuppenhaut ein.

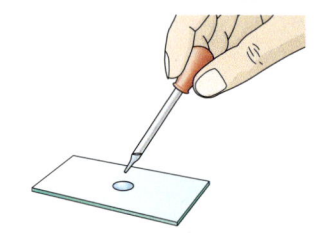

3) Gib mit der Pipette zwei Tropfen Wasser auf einen sauberen Objektträger. Achte darauf, dass die Unterseite des Objektträgers trocken bleibt.

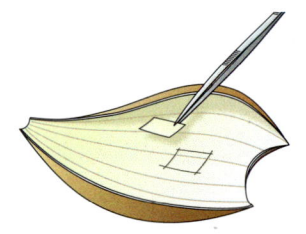

4) Löse mit einer spitzen Pinzette das kleine Quadrat der Zwiebelschuppenhaut ab. Achte darauf, dass dabei keine Teile der Schuppe mit abgezogen werden.

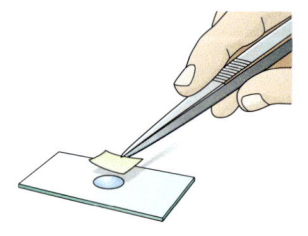

5) Lege den Ausschnitt der dünnen Zwiebelschuppenhaut mit der Pinzette auf den Wassertropfen des Objektträgers.

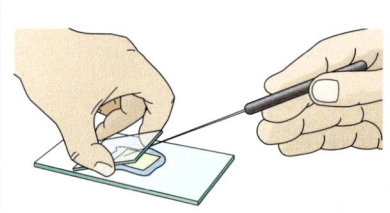

6) Lege ein Deckglas mit einer Kante an den Rand des Wassertropfens und senke es mit einer Präpariernadel ab. So werden keine Luftblasen eingeschlossen.

1) *Führe die Präparation durch. Mikroskopiere das Präparat und zeichne zwei Zellen.* ◖

Herstellung und Färbung eines mikroskopischen Präparats von Tierzellen

Material:
Mikroskop, Holzspatel, 2 Pipetten, Präpariernadel, Objektträger, Deckglas, Filterpapier, Methylenblau

Hinweis:
Methylenblau ist giftig und gibt dauerhafte Flecke. Berührung mit der Haut und der Kleidung vermeiden!

Durchführung:
a) Herstellung des mikroskopischen Präparats einer menschlichen Mundschleimhautzelle

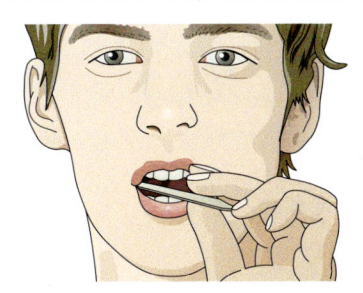

1) Schabe mit einem Holzspatel vorsichtig von der Innenseite der Wange etwas Mundschleimhaut ab.

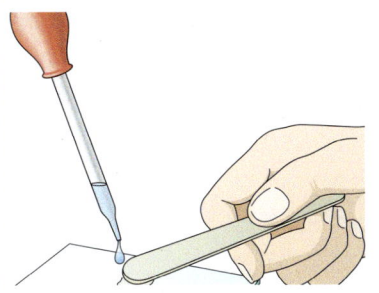

2) Übertrage die Zellen auf einen Objektträger. Gib mit einer Pipette zwei Tropfen Wasser hinzu. Verrühre vorsichtig mit einer Präpariernadel.

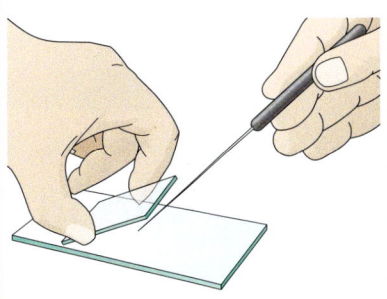

3) Lege ein Deckglas mit einer Kante an den Rand der Flüssigkeit auf den Objektträger und senke es mit einer Präpariernadel langsam ab.

b) Färbung des mikroskopischen Präparats einer menschlichen Mundschleimhautzelle

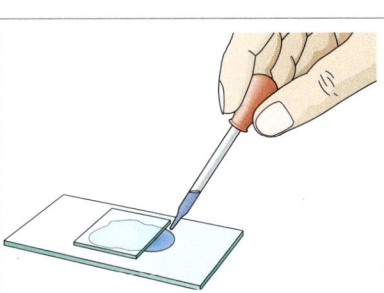

1) Gib mit einer anderen Pipette einen Tropfen Methylenblau neben den Rand des Deckglases.

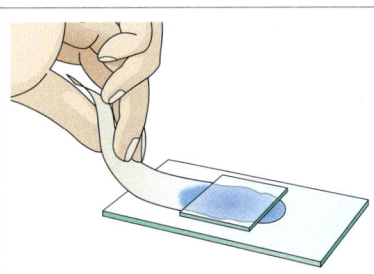

2) Sauge mit einem Streifen Filterpapier die Färbeflüssigkeit durch das Präparat. Gib nun mit der Wasserpipette einen Tropfen Wasser neben das Deckglas und sauge ihn mit Filterpapier durch, um es zu spülen.

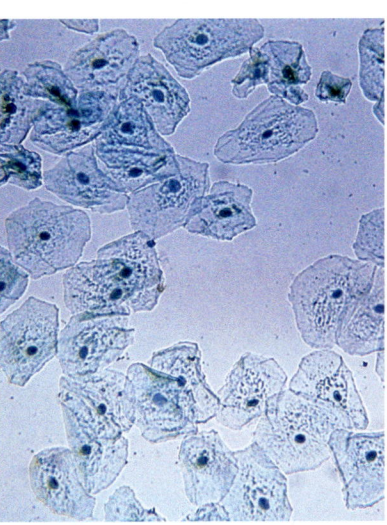

01 Angefärbte Zellen der Mundschleimhaut des Menschen (mikroskopische Aufnahme)

01 Halbmond und Halbballon

Mondphasen und Finsternisse

> *Der Ballon wird von rechts von der Sonne angeleuchtet. Der beleuchtete Teil sieht aus wie eine Halbkugel. Auch der von der Sonne beleuchtete Teil des Mondes sieht so aus. Sein Erscheinungsbild ändert sich aber im Laufe eines Monats. Wie kommt das?*

MONDBEOBACHTUNG · Warum sieht man den Mond mal teilweise und mal ganz beleuchtet? Die Bewegung des Mondes im Laufe einer Nacht kann dies nicht erklären. Hier zeigt sich nur, dass der Mond täglich im Osten aufgeht, im Süden am höchsten steht und im Westen wieder untergeht, genauso wie bei der Sonne. Dies wird durch die tägliche Drehung der Erde um die eigene Achse verursacht. Das Aussehen des Mondes bleibt aber während einer Nacht praktisch gleich.

Das unterschiedliche Aussehen des Mondes lässt sich mit einer Beobachtung über einen ganzen Monat verstehen. Startet man die Beobachtung bei Vollmond, wenn der Mond als helle Kugel zu sehen ist, dann nimmt der beleuchtete Teil des Mondes während der ersten zwei Wochen immer mehr ab. Ist der Mond gar nicht mehr beleuchtet, spricht man vom Neumond.

02 Vielfältiges Aussehen des Mondes (abnehmend und zunehmend)

03 Positionen des Mondes im Lauf der Nacht

Während der nächsten vierzehn Tage nimmt der beleuchtete Teil wieder bis zum nächsten Vollmond zu. Diese immer wieder aufeinanderfolgenden Erscheinungsbilder des Mondes bezeichnet man als **Mondphasen**.

Aus einem entfernten Raumschiff könnte man sehen, dass die Erde und der Mond immer auf der sonnenzugewandten Seite angestrahlt sind. Blickt man dagegen aus einem Fenster auf der Erde, schaut man immer auf einen anderen Bereich des Mondes, weil dieser sich im Laufe eines Monats einmal um die Erde herum bewegt. Meist ist nur ein Teil der angestrahlten Mondhälfte zu sehen, der Rest erscheint dunkel.

Die unterschiedlichen Positionen des Mondes erklären auch, warum der Mond nicht nur nachts zu sehen ist. In der Nacht ist er in der Zeit rund um den Vollmond zu sehen. Sind dagegen die Mondphasen rund um den Neumond tagsüber sichtbar, dann ist gerade die Schattenseite des Mondes der Tagseite der Erde zugewandt.

DER MOND IM ERDSCHATTEN · Bei Vollmond befindet sich die Erde zwischen der Sonne und dem Mond. Meist stehen sie aber nicht genau in einer Linie, denn die Mondbahn ist gegenüber der Erdbahn geneigt. Die Sonne beleuchtet den Mond und man kann ihn von der Erde aus sehen.

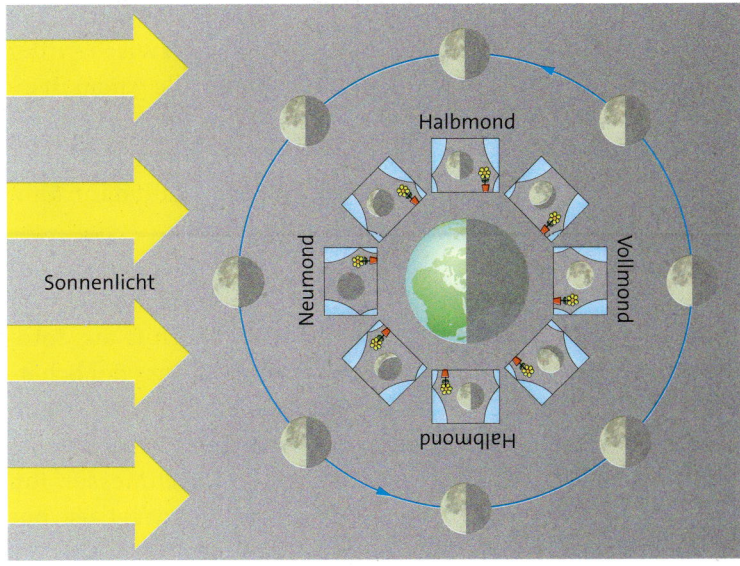

04 Der Mond wird einen Monat lang durch ein Fenster beobachtet.

Bild 05 zeigt, dass der Mond sich in immer gleicher Weise seitlich um die Erde bewegt. Nur in zwei Positionen der Erde kann es passieren, dass Mond, Erde und Sonne genau in einer Linie stehen. Dann gerät der Vollmond in den Schatten der Erde und erreicht nach einigen Minuten den Kernschatten. Dieser Schattenbereich ist fast dreimal so groß wie der Mond. Nach etwa zwei Stunden hat der Mond den Kernschatten durchlaufen und tritt wieder aus dem Erdschatten. Eine solche **Mondfinsternis** lässt sich somit nur bei Vollmond und höchstens zweimal im Jahr beobachten – wenn keine Wolken im Weg sind.

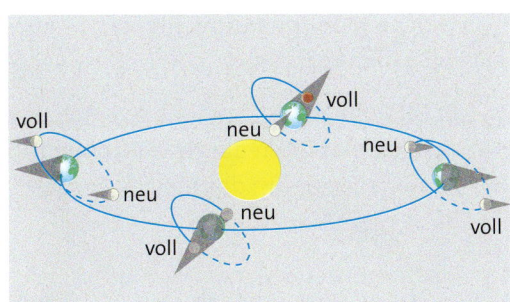

05 Mond und Erde mit ihren Bahnen und Schatten

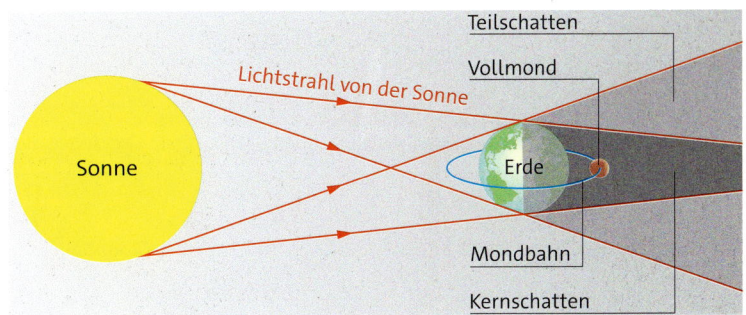

06 Mond im Erdschatten

MONDSCHATTEN AUF DER ERDE · Bei Neumond steht der Mond zwischen der Erde und der Sonne. Wenn alle genau in einer Linie stehen, dann wirft der Mond einen Schatten auf die Erde und es kommt zur **Sonnenfinsternis**. Diese verläuft dann ähnlich wie eine Mondfinsternis.

07 Totale Sonnenfinsternis, vom Weltraum aus gesehen

Astronauten haben einen solchen Mondschatten von einem Raumschiff aus fotografiert. Es ist zu erkennen, dass der Schatten nur in der Mitte ganz dunkel ist. Dorthin gelangt gar kein Sonnenlicht. Dabei hat dieser Kernschatten einen Durchmesser von höchstens 300 Kilometern, bedeckt also nur eine kleine Fläche der Erde. Die Menschen, die sich dort befinden, können etwa 7 Minuten lang eine *totale Sonnenfinsternis* beobachten. Für sie wird die Sonne vollständig durch den Mond verdeckt.

In Bild 09 sieht man, dass es außer dem Kernschatten auch noch weitere Schattenbereiche gibt. Menschen, die sich im Teilschatten befinden, sehen die Sonne nur teilweise verdeckt, als *partielle Sonnenfinsternis*. Dieser Teilschatten ist in Bild 07 als hellgrauer Bereich rund um den Kernschatten herum zu sehen.

Totale Sonnenfinsternisse sind selten. Wie die Mondfinsternisse auch können sie nur zweimal im Jahr entstehen, wenn der Mond die Verbindungsstrecke von Sonne und Erde kreuzt. Daher gibt es weltweit von 2014 bis 2028 nur dreißig Sonnenfinsternisse und davon sind nur sechs total. An einem bestimmten Ort auf der Erde kommt es sogar nur etwa alle 200 Jahre dazu. Die nächste totale Sonnenfinsternis in Deutschland ist am 03.09.2081 zu erwarten.
Partielle Sonnenfinsternisse lassen sich, bei gutem Wetter, von Deutschland aus etwa alle drei Jahre beobachten.

VORSICHT MIT DEN AUGEN! · Eine Sonnenbrille, die normalerweise bei sonnigem Wetter die Augen vor zu viel Energie aus der Sonnenstrahlung schützt, reicht zur Beobachtung einer Sonnenfinsternis nicht aus. Denn hier schaut man über mehrere Minuten dabei zu, wie sich der Mond vor die Sonne schiebt. Insbesondere bei einer partiellen Sonnenfinsternis müssen spezielle Schutzbrillen genutzt werden, die sehr viel Licht herausfiltern. Ohne diese darf man auch nicht „mal eben kurz" schauen!
Außerdem dürfen Fernrohre, Ferngläser oder Teleskope nur genutzt werden, wenn sie einen entsprechenden Filter haben. Die Gefahr einer dauerhaften Schädigung der Augen ist sonst viel zu groß.

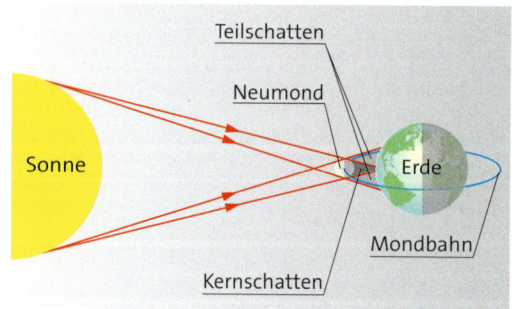

08 Mond und Erde, vom Weltraum aus gesehen

1 J Ein Astronaut sieht die Erde und dahinter den Mond (Bild 08). Begründe, welche Mondphase die Menschen auf der Erde sehen. ◗

2 J In Bild 04 ist das Fenster an verschiedenen Positionen dargestellt, obwohl es sich immer um das gleiche Fenster handelt. Erkläre dies. ◗

3 J Erläutere, bei welchen Mondphasen und Tageszeiten Finsternisse prinzipiell möglich sind. ◗

09 Schatten bei einer Sonnenfinsternis

VERSUCH A ▸ Mondphasen im Modell

Material:
große Styroporkugel (10–12 cm Durchmesser), große Lampe, drehbarer Stuhl

A1 Setze dich auf den Stuhl und halte die Kugel mit ausgestrecktem Arm zwischen deinen Kopf und die Lampe. Gib an, welcher Körper in diesem Modell jeweils für Sonne, Erde und Mond steht. ▢

A2 Beschreibe einer zweiten Person zu jeder betrachteten Mondposition jeweils das Aussehen des Mondes. Diese Person malt in gleich großen Kreisen jeweils den Teil aus, der deiner Beschreibung entspricht.
Drehe dich mit dem Stuhl jeweils um einen Achtelkreis gegen den Uhrzeigersinn zur nächsten Position. ◨

A3 Beschreibe, wie du die Kugel halten musst, damit der Vollmond zu erkennen ist. ◨

A4 Der Neumond soll am Tag 0 zu beobachten sein. Notiert die zugehörigen Tage für die anderen Mondphasen. ▢

Achte darauf, keine intensive Lichtquelle zu verwenden. Blicke nicht direkt in die Lampe!

Material B ▸ Die Erde aus dem All betrachtet

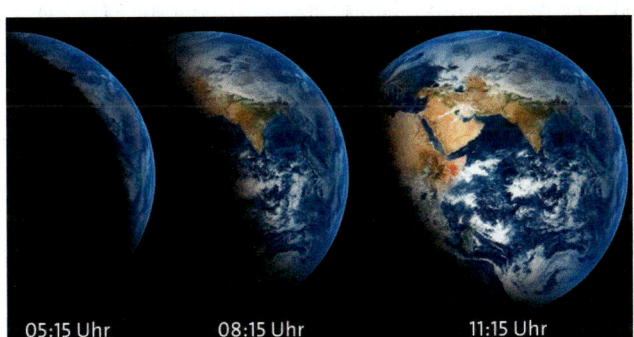

05:15 Uhr   08:15 Uhr   11:15 Uhr

Die Abbildung zeigt die Erde, aufgenommen von einem Wettersatelliten aus 36 000 km Höhe. Die Aufnahmen wurden zu verschiedenen Zeiten gemacht und neben-

einandergestellt. Der Satellit befindet sich auf einer geostationären Bahn, er befindet sich also in einer festen Höhe an einer bestimmten Position über der Erdoberfläche und dreht sich gemeinsam mit der Erde.

B1 Beschreibe, wie sich das Bild der Erde in der Zeit von 05:15 bis 11:15 Uhr verändert. ▢

B2 Schätze ab, wann die Erde als vollständige Scheibe zu sehen sein wird. ◨

B3 Entwirf Skizzen, mit denen du der Klasse demonstrieren kannst, wie Sonne, Satellit und Erde dann stehen. ◧

Material C ▸ Annas Mondbeobachtungen

Anna hat einige Wochen lang den Mond beobachtet und ihre Beobachtungen in eine Tabelle eingetragen.

C1 Lies ab, wann Anna einen Vollmond beobachtet hat. ▢

C2 Begründe, warum der Mond am 11.01 nicht zu sehen war und zu welcher Tageszeit die Beobachtung erfolgte. ◨

C3 Erstelle Tabelleneinträge für den 18.01 und den 27.01. ◨

Datum	Uhrzeit/ Tageszeit	Mond sichtbar	Heller Anteil	Helle Seite
17.12.	17:15	ja	$\frac{1}{4}$	rechts
20.12.	20:00	ja	$\frac{1}{2}$	rechts
24.12.	22:00	ja	$\frac{3}{4}$	rechts
28.12.	23:50	ja	1	
02.01.	06:15	ja	$\frac{3}{4}$	links
05.01.	07:00	ja	$\frac{1}{2}$	links
08.01.	08:45	ja	$\frac{1}{4}$	links
11.01.		nein	0	

01 Sonne mit Planeten

Unser Sonnensystem

Zusammen mit sieben anderen Planeten umkreist unsere Erde die Sonne. Aber was ist überhaupt ein Planet? Und welche anderen Objekte befinden sich in unserem Sonnensystem?

PLANETENSYSTEM · Im Zentrum jedes Planetensystems steht mindestens ein Stern. Um diesen kreisen die sehr viel kleineren Planeten auf festen Bahnen. Bis in die 1990er-Jahre war unser Sonnensystem das einzig bekannte Planetensystem. Seitdem wurden sehr viele Planetensysteme entdeckt. In etwa 600 davon kreisen zwei bis sieben Planeten um einen einzelnen Stern.

STERNE · Große, besonders massereiche Himmelskörper aus sehr heißen Gasen, die selbst leuchten, werden als **Sterne** bezeichnet. Sie lassen sich bei klarem Wetter gut mit bloßem Auge beobachten, obwohl sie extrem weit von der Erde entfernt sind.
Mit dem Licht der Sterne wird viel Energie abgegeben. So erhält auch die Erde Energie von ihrem Stern, der Sonne. Dies hat aber zur Folge, dass ein Stern mit der Zeit seinen enthaltenen Brennstoff aufbraucht. Das dauert allerdings sehr lange. Die Lebensdauer der Sonne beträgt noch etwa 10 Milliarden Jahre.
Der Abstand der Erde von der Sonne ist gerade so groß, dass es auf der Erde weder zu kalt noch zu warm ist. Das ist eine wichtige Voraussetzung dafür, dass Leben möglich und die Erde bewohnbar ist.

PLANETEN UND ZWERGPLANETEN · Unsere Erde ist einer von acht Planeten, die um die Sonne kreisen: Sie heißen Merkur, Venus, Erde, Mars, Jupiter, Saturn, Uranus und Neptun. Dabei gilt ein Himmelskörper als **Planet**, wenn er nahezu rund ist und einen Stern auf einer eigenen Umlaufbahn umkreist. Das Wort Planet kommt aus dem Griechischen und bedeutet Wanderer.
Zwergplaneten sind den Planeten recht ähnlich, aber deutlich kleiner und haben keine eigene Umlaufbahn, auf der sie allein oder höchstens zusammen mit ihren Monden einen Stern umkreisen.

Merkhilfe für die Reihenfolge der Planeten: „Mein Vater erklärt mir jeden Sonntag unseren Nachthimmel."

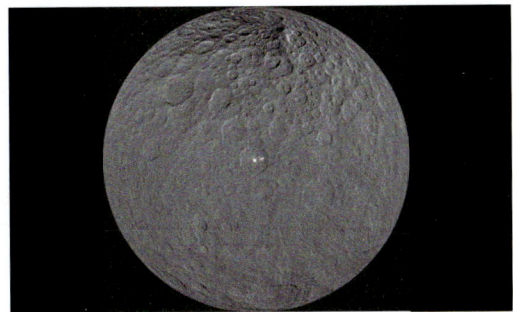

02 Zwergplanet Ceres (Durchmesser 964 km)

03 Asteroid Ida (Länge 60 km) mit Mond Dactyl

MONDE · Monde sind kleinere Objekte, die andere Himmelskörper umkreisen. Untersuchungen von Gesteinsproben des Erdmonds haben eine starke Ähnlichkeit zum Gestein unserer Erdkruste ergeben. Daher geht man heute davon aus, dass der Erdmond in der Frühzeit des Sonnensystems durch einen Zusammenstoß der Erde mit einem anderen Planeten entstanden ist. Das würde auch erklären, weshalb der Erdmond im Vergleich zu anderen Monden relativ groß ist.

Alle anderen Planeten außer Merkur und Venus haben ebenfalls Monde.

ASTEROIDEN · Diese unförmigen Objekte haben eine Länge von einigen bis vielen Kilometern und werden zum Teil auch von kleinen Monden umkreist. Sie finden sich meist in großer Zahl in Asteroidengürteln. Wenn ein Asteroid die Bahn eines Planeten kreuzt, dann kann es zur Kollision kommen.

Die Erdbahn wird von etwa 200 Asteroiden gekreuzt. Etwa alle 100 Millionen Jahre kann man mit einer größeren Kollision rechnen. Ein solcher Asteroideneinschlag war vor etwa 66 Millionen Jahren auch für das Aussterben der Dinosaurier verantwortlich. Mittlerweile beobachten Frühwarnsysteme den Himmel, um die Erde vor einem weiteren Einschlag zu schützen.

KOMETEN · Ein Komet hat einen Durchmesser von wenigen Kilometern und besteht aus Fels und Eis. Er bewegt sich auf einer ovalen Bahn, die in geringem Abstand um die Sonne herumläuft und dann weit von ihr wegführt.

Nähert sich ein Komet der Sonne, dann erhitzt er sich so sehr, dass Gase aus seinem Kern strömen. Diese bilden den spektakulären Kometenschweif, der immer von der Sonne weg zeigt.

04 Der Halleysche Komet im März 1986. Er kehrt 2061 zu uns zurück.

METEORITEN · Trotz ihrer geringen Größe von nur wenigen Millimetern sind Meteoriten sehr bekannt. Wenn sie in die Erdatmosphäre eindringen, dann verglühen sie. Die entstehenden Sternschnuppen sind in einer wolkenlosen Nacht gut zu sehen.

Jedes Jahr im August lassen sich besonders viele Sternschnuppen beobachten. Dann durchquert die Erde die Perseiden, einen Strom aus unzähligen Meteoriten, die aus dem Schweif eines Kometen stammen.

RAUMSONDEN · Ein Großteil der Kenntnisse über die verschiedenen Himmelskörper wurden durch Beobachtungen von der Erde oder von erdnahen Raumstationen aus erreicht. Unbemannte Raumsonden verschiedener Projekte sammeln aber bereits Proben und Aufnahmen bis in die äußeren Bereiche des Sonnensystems.

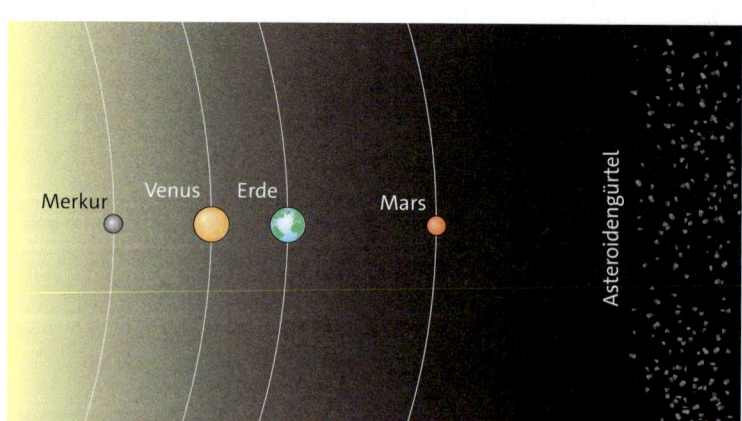

05 Innere Planeten und Asteroidengürtel

REISE AUS DEM SONNENSYSTEM · Wenn man eine Reise von der Sonne aus dem Sonnensystem heraus machen könnte, dann würde man auf dem Weg zuerst den vier Gesteinsplaneten Merkur, Venus, Erde und Mars begegnen. Sie haben alle eine feste Oberfläche.

Als Nachbarplaneten der Erde sind Venus und Mars für die Forschung besonders interessant. Die *Venus* hat eine ähnliche Größe wie die Erde und wird daher auch Schwester der Erde genannt. Sie besitzt allerdings eine lebensfeindliche Oberflächentemperatur von über 460 °C.
Wenn sich die Venus nicht nahe der Verbindungslinie von Erde und Sonne befindet, dann ist sie von der Erde aus als Abend- oder Morgenstern zu sehen. So wird das hellste Gestirn neben dem Mond bezeichnet. Dabei ist die Bezeichnung irreführend: Die Venus leuchtet nicht selbst, sondern wird von der Sonne angestrahlt.

Der *Mars* mit seinen beiden Monden hat nur etwa den halben Durchmesser der Erde, ist ihr aber insgesamt am ähnlichsten. Wie auf der Erde gibt es hier Polkappen mit Eis, es gibt Vulkane, wasserhaltige Wolken und Jahreszeiten.

Die Entdeckung von Wasser auf dem Mars hat den Gedanken an seine Bewohnbarkeit geweckt. Außerdem kann die Erforschung des Mars helfen, Entwicklungen wie den Klimawandel auf der Erde zu verstehen. Daher werden immer wieder Marsmissionen zu seiner Erforschung durchgeführt.

Hinter dem Mars führt die Reise durch einen Asteroidengürtel. In diesem auch als Hauptgürtel bezeichneten Ring befindet sich neben unzähligen Asteroiden auch der Zwergplanet Ceres.
Danach geht es vorbei an den vier Gasplaneten Jupiter, Saturn, Uranus und Neptun. Sie sind deutlich größer als die Gesteinsplaneten und bestehen hauptsächlich aus Gas, haben aber einen festen Kern.

Jupiter ist mit etwa elffachem Erddurchmesser der größte Planet des Sonnensystems. Mit seinen 79 Monden ist er zwar kein Rekordhalter, aber er hat die vier bekanntesten Monde: Io, Europa, Ganymed und Callisto wurden bereits um 1610 von Galileo GALILEI mithilfe des damals neu erfundenen Fernrohrs entdeckt. Auf Europa könnte Leben existieren. Er besitzt eine Eiskruste und darunter vermutlich einen Ozean aus flüssigem salzhaltigem Wasser.

Anschließend führt die Reise dann durch einen weiteren Asteroidengürtel, den Kuipergürtel. Hier finden sich auch die Zwergplaneten Pluto und Eris. Sehr viel weiter außen würde das Raumschiff schließlich die Oortsche Wolke durchqueren, eine Kugelschale aus unzähligen Asteroiden – und das Sonnensystem verlassen.

1 Übertrage Bild 05 in dein Heft und erweitere es um die Gasplaneten, Zwergplaneten und den Kuipergürtel. 🍃

VERSUCH A ► Unser Sonnensystem auf dem Schulhof

Material:

langes Maßband, Pappe, dicker Filzstift, Lineal, viel Platz

Durchführung:

Die Größe der Himmelskörper sowie ihre Abstände von der Sonne sollen maßstabsgerecht angeordnet und dargestellt werden. Geht dazu an einen Ort mit sehr viel Platz wie beispielsweise auf euren Schulhof.

A1 Legt für euren Ort einen geeigneten Maßstab fest, um die Positionen der Himmelskörper darzustellen. ▢

A2 Berechnet mit dem Maßstab die Positionen der Himmelskörper in eurem Modell. Nutzt dazu die Tabelle rechts. ◣

A3 Fertigt Schilder an, die gut aus der Ferne lesbar sind. Notiert auf den Schildern sowohl den Namen des Himmelskörpers als auch ein analoges Beispiel aus dem Alltag, das maßstabsgerecht die Größenverhältnisse wiedergibt. ◣

A4 Stellt euch nun entsprechend auf. Dokumentiert eure Resultate mit geeigneten Fotos. ◣

Himmelskörper	Abstand von der Sonne in 10^6 km	Durchmesser in km
Sonne	—	1 400 000
Merkur	57,9	4879
Venus	108,2	12 104
Erde	149,6	12 756
Mars	227,9	6 794
Jupiter	779	142 984
Saturn	1433	120 536
Uranus	2871	51 118
Neptun	4495	49 528
(Pluto)	5906	2 374

Material B ► Rekorde und Besonderheiten der Planeten

Der Planet …

... hat mit knapp 10 Stunden den kürzesten Tag.

... hat den höchsten Berg (Olympus Mons, 27 km hoch).

... hat ein Ringsystem, das bereits mit einem kleinen Fernrohr zu sehen ist.

... hat den größten Mond (Ganymed, Durchmesser 5262 km).

... ist tiefblau.

... hat mit unter −200 °C die niedrigste Temperatur.

... hat 82 Monde.

... ist der leichteste Planet.

... hat die längste Umlaufdauer um die Sonne.

... wird auch als Roter Planet bezeichnet.

B1 Recherchiere zu den angegebenen Eigenschaften der Planeten des Sonnensystems und ordne sie dann passend zu. ◣

B2 Trage weitere Eigenschaften der Planeten zusammen und erstelle ein Quiz. ◣

B3 Wähle einen anderen Himmelskörper aus und erstelle einen Steckbrief oder eine Präsentation. ◣

Material C ► Halleyscher Komet

Der Halleysche Komet ist so hell, dass er bei der letzten Begegnung 1986 mit bloßem Auge beobachtet werden konnte. Er hat eine sehr lang gestreckte Flugbahn, die ihn im Bereich zwischen den Bahnen von Merkur und Venus um die Sonne herumführt. Der sonnenfernste Punkt liegt zwischen Neptun und Kuipergürtel.

C1 Erstelle eine beschriftete Skizze der Flugbahn des Kometen im Sonnensystem. ◣

C2 Zeichne an mehreren Punkten innerhalb der Jupiterbahn den Kometen mit seinem Schweif ein. ◣

C3 Beschreibe seine Reise durch das Sonnensystem. ◣

Im Internet recherchieren

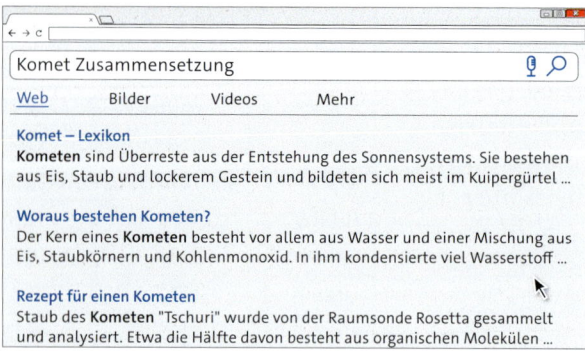

01 Suchmaschine im Internet

DAS INTERNET · Wenn du dich über etwas informieren möchtest, dann kannst du in deinem Schulbuch, in einem Lexikon oder aber im Internet nachschauen. Das Internet ist ein gigantischer Speicher für Informationen. Allerdings gibt es im Internet gute, aber auch schlechte und sogar gefährliche Informationsquellen. Damit deine Recherche im Internet zielführend ist, solltest du die folgenden Punkte beachten:

SUCHBEGRIFFE · Wenn du im Internet nach etwas suchen möchtest, kannst du den Suchbegriff direkt in das Adressfeld des Browsers tippen. Dann nutzt dieser eine zuvor festgelegte Suchmaschine. Du kannst aber auch eigene Kindersuchmaschinen nutzen. Möchtest du nach Bildern oder Videos suchen, kannst du einfach auf das entsprechende Feld klicken.

In der Regel erhältst du viele Tausend Treffer. Wähle deine Suchbegriffe so präzise wie möglich, dann sinkt die Anzahl der Treffer. Wenn du etwa Informationen darüber suchst, woraus Kometen bestehen, dann solltest du nach Komet und Zusammensetzung und nicht nur nach Komet oder Gestein suchen. Wenn du deine Suchbegriffe in Anführungszeichen setzt, werden dir nur Treffer angezeigt, die den exakten Wortlaut deiner Suchbegriffe in genau dieser Reihenfolge enthalten.

Webseiten, die Produkte zu deinem Suchbegriff verkaufen möchten, sind für deine Recherche meist nutzlos. Manche Seiten enthalten zwar gute Informationen, sind aber manchmal so formuliert, dass du sie nicht verstehst. Andere Seiten sind ungeordnet und unübersichtlich. Mit etwas Geduld findest du aber meist Seiten, die für deine Recherche geeignet sind.

WEBSEITEN WIEDERFINDEN · Es ist ärgerlich, wenn du den Browser schließt und die Adresse der Seite vergessen hast. Dann kannst du im Verlauf des Browsers nachschauen. Dort werden alle besuchten Seiten angezeigt. Noch einfacher ist es, die Seite zu deinen Favoriten hinzuzufügen. Dort kannst du Ordner anlegen, um die Webseiten nach bestimmten Themen oder Schulfächern übersichtlich zu sortieren.

QUELLEN ANGEBEN · Die meisten Inhalte aus dem Internet sind urheberrechtlich geschützt. Du darfst sie also nicht nach Belieben nutzen. Für ein Referat ist das aber kein Problem. Du musst aber immer angeben, auf welcher Seite du die jeweilige Information gefunden und wann du die Seite zuletzt aufgerufen hast.

DOWNLOADS UND DATENEINGABEN · Du solltest sehr vorsichtig sein, wenn du Dateien aus dem Internet herunterladen möchtest. Dateien können auch Schadsoftware, Spionagesoftware oder Viren enthalten. Außerdem solltest du nie ohne Rücksprache mit deinen Eltern deine eigenen Daten (Namen, Geburtstag, Adresse ...) im Internet eingeben.

1 ⌋ Recherchiere im Internet zu den Begriffen Komet und Wasser und erstelle eine kurze Präsentation. 📓

2 ⌋ Vergleiche die Recherche im Internet und in Büchern miteinander und stelle Vor- und Nachteile in einer Tabelle gegenüber. ◼

%%%% **METHODE** %%%

Informationen zusammenstellen und präsentieren

Mit einer Wandzeitung oder einem Schülervortrag kannst du Arbeitsergebnisse präsentieren. Ein Poster erstellst du in folgenden Schritten:

1. ***Informationsbeschaffung*** *· Informiere dich über dein Thema in Büchern, Zeitschriften, Zeitungen oder im Internet.*

2. ***Informationen auswählen*** *· Wähle aus den zusammengetragenen Inhalten geeignete Texte und Abbildungen aus und ergänze sie mit selbst erstellten Materialien. Erstelle eine Gliederung und formuliere Teilüberschriften.*

3. ***Material ordnen*** *· Fertige eine Skizze zur Anordnung von Text und Bildern unter den entsprechenden Überschriften an. Achte dabei auf ein ausgewogenes Verhältnis und Übersichtlichkeit.*

4. ***Anschauliche Darstellung*** *· Befestige das ausgewählte Material nach deiner selbst gewählten Gliederung sauber und ordentlich.*

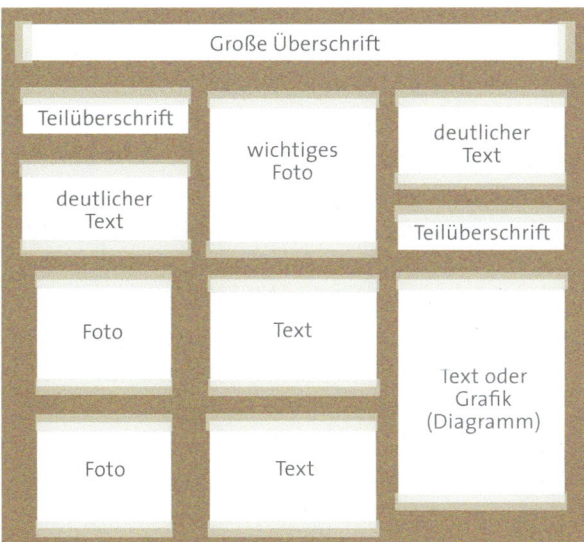

Für einen Vortrag nutzt du die Schritte 1 und 2 wie beim Poster. Danach folgen die Schritte 3 bis 6. Du kannst natürlich auch Vortrag und Poster zu einer Präsentation kombinieren.

3. ***Reihenfolge festlegen*** *· In der Einleitung gibst du den Zuhörern einen Überblick und machst sie neugierig auf dein Thema. Im Hauptteil informierst du anschaulich und verständlich. Zum Schluss fasst du die wichtigsten Erkenntnisse kurz zusammen.*

4. ***Karteikarten schreiben*** *· Während der Präsentation darfst du „Spicker" verwenden. Notiere dir dazu auf Karteikarten jeweils eine Überschrift und die wichtigsten Schlüsselwörter. Nur den ersten und den letzten Satz formulierst du aus. Zuletzt nummerierst du die Karteikarten.*

5. ***Sprechen üben*** *· Sprich mithilfe der Karteikarten den Vortrag mehrmals durch und nutze zur Veranschaulichung herausgesuchte Materialen. Verwende eine verständliche Sprache und Wörter, die du selbst erklären kannst.*

6. ***Vortrag halten*** *· Mithilfe der Karteikarten kannst du frei sprechen. Damit dich alle Zuhörer gut verstehen können, sprich langsam und deutlich in vollständigen Sätzen. Schau dabei in Richtung der Zuhörer und zeige auf deine mitgebrachten Materialen.*

TIPPS:
- *Beginne rechtzeitig mit deinen Vorbereitungen.*
- *Schreibe zuerst mit Bleistift, damit du Falsches schnell verbessern kannst.*
- *Deine Zuhörer können deinen Erklärungen besser folgen, wenn du auch mal kurze Pausen machst.*
- *Nach dem Vortrag können deine Zuhörer Fragen stellen, sei auch darauf vorbereitet.*

01 Übersichtliches Poster

01 Sternenhimmel

Beobachtungen am Nachthimmel

Wenn man in einer klaren Nacht und bei wenig künstlichem Licht den Himmel betrachtet, sind unzählige Sterne zu sehen. Mit etwas Übung lassen sich aber nicht nur Sternbilder ausmachen, sondern auch Himmelsrichtungen ablesen. Wie funktioniert das?

STERNE AM NACHTHIMMEL · In einer sternklaren Nacht und bei wenig künstlichem Licht sind mit bloßem Auge etwa 3000 Sterne zu sehen. Sie scheinen am Nachthimmel stillzustehen und feste Gruppen zu bilden. Manche dieser Gruppen sind als Sternbilder bekannt, zum Beispiel der Große Wagen.

Allerdings stehen die Sterne gar nicht still. Dies ist ähnlich wie bei Flugzeugen, die sich vom Erdboden aus gesehen nur langsam über den Himmel bewegen, obwohl sie sehr schnell fliegen. Bei den viel weiter entfernten Sternen ist dieser Effekt noch deutlich größer.

Auch stehen Sterne einer Gruppe oft nicht nah beieinander. Menschen brauchen zur Einschätzung von Größen und Entfernungen Vergleichsgrößen. Fehlen diese, führt das zu fehlerhaften Deutungen. So scheint der Junge in Bild 02 in einem riesigen Schuh zu stehen. Könnte man aber das Gras zwischen dem Schuh und dem Jungen sehen, dann wäre klar zu erkennen, dass er in deutlichem Abstand hinter dem normal großen Schuh steht. Ebenso ergibt sich eine falsche Einschätzung bei den Sternen.

ENTFERNUNGEN · Der nächste Stern außerhalb des Sonnensystems heißt Proxima Centauri und ist etwa 40 Billionen km oder 4,25 Lichtjahre, kurz Lj, von der Erde entfernt. Der Polarstern ist sogar 430 Lj von uns entfernt.

$1 Lj =$
$300\,000 \cdot 365 \cdot 24 \cdot$
$60 \cdot 60$ km
$\approx 9\,460\,800\,000$
000 km

02 Fehlende Information führt zur falschen Deutung.

ORIENTIERUNG AN EINEM STERN · Für die nächtliche Orientierung ist der Polarstern besonders wichtig, da er bei klarem Wetter auf der Nordhalbkugel der Erde immer zu sehen ist und immer genau im Norden steht. Um ihn zu finden, kann man zuerst das bekannteste Sternbild suchen, den Großen Wagen. Verlängert man dann die Verbindungslinie zwischen den beiden hinteren Sternen des Großen Wagens etwa um das Fünffache, dann gelangt man zum Polarstern im Sternbild Kleiner Wagen.

Auch aus der Bewegung von Sternen nahe am Horizont lassen sich die Himmelsrichtungen ablesen. Um ihre langsame Bewegung besser erkennen zu können, sucht man sich etwa einen Baum zum Vergleich. Steigt der Stern nach oben, steht er im Osten, sinkt er nach unten, steht er im Westen.

STERNBILDER UND ANDERE GEBILDE · Der Große und der Kleine Wagen stehen ganzjährig am Sternenhimmel über der Nordhalbkugel. Mit ihrer Hilfe lassen sich einige andere Sternbilder finden, wie Kassiopeia, ein ganzjährig sichtbares „W" aus hellen Sternen. Dies erreicht man, indem man den zweiten Stern der Deichsel des Großen Wagens mit dem Polarstern verbindet und die Strecke verdoppelt (Bild 05).

Am Sternenhimmel finden sich auch Sternbilder und andere Sterngruppen, die nur zu bestimmten Jahreszeiten zu sehen sind, wie das Wintersechseck. Es enthält die hellsten Sterne, die im Winter zu sehen sind.

PLANETEN AM NACHTHIMMEL · Die Planeten befinden sich viel näher an der Erde als die Sterne, ihre Bewegungen erscheinen daher schneller. Da die Planeten selbst nicht leuchten, sind sie aber nur zu sehen, wenn die Sonne sie anstrahlt. Venus, Merkur oder Jupiter erscheinen phasenweise

03 Großer und Kleiner Wagen mit Polarstern

fast so hell wie der Mond. Ist dies morgens der Fall, wird der Planet als Morgenstern bezeichnet und steht im Osten, abends findet man ihn als Abendstern im Westen.

Betrachtet man die Planeten stets zur gleichen Uhrzeit über viele Tage hintereinander, so wird ihre Planetenbahn erkennbar. Allerdings enthalten die Planetenbahnen aus Sicht der Erde gelegentlich Schleifen. Deren Entdeckung war wesentlich für die Erkenntnis, dass nicht die Erde, sondern die Sonne im Zentrum der Planeten steht.

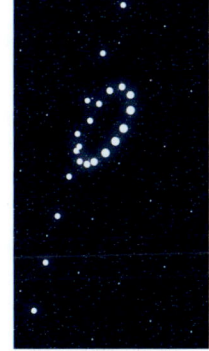

04 Schleife des Mars

1 ⌡ Aldebaran ist 70 Lj von der Erde entfernt. Berechne die Entfernung in Kilometern. Erläutere dein Vorgehen. ▢

2 ⌡ Beschreibe anhand von Bild 05, wie das Wintersechseck vom Großen Wagen und Kassiopeia aus gefunden werden kann. ◣

05 Aufsuchen des Wintersechsecks

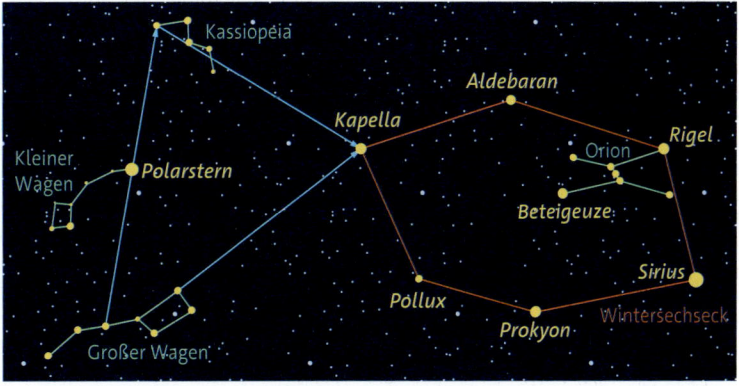

Begründung des heliozentrischen Weltbilds

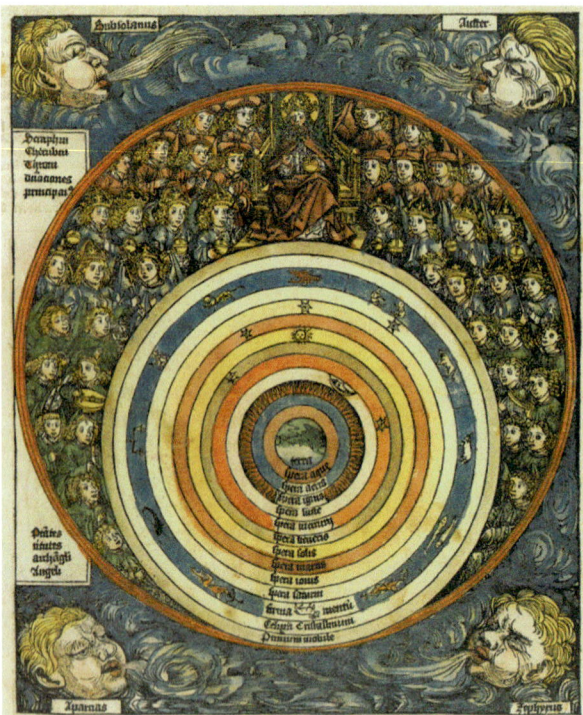

01 Das geozentrische Weltbild zeigt die Erde im Zentrum und mit ihr Wasser, Luft und Feuer. Es folgen der Mond (weiß), die Planeten Merkur (orange) und Venus (ocker), die Sonne, Mars (braun), Jupiter sowie Saturn und schließlich die Sterne.

Wenn man den Mond oder auch die Sonne während eines Tages beobachtet, dann entsteht der Eindruck, dass sich der Mond und die Sonne um die Erde drehen. Deshalb bevorzugten die Menschen über Jahrtausende hinweg ein **geozentrisches Weltbild** *mit der Erde im Zentrum (Bild 01). Mithilfe dieser Vorstellung und mathematischer Berechnungen konnten Astronomen viele Beobachtungen des Mondes, der Sonne und Planeten sowie der Sterne genau erklären und vorhersagen. Dennoch waren wenige Astronomen wie ARISTARCH (um 300 vor Christus) und KOPERNIKUS (um 1500) nicht überzeugt und meinten, die Sonne stehe im Zentrum. Sie vertraten ein* **heliozentrisches Weltbild***.*

Der italienische Physiker, Mathematiker und Astronom Galileo GALILEI (1564–1642) beobachtete den Himmel durch das damals gerade erfundene Fernrohr. Dabei entdeckte er, dass auch die Venus Phasen hat, ebenso wie der Mond (Bild 02 A). Die Venus steht am Himmel immer nahe der Sonne, die abnehmende Venus links der Sonne, die zunehmende rechts. Auffällig ist, dass wir die Venus nur dann voll erleuchtet sehen, wenn sie praktisch bei der Sonne steht. Was ist die Ursache dafür? GALILEI deutete diese Beobachtung so: Zu der Zeit, zu der wir die Venus voll beleuchtet sehen, steht sie von der Erde aus gesehen hinter der Sonne (Bild 02 B). Das darf nach dem geozentrischen Weltbild aber nicht sein, weil die Bahn der Venus dort innerhalb der Bahn der Sonne liegt (Bild 01). Damit konnte GALILEI viele Menschen vom heliozentrischen Weltbild überzeugen.

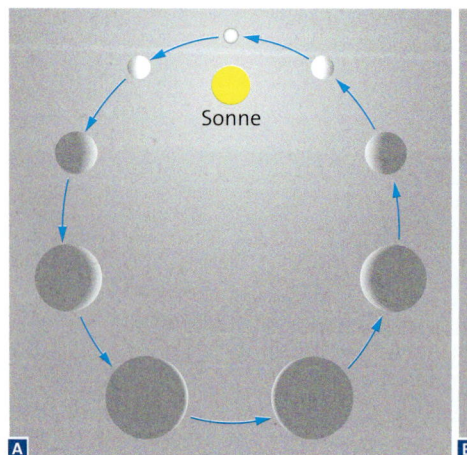

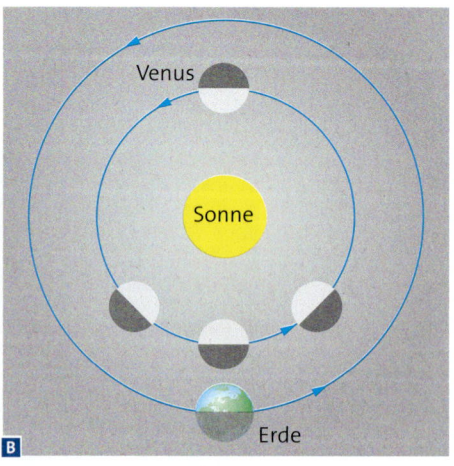

02 **A** Venusphasen, von der Erde aus gesehen. **B** Venus und Erde kreisen um die Sonne.

VERSUCH A ▸ Wintersechseck

Material:

Schaschlikspieße aus Holz, Knete, Styroporplatte

A1 In der Tabelle findest du Informationen zu den Sternen des Wintersechsecks. Übertrage sie in dein Heft und vervollständige sie. ☐

Stern	Entfernung in Billionen km	Entfernung in Lj	Radius in Sonnenradien
Aldebaran		70	25
Kapella	400	42,3	12
Pollux	33,7	319	8
Prokyon	11,2	106	1,8
Rigel		650	78
Sirius	81,4	8,6	1,7

A2 Recherchiere im Internet die genauere Ansicht des Wintersechsecks von der Erde aus. Erstelle eine beschriftete Skizze, wobei Sirius an der unteren Spitze stehen soll. ◖

A3 Erstelle ein maßstabsgerechtes Modell des Wintersechsecks mithilfe der gegebenen Materialien. ◖

A4 Betrachte das Modell aus verschiedenen Perspektiven und beschreibe die Unterschiede. Du kannst die unterschiedlichen Ansichten auch mit Fotos dokumentieren. ◖

A5 Gib begründet an, ob die Kugeln im nebenstehend abgebildeten Modell gleich groß sind. ◼

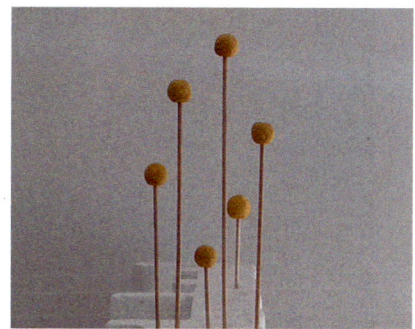

Material B ▸ Drehbare Sternenkarte

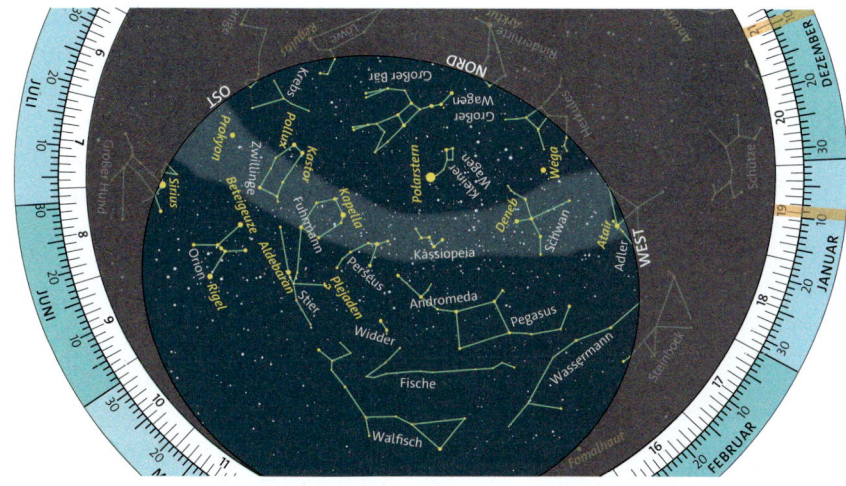

Im hellen Bereich sind jeweils die Sterne zu sehen, die an einem bestimmten Datum zur innen angezeigten Zeit am Himmel stehen.

So sieht man am 10.12. um 21 Uhr und am 09.01. um 19 Uhr die gleichen Sterne. Je heller ein Stern ist, desto dicker ist seine Markierung.

B1 Benenne vier Sternbilder mit hellen Sternen, die am 25.12. um 20 Uhr zu sehen sind. ☐

B2 Gib an, in welcher Himmelsrichtung das Sternzeichen Krebs am 20.12. um 20:20 Uhr zu sehen ist. ☐

B3 Gib die Uhrzeit an, zu der Atair, der helle Stern im Sternzeichen Adler, am 10.01. untergeht. ☐

B4 Bastle eine eigene drehbare Sternenkarte mithilfe einer Anleitung aus dem Internet. ◖

B5 Ermittle mit deiner Sternenkarte alle Sternzeichen, die nicht untergehen. ◖

Mikrokosmos

Vergrößerung: Das einfachste optische Vergrößerungsgerät ist die Lupe. Sie besteht aus einer **Sammellinse**. Diese Linse ist in der Mitte dicker als am Rand. Die Sammellinse bündelt das Licht in einem **Brennpunkt**. Die Entfernung zwischen Linsenmitte und Brennpunkt nennt man **Brennweite**. Je stärker die Linse gewölbt ist, desto kleiner ist die Brennweite. Je kleiner die Brennweite, desto stärker ist die Vergrößerung. Linsen werden auch in Mikroskopen und Fernrohren oder Teleskopen verwendet. Um stärkere Vergrößerungen zu erreichen, werden hier mehrere Linsen kombiniert. Die Linse, die näher am betrachteten Objekt liegt, nennt sich **Objektiv**. Die Linse nahe am Auge heißt **Okular**.

Kristallstruktur: Kristalle sind aus winzigen Teilchen aufgebaut, die kleiner als ein millionstel Millimeter sind. Aus gelösten Mineralien können sich beim Verdunsten von Wasser Kristalle bilden. Dabei rücken die Mineralteilchen dicht aneinander und bilden eine feste Anordnung, das Kristallgitter. Mit der Zeit werden die Kristallgitter so groß, dass sie mit bloßem Auge erkennbar sind. Dieser Prozess nennt sich Kristallisation. Welche Kristallform gebildet wird, hängt unter anderem von äußeren Bedingungen wie der Temperatur und dem verfügbaren Platz ab.

Teilchenmodell: Viele Eigenschaften von Objekten, Materialien, Flüssigkeiten oder Gasen kann man mit dem Teilchenmodell erklären. Man stellt sich vor, dass diese aus zahlreichen kleinen und beweglichen Teilchen bestehen. Zwischen den Teilchen befindet sich leerer Raum.

Mikrometer: Die Größe von sehr kleinen Objekten wie beispielsweise Zellen wird in der Maßeinheit Mikrometer (µm) angegeben. Ein Mikrometer ist der tausendste Teil eines Millimeters.

Lichtjahr: Im Weltall sind Entfernungen so groß, dass man sie nicht mehr in Kilometern (km) angibt, sondern in Lichtjahren (Lj). Das ist die Strecke, die Licht in einem Jahr zurücklegt. Ein Lichtjahr sind dabei umgerechnet 9,5 Billionen Kilometer.

Maßstab: Modelle werden entweder größer oder kleiner dargestellt als das Objekt, das sie beschreiben. Dazu gibt man den Maßstab an, also um wie viel größer oder kleiner die modellhafte Darstellung ist.

Zelle: Die Zelle ist die kleinste selbstständig lebensfähige Struktur- und Funktionseinheit des Lebens. Man unterscheidet pflanzliche und tierische Zellen durch ihren Aufbau und ihre Bestandteile. Zu den Bestandteilen beider gehören Zellmembran, Zellplasma, Zellkern und Mitochondrien. Zusätzliche Bestandteile der Pflanzenzellen sind Zellwand, Vakuole und Chloroplasten.

Organellen: Die Organellen stellen abgegrenzte Bereiche der Zellen dar. Sie übernehmen in der Zelle spezielle Aufgaben, ähnlich wie die Organe im menschlichen Körper. So können verschiedene Prozesse parallel ablaufen, ohne sich zu stören.

Funktionen der Zellbestandteile: Die **Zellmembran** umgibt die Zelle. Sie dient der Abgrenzung und dem Stoffaustausch. Bei Pflanzenzellen liegt darüber die strukturgebende **Zellwand**. Das Innere der Zelle ist mit dem **Zellplasma** gefüllt, in das alle Organellen eingebettet sind. Der **Zellkern** steuert die Prozesse der Zelle und enthält die Erbsubstanz. In den **Mitochondrien** wird durch den Abbau energiereicher Stoffe die Energie für die Zelle bereitgestellt. In Pflanzenzellen findet in den **Chloroplasten** die Fotosynthese statt, die **Vakuole** enthält den Zellsaft und füllt den größten Teil der Zelle aus.

Von der Erde ins Weltall

Mondphasen: Der Mond bewegt sich auf einer Kreisbahn um die Erde herum. Ein kompletter Umlauf dauert 28 Tage. Der Mond wird dabei ständig auf einer Seite von der Sonne angestrahlt, von der Erde aus ist aber je nach Position von Sonne, Mond und Erde unterschiedlich viel davon zu sehen. Es entstehen die Mondphasen mit Neumond, Halbmond und Vollmond. Bei Neumond liegt der Mond so zwischen Sonne und Erde, dass nur seine unbeleuchtete Seite von der Erde aus zu sehen ist. Entsprechend lässt sich der Neumond tagsüber beobachten. Bei Vollmond dagegen steht die Erde zwischen Sonne und Mond und die beleuchtete Seite des Mondes ist von der Nachtseite der Erde aus komplett zu sehen.

Mond- und Sonnenfinsternis: Bewegt sich der Vollmond in den Schatten der von der Sonne angestrahlten Erde, dann kommt es zur Mondfinsternis. Bei einer Sonnenfinsternis schiebt sich der Neumond vor die Sonne und wirft einen Schatten auf die Erde. Im Bereich dieses Schattens ist die Sonne nicht zu sehen. Beide Finsternisse treten häufig nur unvollständig auf. Dann spricht man von einer partiellen Finsternis.

Planetensystem: Im Zentrum jedes Planetensystems steht mindestens ein Stern. Ihn umkreisen die viel kleineren Planeten auf festen Bahnen.

Sterne: Große, besonders massereiche Himmelskörper aus sehr heißen Gasen, die selbst leuchten, werden als Sterne bezeichnet.

Planet: Ein Planet ist ein Himmelskörper, der nahezu rund ist und einen Stern auf einer eigenen Umlaufbahn umkreist. **Zwergplaneten** sind um ein Vielfaches kleiner als Planeten und besitzen keine eigene Umlaufbahn um den Stern.

Monde: Monde sind kleinere Objekte, die andere Himmelskörper umkreisen.

Weitere Himmelskörper: Asteroiden, Meteoriten und Kometen sind wie Sterne, Monde und Planeten ebenfalls Himmelskörper. Sie unterscheiden sich primär in ihrer Größe. Raumsonden sind technische Hilfsmittel, die die Beobachtung des Sonnensystems ermöglichen.

Orientierung am Nachthimmel: Am Himmel der nördlichen Halbkugel steht der Polarstern immer genau im Norden. Zudem sieht man die Sterne infolge der Erddrehung am östlichen Nachthimmel auf- und am westlichen Nachthimmel untergehen. Dies ermöglicht eine Orientierung anhand der Himmelsrichtungen in der Nacht.

Bewegung zu Wasser, zu Lande und in der Luft

In diesem Kapitel beschäftigst du dich mit

- der physikalischen Größe Geschwindigkeit. In Beispielen und Experimenten lernst du den Zusammenhang zwischen Geschwindigkeit, Weg und Zeit kennen.

- den verschiedenen Formen von Energie. Dabei lernst du, wie verschiedene Energieformen ineinander umgewandelt werden können. Du erfährst, dass der Mensch ein Energiewandler ist, der Nährstoffe benötigt, ebenso wie ein Verbrennungsmotor Treibstoffe, um sich bewegen zu können.

- dem Skelett des Menschen und seinem Aufbau aus Knochen und den verschiedenen Gelenken, die im Zusammenspiel mit den Muskeln die Beweglichkeit des Menschen gewährleisten. Du lernst die Bedeutung von Bewegung für die Gesundheit kennen.

- den vielfältigen Bewegungsarten an Land, im Wasser und in der Luft. Du lernst, wie die Tiere an die unterschiedlichen Bewegungsformen in den verschiedenen Lebensräumen angepasst sind. Dabei erfährst du auch, wie Fische schwimmen. Außerdem lernst du einige Formen des Vogelflugs kennen und wie der Körperbau der Vögel sie ermöglicht.

01 Eine S-Bahn rast vorbei.

Alles Bewegung?

Menschen, Fahrzeuge oder Tiere, alle bewegen sich sehr unterschiedlich. Im Auto überholt man die S-Bahn zügig, obwohl sie einem an der Haltestelle rasend schnell erscheint. Wie lässt sich das alles vergleichen?

GESCHWINDIGKEIT · Fährt eine S-Bahn an der Haltestation eines Bahnhofs vorbei, so ist sie für die wartenden Fahrgäste am Bahnsteig rasend schnell unterwegs. Lea sieht die S-Bahn einfahren und an sich vorbeirauschen. Sie denkt, so schnell bin ich mit dem Fahrrad nie unterwegs.

Ein Maß für die Schnelligkeit von Bewegungen ist die Geschwindigkeit. Um festzustellen, wie schnell eine S-Bahn fährt, misst man die Strecke, die sie in einer bestimmten Zeit zurücklegt. Zur Berechnung der Geschwindigkeit teilt man dann Strecke durch die zugehörige Zeit.

$$Geschwindigkeit = \frac{zurückgelegte\ Strecke}{benötigte\ Zeit}$$

Bei Fahrzeugen kann man die aktuelle Geschwindigkeit an der Anzeige des Tachometers ablesen. In einer Stunde legt eine S-Bahn bis zu 90 Kilometer zurück. Man sagt: Sie fährt mit einer **Geschwindigkeit** von 90 Kilometern pro Stunde, kurz $90\,\frac{km}{h}$.

GESCHWINDIGKEITEN IM VERGLEICH · Beim letzten Sportfest ist Lea 100 Meter in 20 Sekunden gelaufen. Ihre Freundin Anne hat 25 Sekunden gebraucht und war damit langsamer. Lea hat eine Geschwindigkeit von 5 Metern in der Sekunde geschafft, Anne nur 4 Meter pro Sekunde. Lea hat also eine höhere Laufgeschwindigkeit als Anne erreicht, weil sie die gleiche Strecke in der kürzeren Zeit zurückgelegt hat.

Man kann also Geschwindigkeiten für eine festgelegte Strecke anhand von Zeitmessungen bestimmen und vergleichen. Umgekehrt kann man eine Zeitvorgabe machen und überprüfen, wie weit man zum Beispiel in einer Minute rennen kann. Durch die Messung der Länge der zurückgelegten Strecke in der vorgegebenen Zeit kann ebenfalls die Geschwindigkeit bestimmt und verglichen werden.

MASSEINHEITEN · Die Angabe der Geschwindigkeit erfolgt bei Fahrzeugen meist in Kilometern pro Stunde und bei Menschen oder Tieren in Metern pro Sekunde. Möchte man solche Geschwindigkeitsangaben miteinander vergleichen, müssen sie in die gleiche Geschwindigkeitseinheit umgerechnet werden.

Hier ein Beispiel: Ein Sprinter erreicht kurzzeitig eine Geschwindigkeit von $10\frac{m}{s}$, ein Auto fährt im Ort maximal $50\frac{km}{h}$. Um beide Geschwindigkeiten vergleichen zu können, wird die Geschwindigkeit des Sprinters in Kilometer pro Stunde umgerechnet. In 1 Sekunde legt der Sprinter 10 Meter zurück. Bei gleichem Tempo würde er in 60 Sekunden, also einer Minute, 60 · 10 Meter = 600 Meter zurücklegen. In 60 Minuten, also einer Stunde, wären es 60 · 600 Meter = 36 000 Meter. 1000 Meter ergeben 1 Kilometer, somit würde der Sprinter 36 Kilometer in 1 Stunde zurücklegen. Seine Geschwindigkeit beträgt also $10\frac{m}{s}$ oder $36\frac{km}{h}$. Das Auto ist somit schneller. Ein Fahrradfahrer mit $15\frac{km}{h}$ wäre langsamer.

Die Tabellen zeigen verschiedene Beispiele für Geschwindigkeiten im Tierreich und im Verkehr.

1 ⌡ Welche Tiere würde ein Radfahrer überholen, welche ein Autofahrer auf der Landstraße? 🔖

2 ⌡ Ein Marathonläufer darf für die Marathonstrecke von 42 km nicht länger als 7 Stunden benötigen. Berechne seine minimale Geschwindigkeit. 🔖

3 ⌡ Bestimme die Geschwindigkeit, die du für 25 m beim Gehen und beim Laufen brauchst. Kannst du einen Radfahrer überholen? 🔖

02 Ein Gepard jagt eine Gazelle mit bis zu $34\frac{m}{s}$.

Schnecke	$5\frac{mm}{s}$
Blauwal	$13\frac{m}{s}$
Rennpferd	$25\frac{m}{s}$
Falke	$28\frac{m}{s}$
Gepard	$34\frac{m}{s}$

03 Geschwindigkeiten, die Tiere erreichen können

04 Autos dürfen in der Stadt $50\frac{km}{h}$, auf Landstraßen $100\frac{km}{h}$ fahren.

Fußgänger	$4\frac{km}{h}$
Radfahrer	$15\frac{km}{h}$
Auto in Ortschaften	$50\frac{km}{h}$
Auto auf Landstraße	$100\frac{km}{h}$
ICE	$300\frac{km}{h}$
Linienflugzeug	$980\frac{km}{h}$

05 Übliche Geschwindigkeiten im Verkehr

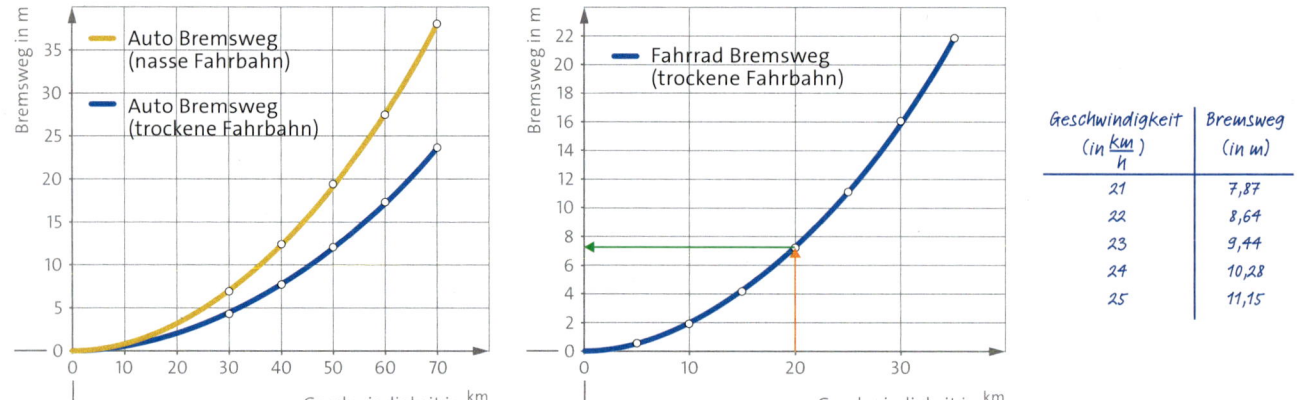

Geschwindigkeit (in $\frac{km}{h}$)	Bremsweg (in m)
21	7,87
22	8,64
23	9,44
24	10,28
25	11,15

06 Bremswege in Abhängigkeit von der Geschwindigkeit: **A** Auto, **B** Fahrrad, **C** ermittelte Werte für das Fahrrad

BESCHLEUNIGEN UND BREMSEN · Tom hat es eilig, er tritt einige Minuten kräftig in die Pedale und beschleunigt sein Fahrrad. So wird er immer schneller. Nun fährt er mit 25 $\frac{km}{h}$ durch das Wohngebiet. Plötzlich läuft ein Mädchen vor ihm auf die Straße. Tom macht eine Vollbremsung, um anzuhalten. Er kommt aber erst kurz vor dem Mädchen zum Stehen. Bei seiner Vollbremsung nimmt die Geschwindigkeit erst allmählich ab – der Bremsvorgang benötigt Zeit. Dabei können Bremswege sehr lang sein. Auf einer nassen Fahrbahn ist der Bremsweg zudem länger als auf einer trockenen, da die Reifen nicht so gut auf dem Boden haften können

Dazu kommt, dass Tom gar nicht sofort bremsen kann. Denn es dauert eine gewisse Zeit, bis Toms Körper auf das Auftauchen des Mädchens mit der Bremsbewegung reagiert. Während dieser Reaktionszeit fährt er noch mit der ursprünglichen Geschwindigkeit weiter und legt eine zusätzliche Strecke zurück, den Reaktionsweg. Der gesamte Weg, vom Sehen des Mädchens bis zum Stehenbleiben, setzt sich aus dem Reaktionsweg und dem Bremsweg zusammen und wird als Anhalteweg bezeichnet. In Diagrammen lassen sich die starken Verlängerungen der Bremswege mit steigender Geschwindigkeit ablesen. Dazu sucht man auf der x-Achse den Wert für eine Geschwindigkeit wie beispielsweise 20 $\frac{km}{h}$ (Bild 06B). Von der Achse geht man senkrecht nach oben, bis man auf die Kurve trifft. Von diesem Kurvenpunkt aus geht man waagerecht nach links bis zur y-Achse. Dort liest man den Wert für den Bremsweg ab, der bei 20 $\frac{km}{h}$ benötigt wird.

4 Ermittle den Bremsweg eines Autos bei 50 $\frac{km}{h}$ und 100 $\frac{km}{h}$ jeweils auf trockener und nasser Fahrbahn. Nutze dazu Bild 06A. ◖

5 Vergleiche die Bremswege von Fahrrad und Auto bei jeweils 30 $\frac{km}{h}$ auf trockenem Asphalt. ◖

6 Berechne Toms Anhalteweg bei einer Reaktionszeit von 2 Sekunden. ◖

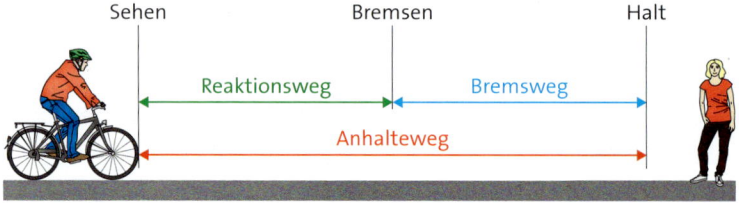

07 Wie lang ist der Anhalteweg?

VERSUCH A ▸ Wettlauf

A1 Steckt auf dem Schulhof eine Strecke von 20 Metern ab. Lauft die Strecke so schnell wie möglich und stoppt die Zeit. Vergleicht eure Werte und berechnet eure Geschwindigkeit. ▢

A2 Beim Cooper-Test im Sportunterricht muss man 12 Minuten lang laufen. Tim läuft gleichmäßig mit $4\frac{m}{s}$. Ermittle die zurückgelegte Strecke. ◨

Material B ▸ Mit dem Auto unterwegs

Aus einer Broschüre der Bundesanstalt für Straßenwesen:
- *Der Sicherheitsabstand beträgt 2 Sekunden Abstand zum vorherfahrenden Fahrzeug.*
- *Mindestabstand sollte immer der halbe Tachowert sein (bei $100\frac{km}{h}$ also 50 m).*

B1 a) Informiere dich, ob 2 Sekunden als Abstand Sinn ergeben. **b)** Der „halbe Tachowert" ist einfacher zu bestimmen. Stimmt er mit den 2 Sekunden überein? ◨

B2 Auf Landstraßen beträgt der Abstand zwischen zwei Leitpfosten 50 m. Wie kannst du damit die Geschwindigkeit eines Autos bestimmen, ohne auf den Tacho zu schauen? ◨

Material C ▸ Einheiten

Höchstgeschwindigkeiten	
Licht im Vakuum	$300\,000\,\frac{km}{s}$
Schall in Luft	$1224\,\frac{km}{h}$
Erde um Sonne	$30\,\frac{km}{s}$
Regentropfen	$9\,\frac{m}{s}$
Fußball	$100\,\frac{km}{h}$
Auto (in der Stadt)	$50\,\frac{km}{h}$
Mensch (schwimmend)	$8\,\frac{km}{h}$
Raketenauto	$347\,\frac{m}{s}$
Mensch (laufend)	$12\,\frac{m}{s}$

C1 Rechne die Werte in der Tabelle in $\frac{m}{s}$ um und ordne sie. ◨

C2 Informiere dich über die Höchstgeschwindigkeit dreier von dir selbst ausgewählter Tiere. Gib sie in $\frac{m}{s}$ und in $\frac{km}{h}$ an. ◨

C3 In der Seefahrt werden Geschwindigkeiten üblicherweise in Knoten (kn) angegeben. Informiere dich, wie man Knoten in $\frac{km}{h}$ umrechnet. Wie kommt es zu dem Namen? ◨

C4 Ein Polizist hält einen Mann im Auto an: „Sie sind in der Stadt über 70 Kilometer in der Stunde gefahren!" Da sagt der Mann: „Aber so lange bin ich doch noch gar nicht unterwegs!" Überlege eine freundliche Antwort, die die Sache wissenschaftlich korrekt erklärt. ◨

VERSUCH D ▸ Die Geschwindigkeit

Material:
kleine Konservendose oder Paketbandrolle, Brett (länger als 1 m), Buch, Lineal, Stoppuhr

Durchführung:
Markiere an einem Ende des Brettes eine Startlinie für die Dose und mache von dort aus alle 20 cm einen Strich. Lege das Brett so auf das Buch, dass die Dose in 4–5 Sekunden das Brett hinunterrollt.

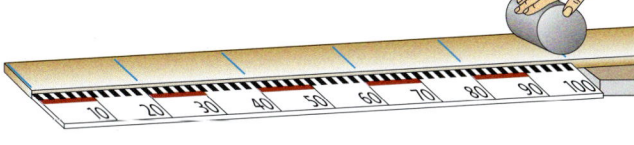

D1 Beobachte die Bewegung der Dose. Schreibe auf, woran man erkennt, dass ihre Geschwindigkeit zunimmt. ▢

D2 Miss jeweils die Zeit, die die Dose für 20 cm, 40 cm, ... benötigt. Wiederhole die Messungen dreimal. Erläutere, weshalb Mehrfachmessungen sinnvoll sind. ◨

D3 Berechne die Geschwindigkeit der Dose in den einzelnen Abschnitten. ◨

01 Ohne Energie geht nichts.

Jeder benötigt Energie

> *Elektrischer Strom ist jederzeit verfügbar, im Dunkeln schaltet man Licht ein, es gibt jeden Tag warmes Essen und man nutzt ständig Fahrzeuge wie den Bus zur Schule. Was haben diese Dinge miteinander zu tun?*

WOZU BENÖTIGT MAN ENERGIE? · Jeder hat schon von Energie gehört. Energie nutzt man zum Betrieb von elektrischen Geräten ebenso wie zum Heizen und Beleuchten der Wohnung, zur Fortbewegung mit Auto, Bahn, Flugzeug oder Schiff. Auch Lebewesen benötigen Energie zum Leben. Unser Körper benötigt Energie, um sich zu bewegen, zu atmen, zu reagieren und die Körpertemperatur zu halten.

ENERGIETRÄGER · Kein Auto fährt von allein. Um es in Bewegung zu setzen, braucht man einen Treibstoff wie Benzin oder Diesel. Wenn das Auto beim Tanken diesen Treibstoff aufnimmt, wird auch die im Treibstoff enthaltene Energie übertragen.

Diese Energie wird genutzt, um das Auto anzutreiben. Im Motor wird der Treibstoff verbrannt und darin enthaltene Energie in Bewegungsenergie umgewandelt.

Zum Heizen benutzt man oft Öl oder Gas. Diese Brennstoffe liefern dabei der Heizung Energie, um das Haus zu beheizen. Die chemische Energie der Brennstoffe wird dazu in Wärmeenergie umgewandelt.

Da in Treibstoffen und Brennstoffen Energie gespeichert ist, gehören sie zu den *Energieträgern*. Sie übertragen Energie. Je nach Nutzung wird die Energie zum Beispiel in Bewegungsenergie oder Wärmeenergie umgewandelt.

ELEKTRISCHE ENERGIE · Elektrischen Geräten wird die erforderliche Energie durch den elektrischen Strom geliefert. Dabei können Energiespeicher als Quellen genutzt werden. Dies ist beispielsweise bei tragbaren Geräten wie MP3-Playern und Smartphones der Fall. Sie beziehen den Strom aus

Batterien und Akkus. Viele Haushaltsgeräte erhalten ihre elektrische Energie ohne eine Zwischenspeicherung und sind über Kabel an eine Steckdose angeschlossen. Diese ist über Stromleitungen mit dem Elektrizitätswerk verbunden oder auch mit einer Solaranlage auf dem Hausdach. Die Solarzellen wandeln die Energie des Sonnenlichts in elektrische Energie um.

ENERGIEFORMEN FÜR ANTRIEBE · Für Fahrzeuge werden je nach Antrieb sehr unterschiedliche Energieformen genutzt. So benötigen Verbrennungsmotoren Energie aus Treibstoffen wie Benzin oder Diesel. Elektromotoren dagegen brauchen elektrische Energie.

Es gibt aber auch Antriebe, die andere Energieformen nutzen. Beim „Raketenauto" strömt Luft aus einem aufgeblasenen Luftballon heraus und treibt das Auto dadurch nach vorne. Man nennt das einen Rückstoßantrieb. Er erfordert Bewegungsenergie. Richtige Raketen schleudern beim Start große Mengen Verbrennungsgase nach unten heraus, um dann nach oben zu fliegen.

Beim Fahrradfahren muss der Radfahrer kräftig in die Pedale treten, damit sich die Räder drehen. Die dafür benötigte Energie erhält er über seine Nahrung.

ANGABEN VON ENERGIEMENGEN · Um angeben zu können, wie viel Energie in einem Energieträger steckt, braucht man eine Einheit für die Energiemenge. Die Energieeinheit ist ein Joule, kurz 1 J. Dabei entspricht 1 J etwa der Energie, die man benötigt, um eine Tafel Schokolade vom Boden hochzuheben und auf einen Tisch zu legen. Auf Lebensmittelverpackungen findet man oft die Einheit kJ, also Kilojoule. Ein kJ sind 1000 J. Eine Tafel Vollmilchschokolade

So viel Energie steckt in …		
einer Batterie (Typ AA): ca. 5 kJ	einem Stück Würfelzucker: ca. 50 kJ	einem Liter Benzin: ca. 35 MJ
Mit der folgenden Energie kannst du …		
1 Joule	eine Tafel Schokolade (100 g) einen Meter anheben.	
	1 g Luft um 1 °C erwärmen.	
1 Kilojoule	einen Menschen von 50 kg Masse 2 Meter anheben.	
	einen Viertelliter Wasser um 1 °C erwärmen.	
1 Megajoule	8 Minuten Haare föhnen.	
	einen Tag lang eine Energiesparlampe betreiben.	
	3 ℓ Wasser von Zimmertemperatur zum Sieden bringen.	

02 Beispiele für Energien

enthält eine Energie von etwa 2200 kJ, ein Liter Benzin dagegen etwa 35 000 kJ. Die alte Einheit Kilokalorien, kurz kcal, wird heute nicht mehr verwendet, ist aber auf manchen Verpackungen mit angegeben. 1 kcal entspricht etwa 4 kJ.

1) Nenne fünf Elektrogeräte und beschreibe, wozu sie Energie benötigen. ◯

2) Verkehrsmittel bekommen ihre Energie auf unterschiedliche Weise. Nenne fünf Verkehrsmittel und beschreibe, wie sie die erforderliche Energie erhalten. ◯

3) Informiere dich, wie die Heizungsanlage eurer Wohnung die zum Heizen notwendige Energie bekommt, und beschreibe es. ◖

4) Lebensmittelpackungen tragen in der Regel Angaben zum Energiegehalt. Gib an, wie viel Energie ein Schokoriegel, ein Liter Limonade oder Saft und 100 g Käse oder Wurst enthalten. ◖

03 Die Energie im Brot kommt von der Sonne.

NAHRUNG ALS ENRGIELIEFERANT · Pflanzen bekommen ihre Energie aus dem Sonnenlicht. Mithilfe der Sonnenenergie stellen Pflanzen Energieträger wie Stärke, Fette und Eiweiße her. Menschen und Tiere nehmen über die pflanzliche und tierische Nahrung diese Energieträger auf.

Stärke gehört wie Traubenzucker und andere Zucker zu den Kohlenhydraten. Kohlenhydrate, Fette und Eiweiße sind die Energieträger unserer Nahrung. Diese werden als Nährstoffe bezeichnet.

1 g Kohlenhydrate = 18 kJ
1 g Eiweiß = 17 kJ
1 g Fett = 39 kJ

Die Energie aus der Nahrung können beispielsweise die Muskeln in Bewegungsenergie und Wärme umwandeln. Der Energiebedarf eines Menschen hängt von seinem Alter, seinem Körperbau und seinen Tätigkeiten ab. Aber auch ohne körperliche Betätigung benötigt der Körper schon Energie, zum Beispiel für Atmung, Herz- und Gehirntätigkeit. Die Energiemenge, die ein Mensch in völliger Ruhe an einem Tag benötigt, nennt man **Grundumsatz**. Jede zusätzliche Tätigkeit erhöht den Energiebedarf. Die entsprechend benötigte tägliche Zusatzenergie heißt **Leistungsumsatz**. Grund- und Leistungsumsatz bestimmen zusammen den täglichen Gesamtenergiebedarf des Körpers. Der Energiebedarf von 12-Jährigen beträgt bei leichter Tätigkeit etwa 10 000 kJ pro Tag. An diesen Energiebedarf sollte die Nahrungsaufnahme angepasst sein. Wird mehr Energie aufgenommen, als der Körper benötigt, wird die überschüssige Energie als Körperfett gespeichert. Um die mit der Nahrung aufgenommene Energiemenge berechnen zu können, gibt es Nährwerttabellen zu verschiedenen Lebensmitteln. Auf den Verpackungen findet man diese Angaben meistens für 100 g des Lebensmittels.

ENRGIE IM DIAGRAMM · Die Umwandlung und Weitergabe von Energie lässt sich übersichtlich im Diagramm als **Energieumwandlungskette** darstellen. Dabei stellen grüne Kästchen Energiespeicher und rote Energiewandler dar. Für die Übertragung der Energie zeichnet man Pfeile und notiert, wie die Energie übertragen wird.

Aktivität	Leistungsumsatz pro Stunde in Kilojoule
Schlafen	0
Liegen	84
Sitzen, Essen, Lesen, Fernsehen	108
Stehen	194
Sitzend Schreiben, Teilnahme am Unterricht	260
Zufußgehen, 5 Kilometer pro Stunde	786
Radfahren, 10 Kilometer pro Stunde	704
Radfahren, 20 Kilometer pro Stunde	1952
Fußballtraining	1942
Dauerlauf, 15 Kilometer pro Stunde	3232

04 Leistungsumsatz bei verschiedenen Tätigkeiten

5 Zeichne ein Diagramm der Energieumwandlungskette zu Bild 03, wenn der Junge zusätzlich Fahrrad fährt.

Sonne → Lichtenergie → Pflanze → chemische Energie → Mensch

Treibstoff → chemische Energie → Automotor → Bewegungsenergie

05 Energieumwandlungsketten im Diagramm

IM BLICKPUNKT TECHNIK

Energiewandler

 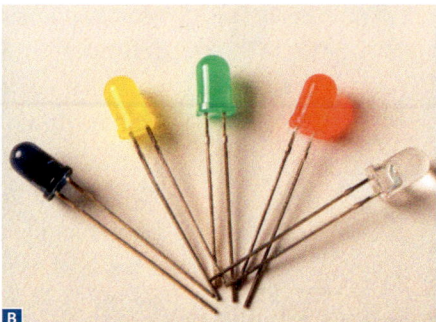 

01 Energiewandler: **A** Bergsteigerunterkunft mit Solarzellen, **B** Leuchtdioden, **C** Elektroauto

ENERGIE AUS SONNENLICHT · *Die Sonne liefert nicht nur den Pflanzen Energie, auch der Mensch nutzt die Sonnenenergie direkt als Energiequelle. Das Licht transportiert die Energie über eine Entfernung von 150 Millionen Kilometern.*

SONNE UND ELEKTRIZITÄT · *Hoch oben in den Bergen gibt es keine Stromleitungen. Trotzdem sollen Bergsteigerunterkünfte mit elektrischem Strom versorgt werden. Dies gelingt zum Beispiel mit Solarzellen.*

Sie nutzen Energie aus dem Sonnenlicht und wandeln sie in elektrische Energie um, sie sind also Energiewandler. Tagsüber können die Solarzellen die Geräte direkt mit elektrischer Energie versorgen. Nicht benötigte Energie wird in Akkus gespeichert. Aus diesen Energiespeichern kann die Energie jederzeit wieder entnommen werden, zum Beispiel nachts.

LEUCHTDIODE · *Bei der Leuchtdiode, kurz LED, ist es genau umgekehrt wie bei der Solarzelle. Die LED erhält die Energie durch den elektrischen Strom und gibt sie in Form von Licht wieder ab. Wie generell bei Energieumwandlungen wird auch hier ein Teil der Energie in Wärme umgewandelt und an die Umgebung abgegeben. Bei einer LED ist der Wärmeanteil sehr viel gerin-*

ger als bei den früher oft verwendeten Glühlampen. Daher wird sie kaum warm und ist deutlich effizienter und energiesparender.

ELEKTROMOTOR · *Ein Motor ist ebenfalls ein Energiewandler. Der Elektromotor bekommt die Energie ebenso wie die LED durch den elektrischen Strom. Diese Energie wandelt er in Bewegungsenergie um, indem er über eine Drehachse beispielsweise ein Elektroauto antreibt.*

Moderne Elektroautos können beim Bremsen den Motor quasi umkehren und als Generator verwenden. Ein Generator ist ein Energiewandler, der die Bewegungsenergie aus der Drehbewegung der Achse in elektrische Energie umwandelt. Sie kann dann in einem Akku gespeichert und weiter genutzt werden.

1) *Stelle die Energieübertragung im Solarhaus bei Tag und Nacht als Energieumwandlungskette im Diagramm dar.* 🔲

2) *Beschreibe die Energieumwandung eines Elektroautos beim Beschleunigen und beim Bremsen.* ☐

VERSUCH A ▸ Rolle mit Gummiantrieb

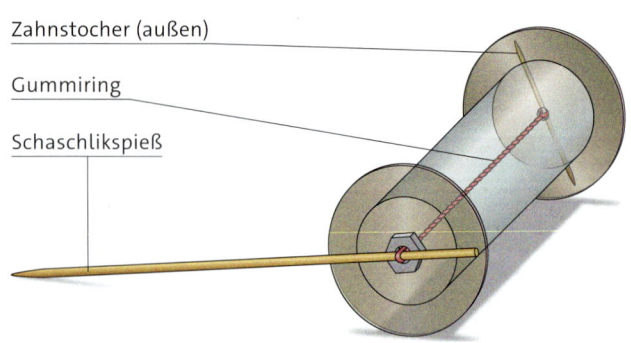

Zahnstocher (außen)

Gummiring

Schaschlikspieß

Material:

Gummiring (etwa 7 cm lang), Toilettenpapierrolle, Schaschlikstab, Zahnstocher, Schraubenmutter, Karton, um 2 runde Scheiben daraus zu schneiden (etwa 8 cm Durchmesser), Lineal, Schere, Zirkel

Durchführung:

a) Schneide die Scheiben aus. Stich in die Mitte der Scheiben je ein Loch. Lege den Schaschlikstab durch den Gummiring. Ziehe den Gummi durch die Bauteile. Stecke den Zahnstocher hinter der zweiten Scheibe durch den Gummiring. ⬜

b) Spanne den Gummiring erst mit 5, dann mit 10, 20, … Umdrehungen des Schaschlikstabs. Untersuche, nach wie vielen Umdrehungen die Rolle losfährt. Wie weit kommt die Rolle jeweils? Beschreibe weitere Beobachtungen. ⬜

c) Untersuche, wie die Rolle auf verschiedenen Untergründen (Fliesen, Teppich, Holz, …) fährt. Wie verhält sie sich bei Unebenheiten? Fährt sie bergauf? ⬜

d) Erkläre, wie der Gummiantrieb funktioniert. ◣

VERSUCH B ▸ Luftballonauto

Ziel ist ein Fahrzeug, das mit einem Luftballon angetrieben wird und möglichst lange oder weit fährt.

Material:

Luftballon, Recyclingmaterialien wie Verpackungen und Deckel, Strohhalme, Spieße, Schlauchstück, Gummiring, …

Durchführung:

a) Plane das Fahrzeug. Überlege insbesondere, wie du die Düse gestaltest und wie du die Räder befestigst. ◣

b) Baue das Luftballonauto. Teste und verbessere es. Beschreibe dein Vorgehen. ◣

Material C ▸ Energie und Ernährung

Mittelgroße Banane ohne Schale ca. 100 g	
Energie	402 kJ
Wasser	74,8 g
Zucker	22,5 g
Eiweiß	1,1 g
Fett	0,2 g
Sonstiges	0,4 g

• Energiebedarf für eine Stunde Dauerlauf: 32 00 kJ

C1 Erkläre, woher eine Banane ihre Energie bekommt. ◣

C2 Berechne, wie viele Bananen ein Marathonläufer bei drei Stunden Dauerlauf benötigt, um seinen Energiebedarf zu decken. Berechne, wie viele Bananen du täglich benötigen würdest. ◣

• Durchschnittlicher Energiebedarf am Tag: Mädchen 9 000 kJ, Jungen 10 000 kJ

Material D ▸ Energieträger und Energieübertragung

D1 Erkläre, woran du merkst, dass die folgenden Gegenstände Energie enthalten. ◗

D2 Erkläre, wodurch in den abgebildeten Beispielen Energie übertragen wird. ◗

D3 Erkläre, auf welche Art die folgenden Energiewandler Energie bekommen und abgeben. ◗

Material E ▸ Energie im Alltag

Mutter:
Verschwende nicht so viel Energie und schalte den Computer aus, wenn du gehst.

Schwester:
Ich habe heute keine Energie, um mit dir die Englischvokabeln zu lernen.

Vater:
Die steigenden Energiepreise machen meine Gehaltserhöhung zunichte.

Oma:
Du sprühst ja vor Energie.

E1 Im Alltag wird das Wort Energie in ganz unterschiedlichen Zusammenhängen verwendet. Erläutere, was die Personen vermutlich meinen. Überlege dir, ob sie das Wort Energie im physikalischen Sinn verwenden. ◻

E2 In der Alltagssprache geht es oft um Energie, auch wenn das Wort Energie gar nicht verwendet wird:
- Trink die Milch aus, die gibt Kraft.
- Die Sahne lasse ich weg, die hat zu viele Kalorien.
- Der alte Kühlschrank braucht zu viel Strom.

Suche weitere solche Beispiele. ◻

E3 a) Welche Rolle spielt die Energie in unserem Leben? Mithilfe einer Mindmap kannst du die Zusammenhänge übersichtlich darstellen. Das Bild rechts zeigt eine unvollständige Mindmap. Übertrage sie in dein Heft und ergänze sie. ◗

b) Eine andere Fragestellung führt zu einer anderen Mindmap. Erstelle eine Mindmap zur Frage „Wie kann man Energie sparsam verwenden?". ◗

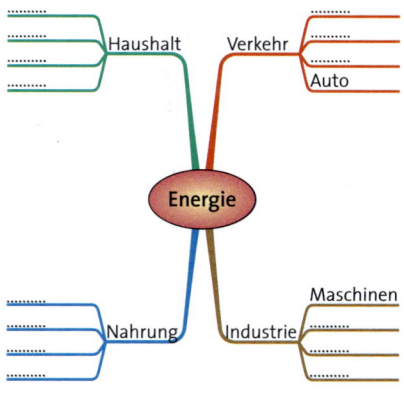

Material F ▸ Energieumwandlungsketten

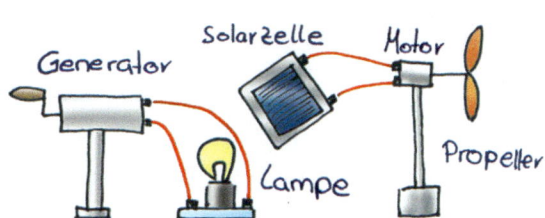

F1 Lea hat eine Energieumwandlungskette gebaut und abgezeichnet. Übersetze die Zeichnung in ein Diagramm. Markiere und erläutere die Energiewandler. ◗

F2 Erläutere die Vor- und Nachteile eines Diagramms gegenüber einer Versuchszeichnung. ◗

01 Turnerin
beim Handstütz-
überschlag

Das Skelett besteht aus Knochen

Wie beweglich der Körper des Menschen ist, kann man bei einer Turnerin beobachten. Sie läuft, springt, beugt und streckt ihren Körper. Am Ende ihrer Übung landet sie sicher auf dem Boden und steht wieder aufrecht. Die hierfür nötige Stabilität erhält der Körper durch sein Skelett. Wie ist das Skelett aufgebaut?

SKELETT · In unserem Körper befinden sich über 200 Knochen. Sie sind zu einem Knochengerüst, dem *Skelett*, zusammengesetzt. Es lässt sich wie der gesamte Körper in drei Abschnitte gliedern. Sie werden als **Kopf, Rumpf** und **Gliedmaßen** bezeichnet. Letztere werden auch *Extremitäten* genannt. Das Skelett stützt und trägt den Körper und schützt die inneren Organe.

KOPF · Die Knochen des Kopfes bilden den **Schädel.** Zum größten Teil besteht er aus plattenartigen Knochen, die kugelähnlich zusammengesetzt sind. Im Alter von etwa einem Jahr verwachsen sie entlang der *Knochennähte.* Diese besonders harten Knochen wie *Stirnbein* oder *Scheitelbein* schützen das Gehirn vor Verletzungen.
Die übrigen Knochen des Kopfes bilden den Gesichtsschädel. Dazu gehören *Nasenbein, Jochbein, Oberkiefer* und der bewegliche *Unterkiefer.* Neben den Ohröffnungen und den Öffnungen im Gesichtsbereich befindet sich im Schädel das Hinterhauptsloch. Es dient als Anbindungsstelle für den Rumpf.

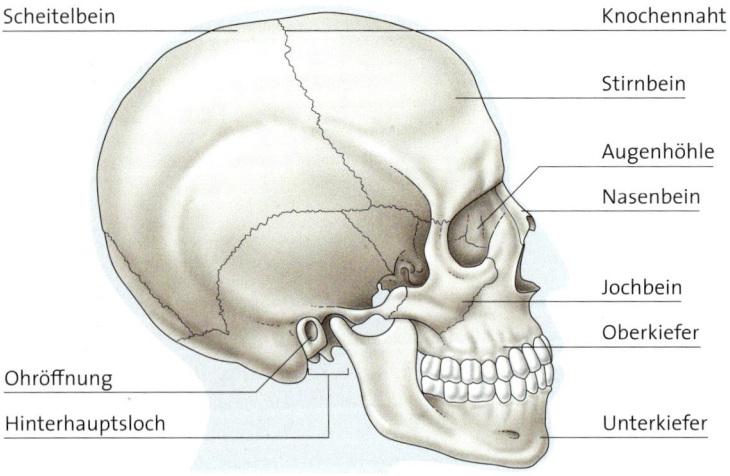

Scheitelbein
Knochennaht
Stirnbein
Augenhöhle
Nasenbein
Jochbein
Oberkiefer
Ohröffnung
Hinterhauptsloch
Unterkiefer

02 Schädel des Menschen

RUMPF · Die aus vielen einzelnen Knochen bestehende **Wirbelsäule** durchzieht den gesamten Rumpf. Sie trägt am oberen Ende den Schädel. An den Hals schließt sich der **Schultergürtel** an. Er besteht aus den Schulterblättern und Schlüsselbeinen. Im Bereich der Brust sind die bogenförmigen *Rippen* mit der Wirbelsäule verbunden. Zur Brust hin enden sie über Knorpelstücke im *Brustbein* und bilden so den **Brustkorb.** Er schützt Herz und Lunge. Am unteren Ende der Wirbelsäule ist das **Becken** angewachsen. Seine schalenförmigen Knochen schützen und stützen die inneren Organe des Bauchraums.

EXTREMITÄTEN · Die Extremitäten sind die beweglichsten Teile des Skeletts. Am Schultergürtel setzen die Arme und am Becken die Beine an. Das **Armskelett** wird aus langen, röhrenförmigen Knochen gebildet: dem *Oberarmknochen* und den zwei *Unterarmknochen Elle* und *Speiche*. Das **Handskelett,** das den unteren Abschnitt des Armskeletts bildet, setzt sich aus rundlichen *Handwurzelknochen* sowie länglichen *Mittelhand-* und *Fingerknochen* zusammen. Das **Beinskelett** gliedert sich in den *Oberschenkelknochen* und die zwei *Unterschenkelknochen Schienbein* und *Wadenbein*. Auch diese Knochen sind lang und röhrenförmig. Das **Fußskelett** bildet den unteren Teil des Beinskeletts und ist unterteilt in *Fußwurzel-, Mittelfuß-* und *Zehenknochen*. Es bildet ein Gewölbe, das beim Gehen und Springen Erschütterungen abfedert.

1 」 Nenne die Skelettteile, die innere Organe schützen. ⬭

2 」 Zeichne den Umriss deiner Hand in deine Mappe. Skizziere darin die Knochen und beschrifte die Skizze. 🍃

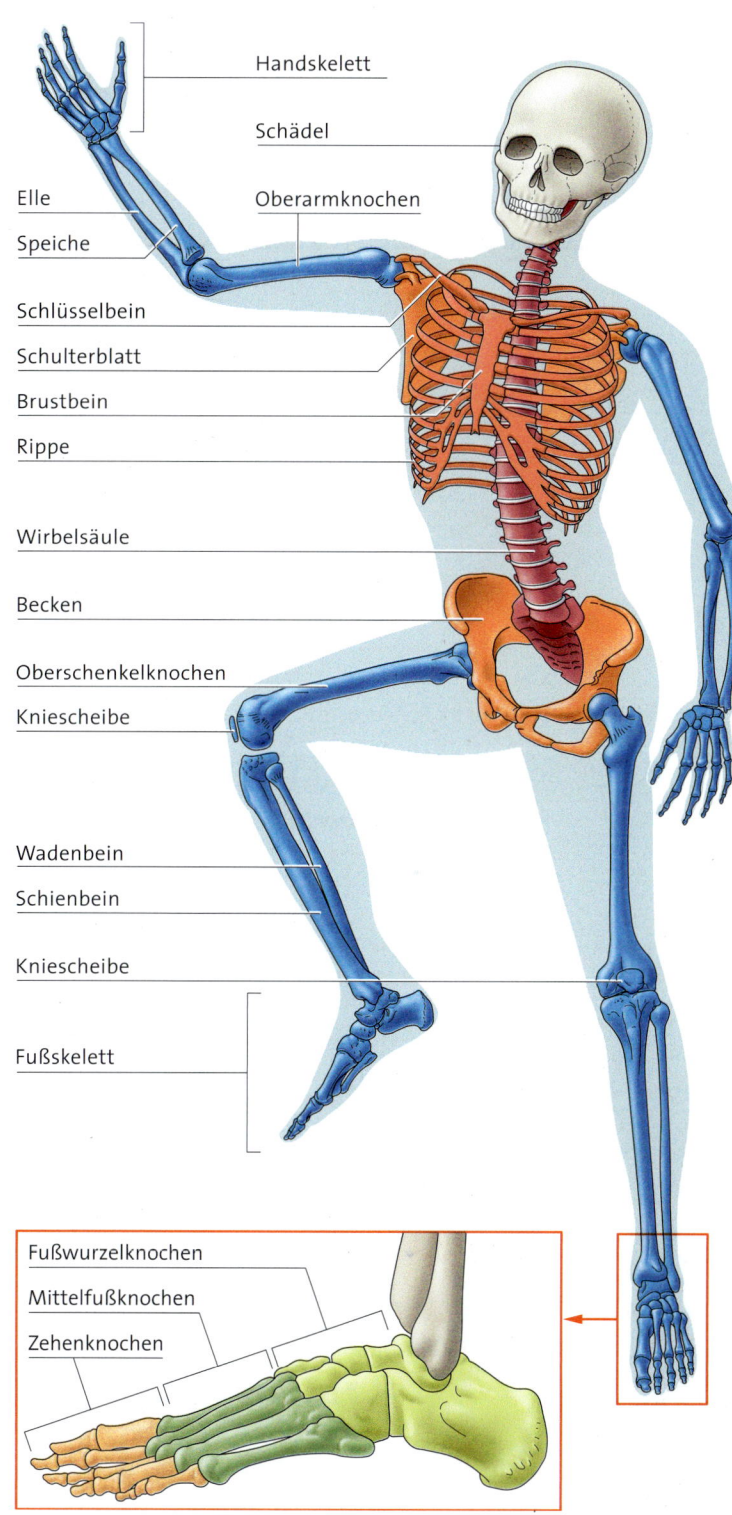

Handskelett
Schädel
Elle
Speiche
Oberarmknochen
Schlüsselbein
Schulterblatt
Brustbein
Rippe
Wirbelsäule
Becken
Oberschenkelknochen
Kniescheibe
Wadenbein
Schienbein
Kniescheibe
Fußskelett
Fußwurzelknochen
Mittelfußknochen
Zehenknochen

03 Skelett des Menschen

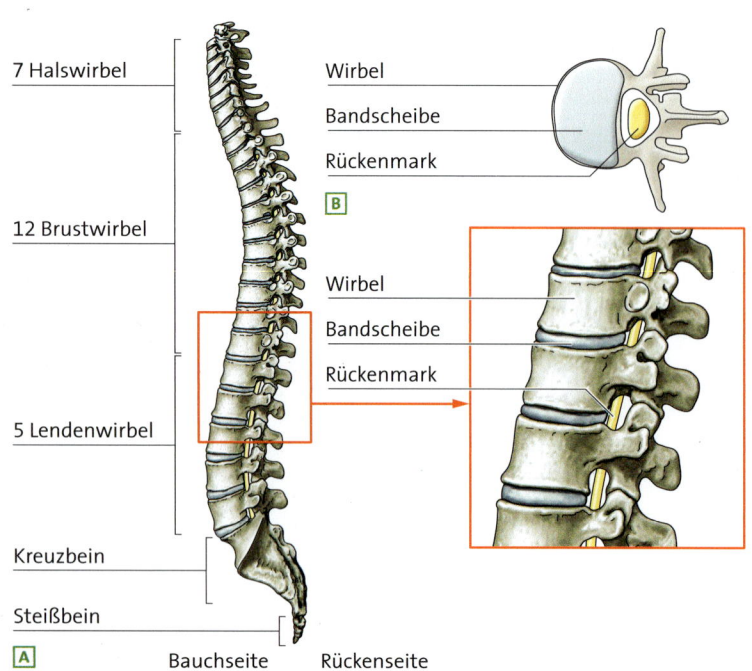

7 Halswirbel

12 Brustwirbel

5 Lendenwirbel

Kreuzbein

Steißbein

A

Bauchseite   Rückenseite

Wirbel

Bandscheibe

Rückenmark

B

Wirbel

Bandscheibe

Rückenmark

04 Wirbelsäule des Menschen: **A** Seitenansicht, **B** Aufsicht auf einen Wirbel

nach ihrer Lage im Körper in sieben *Hals-,* zwölf *Brust-* und fünf *Lendenwirbel* unterteilt. Weitere fünf Wirbel sind zum *Kreuzbein* verwachsen. Die letzten Wirbel sind sehr klein und bilden das *Steißbein*. Betrachtet man die Wirbelsäule eines Erwachsenen von der Seite, so fällt auf, dass sie nicht gerade verläuft. Sie ist vom Kopf bis zum Brustbereich S-förmig gebogen. Vom Brustbereich bis zum Becken zeigt sie eine weitere S-förmige Krümmung. Die Wirbelsäule des Menschen ist somit *doppelt S-förmig* gebogen. Wer allerdings eine schwere Last trägt, streckt die Wirbelsäule so gerade wie möglich durch. Die Wirbelsäule ist also eine veränderliche Stütze des menschlichen Körpers. Außerdem schützt sie das empfindliche Rückenmark, das entlang der Wirbelsäule verläuft. Zwischen den einzelnen Wirbeln liegen die elastischen **Bandscheiben.** Sie dämpfen Stöße und verhindern zudem die Reibung der Wirbelknochen aneinander. Durch die Bandscheiben erhält die Wirbelsäule ihre große Beweglichkeit.

WIRBELSÄULE · Vom Schädel bis zum Becken verläuft die *Wirbelsäule*. Sie besteht aus einzelnen Knochen, den **Wirbeln**. Diese werden

/// **METHODE** ///

Draht

Holz-scheibe

Schaumstoff-scheibe

05 Modell der Wirbelsäule

Arbeiten mit Funktionsmodellen
Betrachtet man die Wirbelsäule genauer, sieht man zwischen den Wirbeln die Bandscheiben. Doch wozu braucht man die Bandscheiben? Um dieser Frage nachzugehen, eignet sich ein Funktionsmodell, mit dem das Zusammenspiel der beiden Wirbelsäulenstrukturen untersucht werden kann. Dabei werden die Strukturen stark vereinfacht mit ihren wesentlichen Eigenschaften dargestellt. Die starren Wirbel werden als runde, harte Holzscheiben nachgebildet, die weichen Bandscheiben als gleich große, elastische Schaumstoffscheiben. Ein Draht hält die Scheiben zusammen. Bewegt man das Wirbelsäulenmodell in unterschiedliche Richtungen oder drückt die Scheiben zusammen, kann man die Verformung der Schaumstoffscheiben durch die starren Holzscheiben beobachten. Führt man die gleichen Bewegungen nur mit den Holzscheiben durch, ist keine Bewegung möglich, ohne die Scheiben zu beschädigen. Diese Beobachtungen überträgt man auf die realen Wirbelsäulenbestandteile. Durch die Verformbarkeit ermöglichen Bandscheiben das Beugen der Wirbelsäule und verhindern das Reiben der starren Wirbel aufeinander.

Material A ► Das Skelett

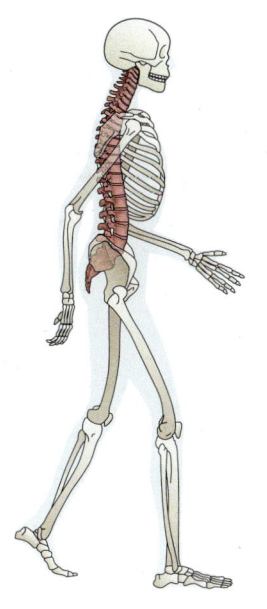

	Hund	Mensch
Gang	—	—
Ausrichtung der Wirbelsäule	—	—
Form der Wirbelsäule	—	—

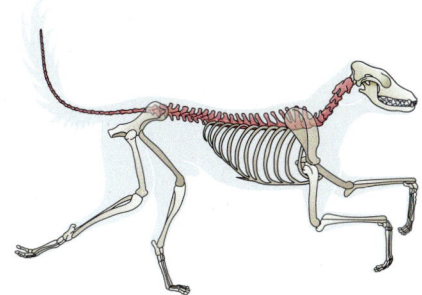

A1 Ordne Mensch und Hund jeweils einen Begriff der folgenden Begriffspaare zu: aufrecht – vierfüßig, waagerecht – senkrecht, doppelt S-förmig – bogenförmig. Erstelle dafür nach dem Muster eine Tabelle in deiner Mappe. ⬭

A2 Erläutere mithilfe deiner Zuordnungen die Angepasstheit von Mensch und Hund an die Art ihrer Fortbewegung. ◖

Material B ► Funktionsmodell zur Wirbelsäule

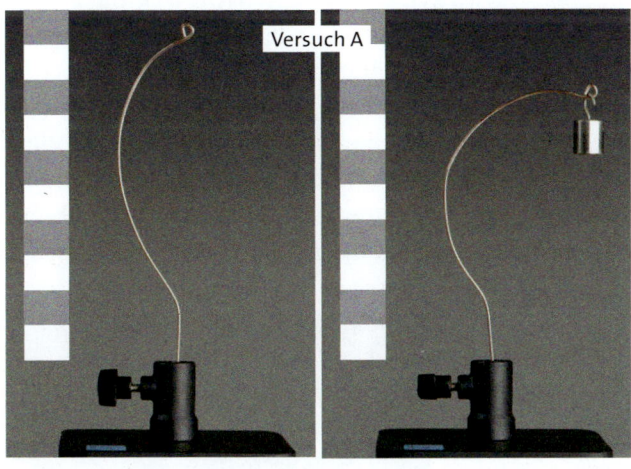
Versuch A

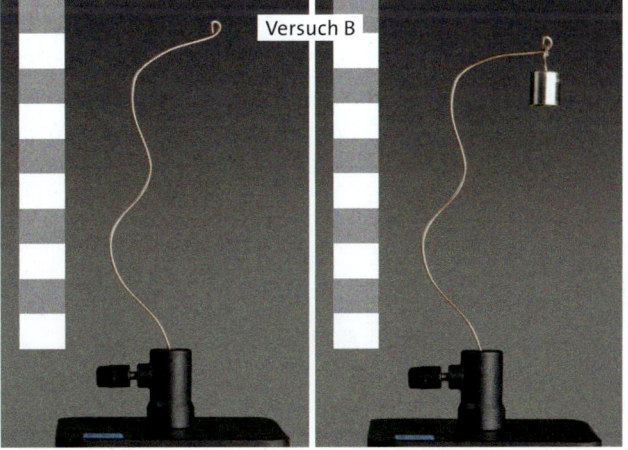
Versuch B

B1 Stelle die Strukturen der Wirbelsäule den entsprechenden Teilen des Modells in einer Tabelle gegenüber. ◖

B2 Bei der Betrachtung der menschlichen Wirbelsäule stellt sich die Frage nach der Funktion der doppelten S-Form. Mit den dargestellten Modellen kann man eine bestimmte Vermutung testen. Formuliere diese Vermutung. ◖

B3 Begründe anhand der Versuchsergebnisse, warum eine S-förmig gekrümmte Wirbelsäure den aufrechten Gang unterstützt. ◖

B4 Modelle zeigen nur bestimmte Teile der Wirklichkeit. Nenne die Eigenschaften der Wirbelsäule, die die beiden Drahtmodelle nicht zeigen. ◖

01 Kletterer an einer Kletterwand

Gelenke und Muskeln

Das Skelett sorgt für die Stabilität unseres Körpers. Beim Klettern an einer Kletterwand muss unser Körper aber nicht nur stabil, sondern auch extrem beweglich sein. Welche Strukturen ermöglichen diese Beweglichkeit?

STRUKTUR UND FUNKTION DER GELENKE · Unsere Beweglichkeit wird durch bewegliche Verbindungen zwischen den Knochen ermöglicht. Eine solche Verbindung zwischen zwei Knochen nennt man **Gelenk.** Viele Gelenke zeigen den gleichen Grundaufbau. Das verbreiterte Ende des einen Knochens, der **Gelenkkopf,** passt in die Vertiefung am

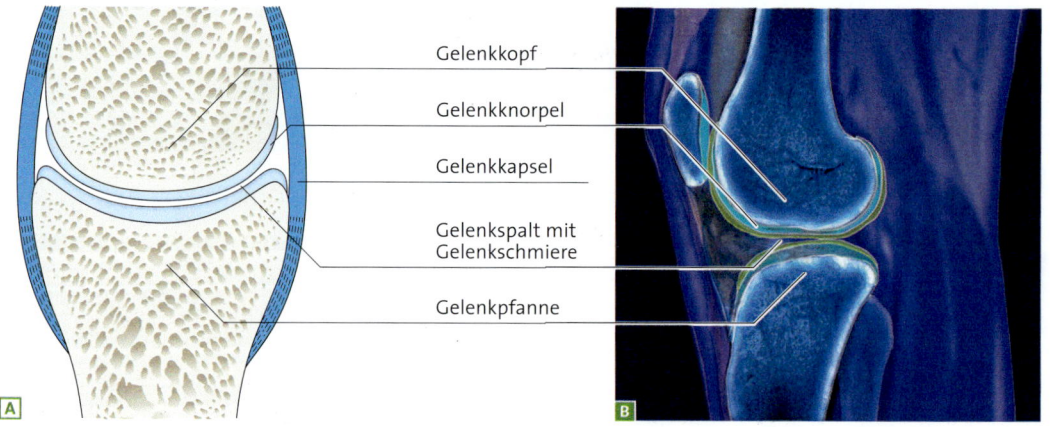

Gelenkkopf

Gelenkknorpel

Gelenkkapsel

Gelenkspalt mit Gelenkschmiere

Gelenkpfanne

02 Aufbau eines Gelenks: **A** Schema, **B** medizinische Aufnahme des Knies

Ende des anderen Knochens, die **Gelenk-pfanne.** Die beiden Knochenenden sind mit einer weichen Schicht, dem **Gelenkknorpel,** überzogen. Der Gelenkknorpel verhindert, dass die Knochenenden aneinanderreiben und sich gegenseitig beschädigen. Für eine reibungslose Bewegung sorgt zusätzlich die **Gelenkschmiere** im **Gelenkspalt.** Das Gelenk ist von einer festen, aber elastischen **Gelenkkapsel** umgeben, die es zusammenhält. Die Gelenkkapsel wird zudem durch **Gelenkbänder** verstärkt.

In Anlehnung an die Bewegungsmöglichkeiten unterscheiden wir verschiedene Gelenktypen. Unsere Arme können wir durch das Schultergelenk nach fast allen Seiten drehen. Es handelt sich um ein **Kugelgelenk.** Das Fingergelenk hingegen erlaubt wie das Scharnier einer Tür nur die Bewegung in eine Richtung und zurück. Daher wird es **Scharniergelenk** genannt. Kugelgelenk und Scharniergelenk sind die beiden häufigsten Gelenktypen.

STRUKTUR DER MUSKELN · Die Muskeln unseres Körpers sorgen einerseits zusammen mit dem Skelett für die aufrechte Haltung. Andererseits ermöglicht diese *Skelettmuskulatur* im Zusammenspiel mit den Gelenken die Bewegung unseres Körpers. Die Skelettmuskulatur umfasst all die Muskeln, mit denen wir das Skelett bewegen. Über 650 Muskeln befähigen uns zu unterschiedlichen Bewegungen wie beim Turnen oder Klettern. Der Grundaufbau ist bei allen Muskeln gleich. Der gesamte spindelförmige Muskel ist von einer festen Muskelhaut umgeben. Diese **Muskelhaut** geht an beiden Enden des Muskels in kräftige **Sehnen** über, die fest mit den Knochen verbunden sind. Innerhalb der Muskelhaut liegen mehrere **Muskelfaserbündel.** In einem Muskelfaserbündel sind viele **Muskelfasern** zusammen-

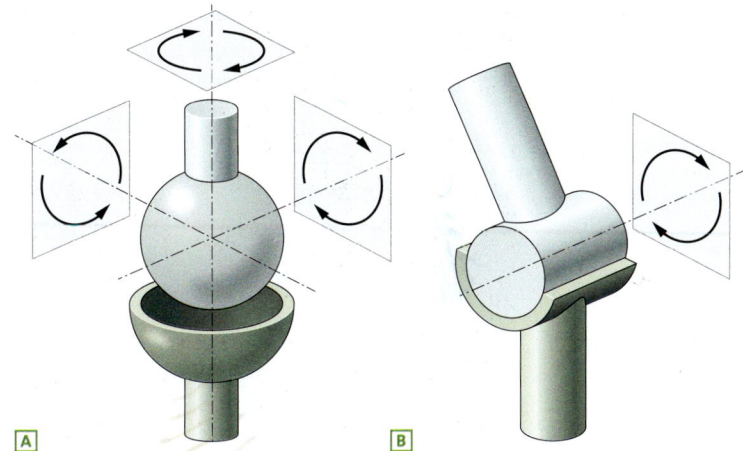

03 Gelenktypen: **A** Kugelgelenk, **B** Scharniergelenk

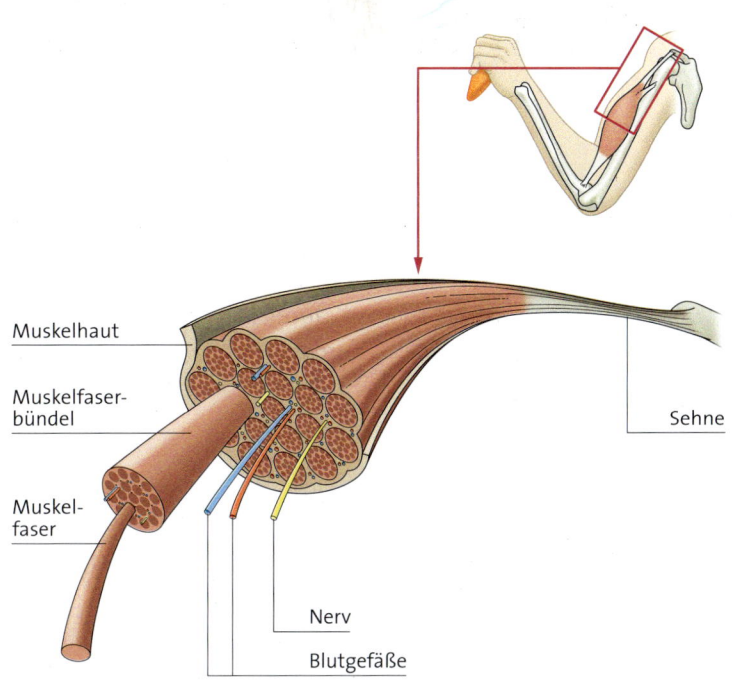

04 Aufbau eines Muskels

gefasst. Eine Muskelfaser ist die kleinste Einheit des Muskels. Zwischen den Muskelfasern und den Muskelfaserbündeln verlaufen Blutgefäße und Nerven. Über die Blutgefäße wird die Muskulatur mit Sauerstoff und Nährstoffen versorgt. Die Nerven ermöglichen die Steuerung des Muskels.

FUNKTION DER MUSKELN · Das Beugen unseres Arms, zum Beispiel beim Klettern, erfolgt durch den **Beugemuskel.** Im Oberarm ist dieser Muskel oben mit dem Schulterblatt und unten mit der Speiche über Sehnen verbunden. Beim Beugen verkürzt sich dieser Muskel und wird dadurch dicker und härter, er ist angespannt. Dies lässt sich am Oberarm auch ertasten. Durch die Verkürzung wird der Arm gebeugt. Zum Strecken des Arms muss ein anderer Muskel verkürzt werden. Dieser **Streckmuskel** liegt auf der gegenüberliegenden Seite des Oberarms. Er ist über Sehnen mit dem Schulterblatt und der Elle verbunden. Durch die Verkürzung des Streckmuskels wird der Beugemuskel automatisch verlängert, er ist entspannt. Da Beugemuskel und Streckmuskel entgegengesetzt arbeiten, nennt man sie **Gegenspieler.** Ein Muskel kann sich nur aktiv verkürzen, er kann sich nicht aktiv verlängern. Daher arbeiten an allen Gelenken mindestens zwei Muskeln nach dem **Gegenspielerprinzip.** Durch die aktive Verkürzung des einen Muskels wird sein Gegenspieler passiv verlängert.

MUSKELN KÖNNEN WACHSEN · Werden Muskeln häufig gebraucht, so werden neue Muskelfasern und auch neue Blutgefäße zur Versorgung des Muskels gebildet. Der Muskel wird trainiert. Durch das Training wachsen diese Muskeln und sind stärker durchblutet. Wird ein Muskel nicht beansprucht oder nicht mehr trainiert, so führt dies zum Muskelabbau.

1 Nenne Alltagsgegenstände, bei denen Bauteile verwendet werden, die in ihrer Funktion dem Kugelgelenk und dem Scharniergelenk ähnlich sind.

2 Beschreibe das Gegenspielerprinzip anhand der Armbewegungen beim Klettern.

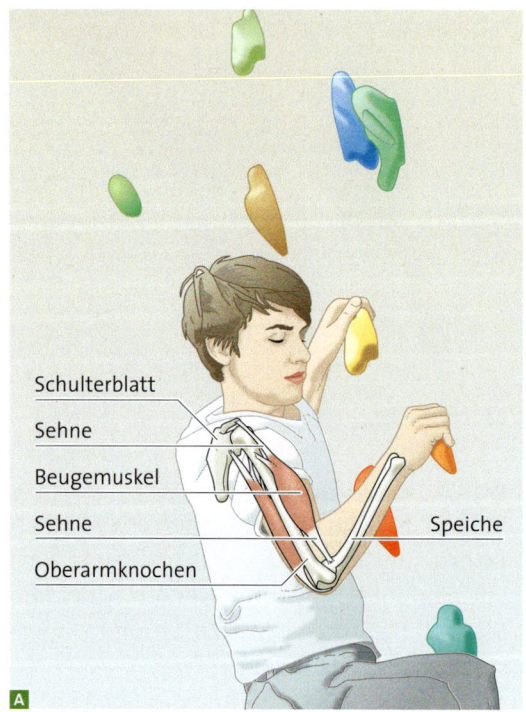 

05 Bewegung des Arms:

A Beugen,

B Strecken

Schulterblatt
Sehne
Beugemuskel
Sehne
Oberarmknochen
Speiche

Oberarmknochen
Sehne
Schulterblatt
Elle
Sehne
Streckmuskel

VERSUCH A ▸ Modellhand

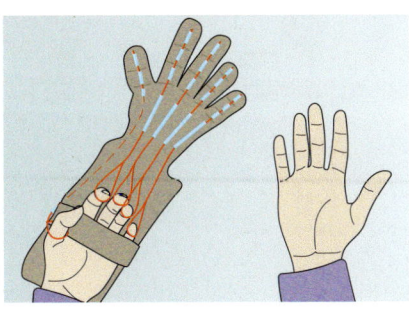

Material:
DIN-A4-Blatt Papier, Stift, Schere, Röhrennudeln (z. B. lange Makkaroni), Messer, Schnur, Klebestreifen

Durchführung:

a) Nimm das Papier und zeichne die Umrisse deiner linken Hand nach. Spreize dabei die Finger auseinander. Betrachte deine Handrückseite, während du die Finger bewegst. Ertaste die Sehnen und trage sie in die Handzeichnung ein. Führe in der Luft Greifbewegungen mit der linken Hand aus. Markiere in der Zeichnung die Gelenkstellen und zähle sie. Trage die Umrisse der Knochen ein. ☐

b) Schneide die Handzeichnung zum Bau einer Modellhand aus. Schneide die Nudeln in Stücke, die so groß wie die Umrisse der Knochen sind. Klebe die Nudeln auf die Knochenumrisse. Ziehe durch jeden Finger eine Schnur. Klebe sie an den Fingerspitzen fest. Ziehe an den Schnüren und versuche, etwas mit der Hand zu greifen. Beschreibe deine Beobachtung. ☐

c) Erkläre, was die Schwachstellen der Modellhand sind. ◩

VERSUCH B ▸ Modellversuch zum Gelenkaufbau

Material:
2 Esslöffel, 2 hart gekochte Eier, Margarine

Durchführung:

a) Lege das Ei auf den Löffel und gehe ein paar Schritte. Bestreiche nun die Löffelinnenseite dick mit Margarine und drücke das Ei in die Margarine. Gehe wieder ein paar Schritte. Notiere deine Beobachtung. Erkläre die Funktion der Margarine. Ordne die Versuchsmaterialien den entsprechenden Gelenkbestandteilen begründet zu. ◩

b) Lege ein neues Ei auf den Löffel und rolle es auf dem Löffel hin und her. Bestreiche die Löffelinnenseite wieder mit Margarine und bewege das Ei darin. Erkläre, welcher Gelenkteil nun durch die Margarine dargestellt wird. ◩

c) Begründe, welcher Gelenktyp in Aufgabe b dargestellt wird. Finde Beispiele dazu in deinem Körper ◩

Material C ▸ Beinmuskeln

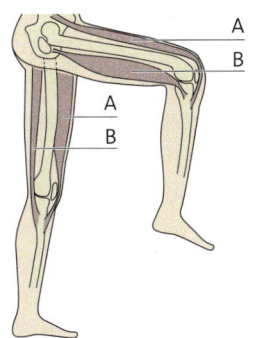 

Die Muskeln im Bein arbeiten wie die Armmuskeln miteinander.

C1 Ordne die Begriffe Streckmuskel und Beugemuskel den Muskeln A und B in der Abbildung zu. ☐

C2 Erläutere das Zusammenspiel der Beinmuskeln beim Anheben des Beines anhand der Abbildung. ◩

C3 Beschreibe mögliche Dehnübungen für die Beinmuskeln. Nenne die gedehnten Muskelgruppen. ◩

01 Einrad fahrende
Mädchen

Bewegung hält fit

Einradfahren erfordert viel Geschicklichkeit und Körperbeherrschung. Zum Joggen oder Fußballspielen braucht man viel Ausdauer. So hat jede Sportart ihre eigenen Ansprüche. Doch warum treiben viele Menschen Sport?

SPORT UND SPIEL · Ob in der Schule, im Büro, vor dem Fernseher oder bei der Hausarbeit, einen Großteil ihrer Zeit verbringen Menschen heutzutage mit bewegungsarmen Beschäftigungen oder im Sitzen. Auch die Freizeit verbringen viele vor dem Fernseher, Computer oder Handy. Dieser Mangel an Bewegung führt zusammen mit falschen Ernährungsgewohnheiten häufig zu Übergewicht, mangelnder Beweglichkeit bis hin zu Haltungsschäden.

Im Gegensatz dazu tragen sportliche Aktivitäten zum Ausgleich des Bewegungsmangels bei und stärken das seelische Wohlbefinden. Viele Menschen haben Spaß daran, auszuprobieren und zu erfahren, was ihr Körper leisten kann, zum Beispiel bei besonderen Aktivitäten wie dem Einradfahren.

Andere nutzen Joggen, Fahrradfahren oder Gymnastikübungen, um geistig abzuschalten und zu entspannen. Wieder andere treffen sich mit Freunden im Sportverein, um gemeinsam aktiv zu sein und die Gesellschaft zu genießen. Für viele ist es auch wichtig, sich in Wettbewerben mit anderen zu messen und Erfolge zu erzielen, etwa bei Punktspielen im Ballsport oder den Bundesjugendspielen. Sport und Spiel können also neben der Gesundheit auch das Selbstbewusstsein und das seelische Gleichgewicht fördern.

AUSWIRKUNGEN DES TRAININGS · Wer regelmäßig Sport treibt und sich viel im Alltag bewegt, trainiert seinen Körper: Knochen werden fester, Gelenke geschmeidiger, Muskeln kräftiger, Sehnen und Bänder elastischer. Das hilft, Verletzungen des Bewegungsapparats zu verhindern. Darüber hinaus beugt die Kräftigung der Rückenmuskulatur Rückenschmerzen und Erkrankungen der Wirbelsäule vor. Die Leistungsfähigkeit von Lunge, Herz und Kreislauf wird erhöht und somit die Ausdauer gesteigert. Durch den vermehrten Energiebedarf verbrennt der Körper zu viel aufgenommene Nährstoffe und Fettreserven und hilft dabei, das Körpergewicht zu halten oder zu reduzieren.

SCHWITZEN GEHÖRT DAZU · Schwitzen ist wichtig für den Körper. Durch die Bewegung müssen die Muskeln vermehrt mit Nährstoffen versorgt werden. Die Verbrennung der Nährstoffe liefert Energie und erhöht unsere Körpertemperatur. Uns wird warm. Als Folge schwitzen wir. Der Schweiß kühlt unseren Körper wieder ab. Durch das Schwitzen verliert der Körper aber auch viel Wasser. Wer Sport macht, muss deshalb viel trinken. Geeignete Getränke sind Mineralwasser und Fruchtschorlen, da sie viele Mineralsalze und wenig Zucker enthalten.

SEITENSTECHEN UND MUSKELKATER · Seitenstechen tritt beim Laufen auf, wenn man sich überlastet, falsch atmet oder vorher gegessen hat. Dagegen hilft in der Regel, tief einzuatmen, mit der Hand die schmerzende Stelle zu massieren und eine Gehpause einzulegen.

Nach ungewohnten Bewegungen oder sehr intensiven Trainingseinheiten kommt es Stunden später oft zu Muskelschmerzen. Die Muskeln fühlen sich hart und steif an, reagieren empfindlich auf Berührungen und lassen sich nicht richtig bewegen. Man hat einen Muskelkater. Die Beschwerden können mehrere Tage andauern. Zu den Ursachen gibt es verschiedene Vermutungen. Man nimmt an, dass Muskelfasern verletzt werden und ausheilen müssen. Daher sollte man die betroffenen Muskeln schonen und nur leicht belasten.

02 Schwimmende Kinder

03 Kinder beim Fußballspielen

04 Kinder beim Beachvolleyball

05 Bundesjugendspiele

1 ⌡ Nenne Gründe, warum Sport und Bewegung im Alltag sinnvoll sind. ⬭

2 ⌡ Erkläre, warum Trinken bei sportlichen Aktivitäten so wichtig ist. ◖

VERLETZUNGEN · Vor sportlichen Aktivitäten sollte man immer die Muskeln aufwärmen und durch entsprechende Übungen Sehnen und Gelenke auf die bevorstehenden Belastungen vorbereiten. Plötzliche oder übermäßige Belastungen können zu Verletzungen führen. Bei starken Schmerzen oder wenn man sich unsicher ist, sollte man immer einen Arzt aufsuchen. Es sollte daher immer jemand da sein, der im Notfall helfen kann oder Hilfe holt. Häufig treten durch Unachtsamkeit oder Unfälle die nachfolgenden Verletzungen auf.

Hat man sich nicht gut genug aufgewärmt und beansprucht die noch „kalte" Muskulatur übermäßig, kommt es schnell zu Zerrungen. Der Muskel schmerzt, da einzelne Muskelfasern beschädigt sind. Auch Schläge, Tritte oder Stürze führen zu Muskelschäden. Die Muskeln werden kurzzeitig zusammengedrückt, sie sind geprellt und schwellen an. Sind Blutgefäße verletzt worden, so bilden sich Blutergüsse, die man bei oberflächlichen Verletzungen als blaue Flecke auf der Haut sehen kann.

Werden Gelenkbänder überdehnt, kann es zu Gelenkverletzungen kommen. Springt dabei der Gelenkkopf aus der Gelenkpfanne, handelt es sich um eine Verstauchung. Bleibt der Gelenkkopf außerhalb der Gelenkpfanne, liegt eine Verrenkung vor. Beides ist äußerst schmerzhaft, das betroffene Gelenk schwillt an und lässt sich nicht mehr richtig bewegen. Weitere häufig auftretende Verletzungen im Gelenkbereich sind die Bänderdehnung und der Bänderriss. Dabei wird ein Gelenk über seine Bewegungsmöglichkeiten hinaus gedreht oder gebogen, sodass die Bänder überdehnt werden oder sogar reißen.

Doch wie kann man Verletzten helfen? Bei den genannten Muskel- und Gelenkverletzungen hilft die **PECH-Regel** dabei, die Maßnahmen zur Erstversorung zu ergreifen. Die Buchstaben PECH stehen für Pause, Eis, Compression, das bedeutet Druck, und Hochlagern. Man sollte also sofort seine Aktivitäten beenden und die verletzte Stelle kühlen, einen Druckverband anlegen und bei Arm- oder Beinverletzungen den verletzten Körperteil erhöht ablegen. Diese Maßnahmen sollen verhindern, dass es zu starken Schwellungen oder weiteren Verletzungen kommt.

Bei Knochenbrüchen hört man oft ein Knackgeräusch. Der Verletzte hat bei der kleinsten Bewegung sehr starke Schmerzen und der Knochen ist nicht mehr belastbar. Bei einem geschlossenen Bruch bleibt die Haut unverletzt, dennoch können Blutgefäße und das umliegende Gewebe verletzt sein. Bei offenen Brüchen durchtrennt der Knochen die Haut. In diesem Fall muss die Blutung gestillt und die Wunde keimfrei abgedeckt werden. Der gebrochene Knochen und die umliegenden Gelenke müssen in jedem Fall ruhig gestellten werden, bis der Arzt den Bruch behandeln kann.

3 ⌡ Erstelle eine dreispaltige Tabelle zu den Verletzungen und Erste-Hilfe-Maßnahmen. Gib in den Spalten die Verletzungsart, den betroffenen Körperteil des Bewegungsapparats und die Hilfsmaßnahmen an. ☐

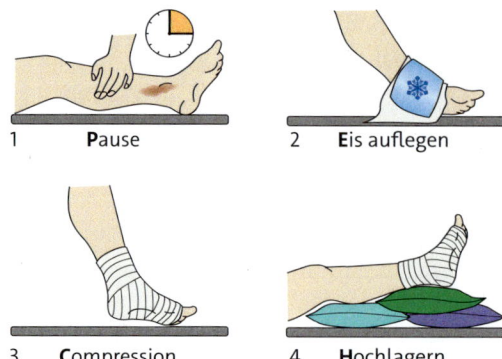

1 **P**ause   2 **E**is auflegen

3 **C**ompression   4 **H**ochlagern

Material A ▸ Richtiges Heben

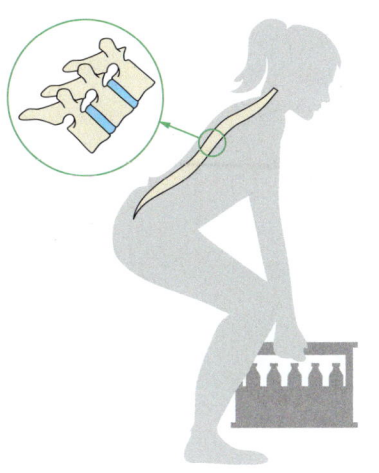

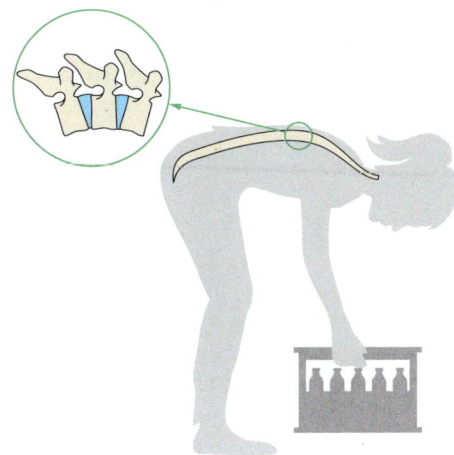

Zum Heben schwerer Gegenstände gibt es verschiedene Hebetechniken, die die Bandscheiben und Wirbelkörper unterschiedlich belasten.

A1 Vergleiche die Belastung der Bandscheiben bei geradem und gekrümmtem Rücken. ☐

A2 Begründe, welche der beiden Hebetechniken als „richtiges Heben" bezeichnet wird. ◨

A3 Schreibe eine Anleitung zum „richtigen Heben" von schweren Gegenständen. Berücksichtige dabei die Rolle der Beinhaltung. ◨

Material B ▸ Rückenübungen

Die Übungen a–c fördern eine aufrechte Körperhaltung. Die Übungen d–f machen die Wirbelsäule im Bereich der Lendenwirbel beweglicher.

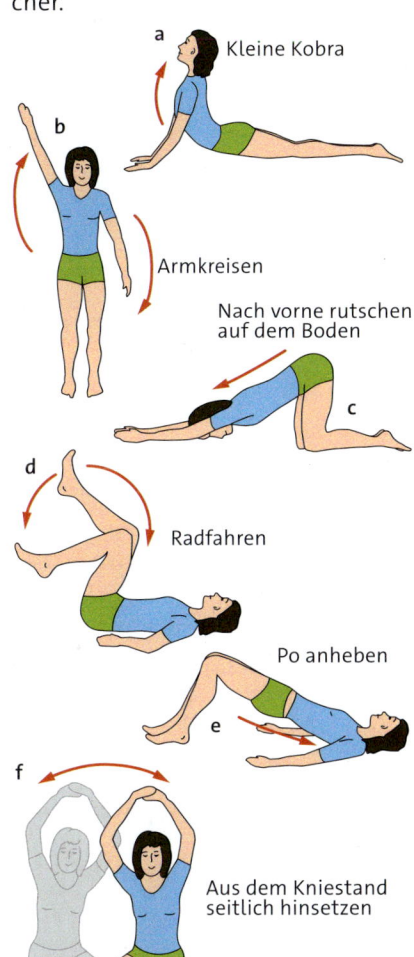

a Kleine Kobra

b Armkreisen

Nach vorne rutschen auf dem Boden

c

d Radfahren

Po anheben

e

f Aus dem Kniestand seitlich hinsetzen

B1 Führe die Übungen durch und beschreibe, welche Körperbereiche besonders beansprucht werden. ☐

B2 Recherchiere, was ein Hohlkreuz ist, und erkläre, welche Übung direkt dem Hohlkreuz entgegenwirken kann. ◨

Material C ▸ Falsche Körperhaltung

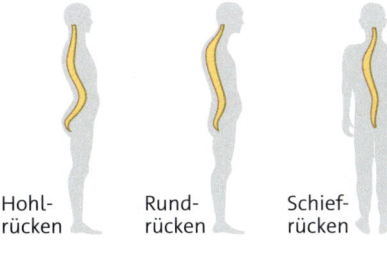

Hohl-rücken   Rund-rücken   Schief-rücken

Falsche Körperhaltungen können typische Haltungsschäden an der Wirbelsäule hervorrufen.

C1 Ordne den Körperhaltungen den passenden Haltungsschaden begründet zu. ☐

C2 Beschreibe, wie die korrekte Haltung aussehen müsste. ◨

01 Fortbewegung bei Hund und Pferd

Bewegung an Land

> *Nicht nur der Mensch bewegt sich an Land fort, auch Tiere zeigen eine Vielfalt an Bewegungsformen. Sie laufen, galoppieren, kriechen oder springen. Wie genau laufen diese Bewegungen ab?*

02 Verschiedene Gangarten des Pferdes

PFERDE SIND SCHNELLE LÄUFER · Droht ihnen Gefahr, rennen Pferde von der Gefahrenquelle weg. Sie können lange und ausdauernd laufen. Dieses Verhalten haben unsere Hauspferde von ihren Vorfahren übernommen. Die Wildpferde lebten in Herden in den weiten Steppen Europas und Asiens und hatten wenig Versteckmöglichkeiten. Pferde sind Flucht- und Lauftiere. Ihr Körper ist an die Laufbewegung angepasst. Pferde haben lange, starke Beine und laufen nur auf dem mittleren Zehenknochen. Die anderen Zehen sind zurückgebildet. Der verbliebene Zehenknochen ist von einem Huf aus Horn umgeben, der ihn vor Verletzungen schützt. Das Pferd gehört zu den **Zehenspitzengängern** und **Unpaarhufern**, da es nur auf einer Zehe und einem Huf läuft.

Je nach Geschwindigkeit nutzen Pferde verschiedene Gangarten. Schritt ist die langsamste Gangart, sie entspricht unserem Gehtempo mit 5–7 $\frac{km}{h}$. Im Trab ist ein Pferd ungefähr so schnell wie ein Radfahrer. Im langsamen Trab läuft es rund 10 $\frac{km}{h}$ und im schnellen Trab bis zu 20 $\frac{km}{h}$. Im Galopp erreichen gute Rennpferde sogar Geschwindigkeiten von bis zu 60 $\frac{km}{h}$.

Schritt

└ Huf berührt den Boden

Trab

Galopp

KATZEN SCHLEICHEN AUF SAMTPFOTEN ·
Hat eine Katze eine Maus entdeckt,
schleicht sie sich langsam, tief geduckt und
fast lautlos an das Beutetier heran. Sie setzt
dabei nur ihre Zehen auf. Die Katze ist eine
Zehengängerin. Auf den gepolsterten Ze-
henballen bewegt sie sich nahezu geräusch-
los wie auf „Samtpfoten". In Sprungnähe
verharrt sie regungslos und lässt die Maus
nicht aus den Augen. Sie lauert. Im richtigen
Moment stößt sich die Katze blitzschnell
mit den Hinterbeinen zum Sprung ab, packt
die Maus mit ihren scharfen Krallen und tötet sie mit einem Biss. Im Gegensatz zum
Hund kann die Katze ihre Krallen ausfahren
und wieder einziehen. Das Einziehen und
Ausfahren der Krallen erfolgt über ein spe-
zielles elastisches Band zwischen den
Zehenknochen. Dieses Band wird gedehnt,
wenn die Katze den Muskel an der Pfoten-
unterseite anspannt und damit einen Zug
auf die untere Sehne ausübt. Die Kralle wird
aus der Hautfalte ausgefahren. Um die Kralle wieder einzuziehen, muss die Katze den
oberen Muskel anspannen. Dies übt einen
Zug auf die obere Sehne aus und führt dazu,
dass das elastische Band sich wieder verkürzt. Die Kralle wird wieder zwischen die
Hautfalten zurückgezogen.

DER BÄR IST EIN SOHLENGÄNGER · Obwohl sich Bären auf vier Pfoten fortbewegen zählen sie wie der Mensch zu den **Soh-
lengängern.** Sie treten mit dem ganzen Fuß
auf, von der Ferse bis zu den Zehen. Dadurch stehen und laufen sie trotz ihres
massigen Körpers sehr stabil, wirken aber
behäbig.

1 Erkläre, warum man bei den Pfotenabdrücken von Bären Krallenabdrücke
sieht, bei Löwen jedoch nicht. ▢

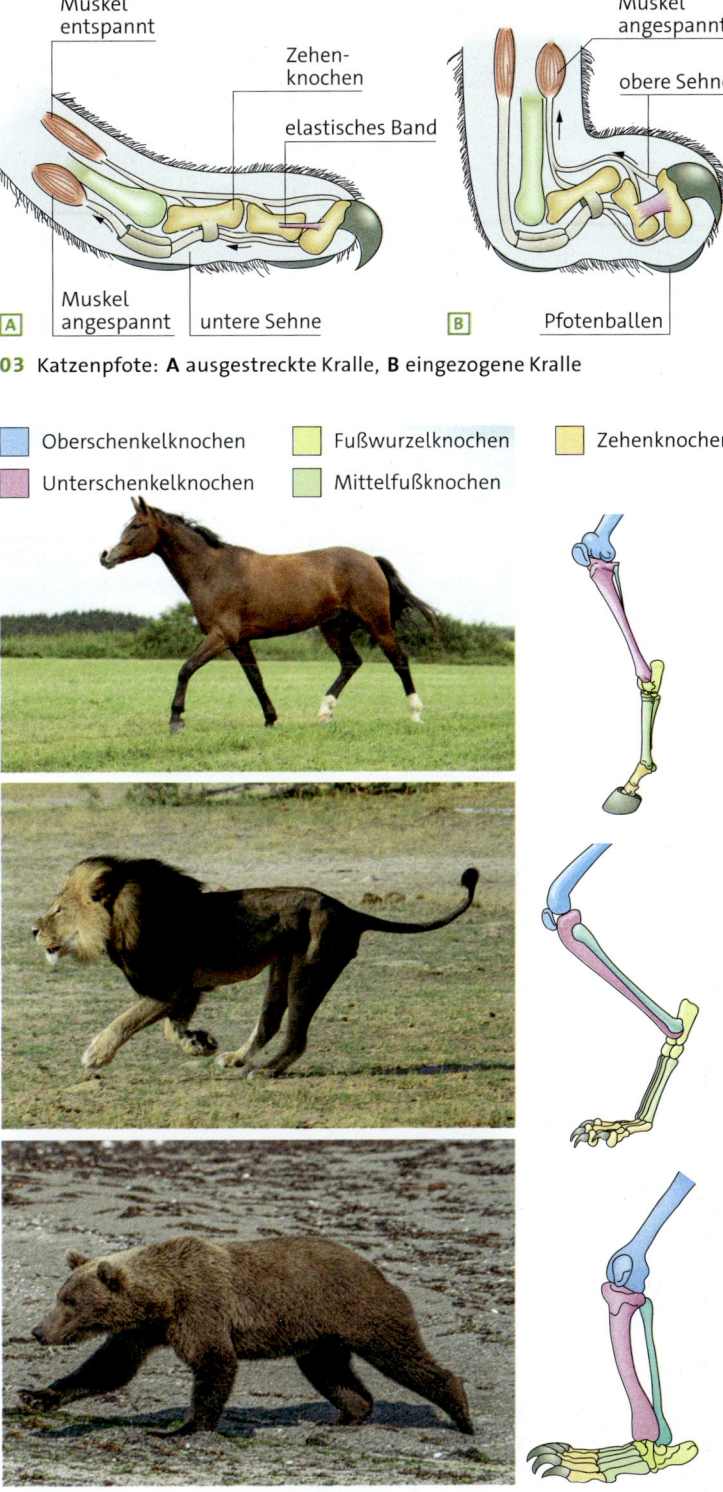

Muskel entspannt — Zehen-knochen — elastisches Band — Muskel angespannt — obere Sehne — Muskel angespannt — untere Sehne — Pfotenballen

A | **B**

03 Katzenpfote: **A** ausgestreckte Kralle, **B** eingezogene Kralle

Oberschenkelknochen — Fußwurzelknochen — Zehenknochen
Unterschenkelknochen — Mittelfußknochen

04 Gliedmaßen von Pferd, Löwe und Bär

05 Fortbewegung über oder unter der Erde:
A Eichhörnchen,
B Maulwurf,
C Grasfrosch

EICHHÖRNCHEN SIND KLETTERKÜNSTLER · Beobachtet man Eichhörnchen beim Klettern, sieht man sie entweder flink den Stamm hinaufklettern oder mit dem Kopf voran hinunterklettern. Dabei halten sie sich mit ihren scharfen gebogenen Krallen und Greifzehen an der Baumrinde fest. Auch ihre Sprünge von Ast zu Ast sind spektakulär. Sie stoßen sich dafür mit ihren kräftigen Hinterbeinen ab und können 4–5 Meter weit springen. Der buschige Schwanz dient ihnen dabei als Steuerruder und Balancierhilfe.

MAULWÜRFE BEWEGEN SICH IM BODEN · Der Körper des Maulwurfs ist an seine unterirdische Lebensweise angepasst. Die Unterarme sind sehr kurz, die Hände sind schaufelartig verbreitert. Dazu trägt ein weiterer Knochen, das Sichelbein, bei. Die Grabhände mit ihren kräftigen Krallen stehen waagerecht vom Körper ab und sind besonders kompakt gebaut, da die

Fingerknochen miteinander verwachsen sind. Der walzenartige Körperbau mit der spitzen Schnauze, den fehlenden Ohrmuscheln und den verschließbaren Nasenöffnungen, Ohren und Augen helfen ebenso wie die kurzen Hinterbeine beim Bewegen durch die engen Gänge.

GRASFRÖSCHE SIND MEHRFACHKÖNNER · An Land bewegt sich der Grasfrosch gehend fort, bei Gefahr kann er aber auch über einen Meter weit springen. Ein guter Schwimmer ist er ebenfalls. Mit seinen langen, kräftigen Hinterbeinen stößt er sich beim Gehen und Hüpfen ab. Die kurzen Vorderbeine dienen ihm als Stütze, damit er nicht umkippt. Die enorme Sprungkraft ermöglichen ihm seine besonders dehnbaren Beinmuskeln. Anders als bei uns Menschen sind die Beinmuskeln der Frösche im Ruhezustand lang gedehnt. Beim Absprung ziehen sie sich dann ruckartig zusammen und katapultieren den Frosch nach vorne.

06 Grabhand:
A Skelett, **B** Foto

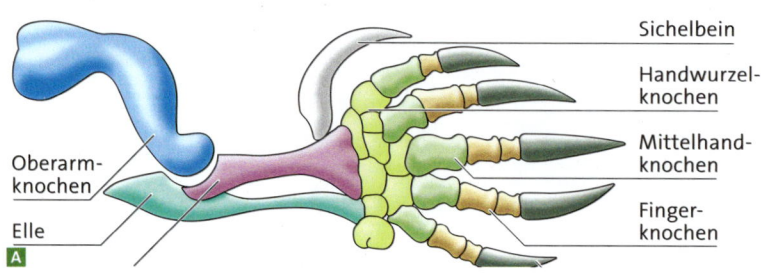

Sichelbein

Handwurzel-knochen

Mittelhand-knochen

Finger-knochen

Oberarm-knochen

Elle

07 Kriechtierbewe-
gung: **A** Eidechse,
B Schlange

KRIECHEN UND SCHLÄNGELN · Eidechsen und Schlangen bewegen sich kriechend und schlängelnd vorwärts. Man bezeichnet sie daher auch als *Kriechtiere*. Die Beine von Eidechsen wie der Zauneidechse stehen seitlich vom Körper ab und befinden sich nicht unter dem Körper wie beim Pferd oder Hund. Dies sieht man auch am Skelett. Die kurzen Oberarm- und Oberschenkelknochen sitzen seitlich an den Schulterblättern und Beckenknochen. Beim Kriechen schieben die Beine den Körper vorwärts, während der Bauch gelegentlich über den Boden schleift. Die Eidechse bewegt die Beine dabei überkreuz. Sie setzt erst das rechte Vorderbein und das linke Hinterbein gleichzeitig auf, dann das linke Vorderbein und das rechte Hinterbein. So kommt eine Fortbewegung in leichten Schlangenlinien zustande.

Schlangen fehlen Beine zur Fortbewegung. Die Kreuzotter schlängelt sich beispielsweise vorwärts, indem sie ihren Körper in S-förmigen Bewegungen windet. Dazu drückt sich die Schlange seitlich mit starken Muskeln von Bodenunebenheiten ab. Unterstützt wird dies durch die Bauchschuppen, die über die Rippenmuskeln mit den Rippen verbunden sind. Ziehen sich die Rippenmuskeln zusammen, spreizen sich die Rippen ab und die Bauchschuppen werden in den Boden gedrückt und geben Halt.

Klappen die Bauchschuppen in die Ausgangslage zurück, wird der Körper vorwärtsgeschoben. Die häufigste einheimische Schlange, die Ringelnatter, schlängelt nicht nur an Land, sondern kann auch sehr gut schwimmen und tauchen. Da sie keine Gliedmaßen oder Flossen besitzt, schlängelt sie sich im Wasser ebenfalls durch seitliche Bewegungen vorwärts.

2 Erkläre, welche Angepasstheiten im Körperbau den Eichhörnchen und Fröschen weite Sprünge ermöglichen.

3 Begründe, warum Schlangen sich nicht wie Eidechsen auf Glasscheiben fortbewegen können.

08 Fortbewegung bei Schlangen

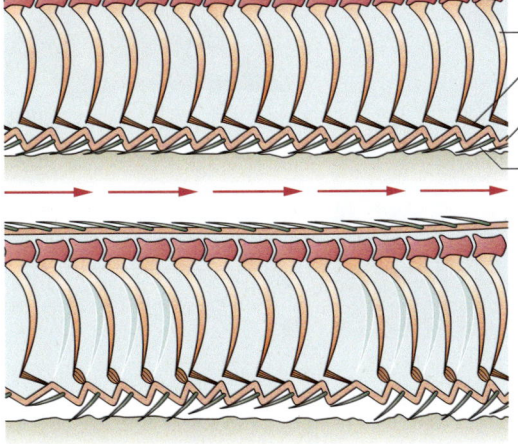

Wirbel
Rippe
Rippenmuskel
Hautmuskel
Bauchschuppe

Material A ► Jagdverhalten der Katze

A1 Beschreibe das Jagdverhalten der Katze anhand der Bilder. ◯

A2 Begründe, warum die Katze als Jäger mit Samtpfoten bezeichnet wird. ◣

A3 Erkläre die Rolle der Krallen bei der Jagd und beim Klettern. ◣

Material B ► Pfoten im Vergleich

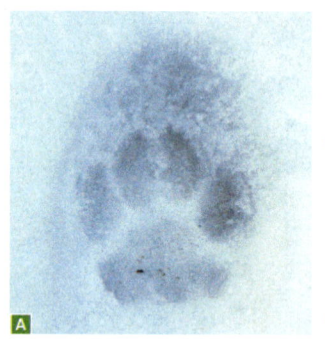 

B1 Ordne den Pfotenabdrücken im Schnee Hund oder Katze zu. Begründe deine Zuordnungen. ◯

B2 Katzenkrallen sind immer scharf. Erläutere diese Aussage. Nimm das Bild 03 auf Seite 115 zu Hilfe. ◣

B3 Gib eine begründete Vermutung an, warum die Aussage für Hunde nicht gilt. ◼

Material C ► Stockente

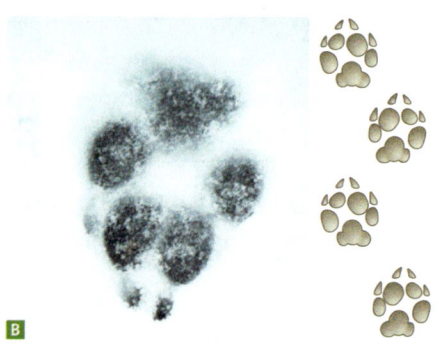

Schwimmhaut

Zehe

Schwimmfüße in Bewegung

Die Stockente hat kurze Beine und breite Ruderfüße mit Schwimmhäuten zwischen den Zehen.

C1 Begründe, warum die Ente ein guter Schwimmer ist, aber an Land nur watschelnd vorwärtsgeht. ◣

C2 Vergleiche den Schwimmfuß mit Taucherflossen und der jeweiligen Bewegung im Wasser und an Land. ◣

Material D ▶ Das Skelett von Zauneidechse und Teichfrosch

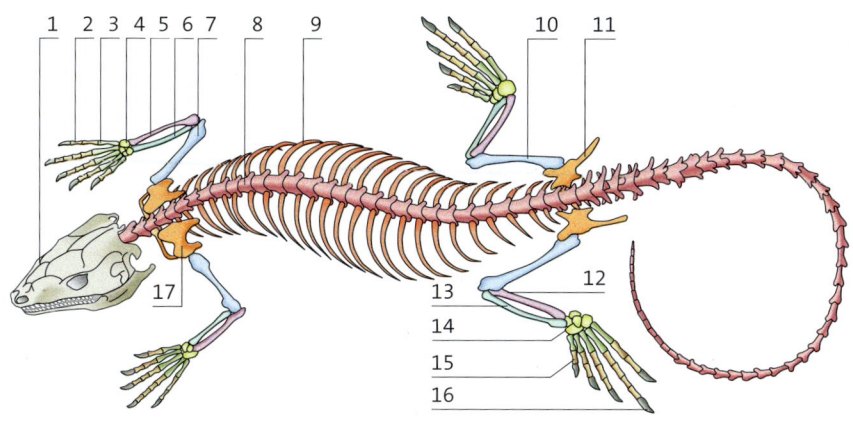

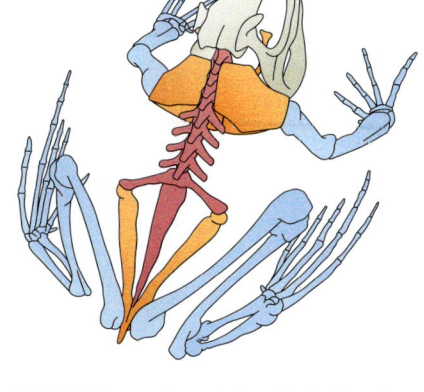

D1 Beschrifte die Bestandteile des Skeletts der Zauneidechse, indem du den Ziffern die entsprechenden Fachbegriffe zuordnest.

Orientiere dich dafür am Skelett des Menschen. ☐

D2 Vergleiche die beiden Skelette in einer Tabelle. ◳

D3 Erkläre anhand der Skelette die Fortbewegung der beiden Tiere und vergleiche sie miteinander. ◳

VERSUCH E ▶ Wir bauen ein Eidechsenmodell

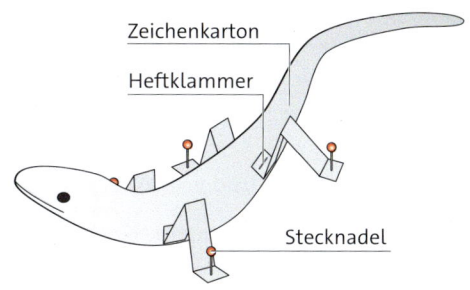

Material:
Zeichenkarton, Stecknadel, Heftklammer

Durchführung:
Baue das Eidechsenmodell entsprechend der Abbildung nach. Achte darauf, ein bewegliches Modell herzustellen.

E1 Erkläre am Eidechsenmodell, wie die Schlängelbewegung zustande kommt. ☐

E2 Vergleiche die Bewegung der Eidechse mit der des Pferdes im Trab. Nimm Bild 02, Seite 114 zu Hilfe. ◳

Material F ▶ Körperbau des Maulwurfs

F1 Erkläre, weshalb die Körperform des Maulwurfs eine Angepasstheit an seine Lebensweise darstellt. ◳

F2 Nimm Stellung zu folgender Aussage: Es ist ein Vorteil, dass die Fellhaare des Maulwurfs keine Strichrichtung aufweisen. ◳

F3 Erläutere, inwiefern auch das Armskelett des Maulwurfs an seine Lebensweise angepasst ist. ◳

01 Bachforelle

Bewegung im Wasser – Fische

Die Bachforelle lebt in klaren, schnell fließenden Bächen. Scheinbar bewegungslos steht sie in der Strömung, um dann plötzlich schnell davonzuschwimmen. Wie macht sie das?

KÖRPERBAU · Der Körper der Forelle gliedert sich in Kopf, Rumpf und Schwanz. Er ist seitlich abgeflacht und wird zum Kopf und Schwanz hin schmaler. Durch die Spindelform strömt das Wasser leichter am Körper vorbei. Dieser stromlinienförmige Körperbau ist kennzeichnend für Fische. Ermöglicht wird die schmale, seitlich abgeflachte Bauweise durch die spezielle Anordnung der Rippen an der Wirbelsäule. Die Wirbelsäule durchzieht den gesamten Rumpf. Die Rippen sitzen an den vielen Wirbeln. Allerdings sitzen sie nicht seitlich an der Wirbelsäule wie beim Menschen, sondern ragen

nach unten und nach oben. Die Körperoberfläche der Forelle ist mit zahlreichen Schuppen besetzt. Über den Schuppen befindet sich eine Hautschicht mit Drüsen, die einen zähen Schleim nach außen abgeben. Dieser Schleim macht die Forelle schlüpfrig und lässt sie leichter durchs Wasser gleiten. Zusätzlich schützt die Schleimschicht den Fisch vor Krankheiten und vor zupackenden Feinden.

Aus dem Körper der Forelle ragen die Flossen heraus. Sie bestehen aus knöchernen Flossenstrahlen, die durch eine Flossenhaut miteinander verbunden sind, und dienen der Fortbewegung.

FORTBEWEGUNG · Der Fisch kann die Flossen durch Muskeln ausbreiten und zusammenlegen. Kräftige Muskeln entlang des Körpers bewirken auch das Hin- und

02 Schwimmende Forelle

Herschlagen des Schwanzes mit der Schwanzflosse. Die Schwanzschläge drücken das Wasser abwechselnd nach hinten links und rechts weg. So bewegt sich die Forelle schlängelnd vorwärts. Schlägt sie mit dem Schwanz zu einer Seite stärker aus, macht der ganze Körper eine Wendung. Die verschiedenen Flossen dienen beim aktiven Schwimmen als Antrieb und Steuer. Die Schwanzflosse arbeitet als Hauptantrieb und Seitensteuer, Brust- und Bauchflossen dienen vorwiegend der Steuerung. Rückflosse und Afterflosse stabilisieren die Lage des Körpers im Wasser.

03 Rochen am Meeresboden

Doch wie kann die Forelle scheinbar im Wasser auf der Stelle stehen? Dabei hilft ihr die Schwimmblase. Sie liegt in der Körpermitte und wird über den Darm mit Gas gefüllt. Die Gasmenge in der Schwimmblase entscheidet darüber, ob ein Fisch im Wasser sinkt, schwebt oder aufsteigt. Gase sind leichter als Wasser. Enthält die Blase wenig Gas, ist der Fisch schwerer als das Wasser, das er verdrängt, und sinkt nach unten. Nimmt die Schwimmblase viel Gas aus dem Darm auf, wird der Fisch leichter als das Wasser und steigt auf. Macht ihn die aufgenommene Gasmenge ebenso schwer wie das Wasser, so schwebt er darin.

Es gibt auch Fische ohne Schwimmblase wie beispielsweise den Rochen. Er führt ein Leben am Meeresgrund. Mit seinem flachen, breiten Körper kann er das Wasser nach unten drücken und dadurch aufsteigen. Er kann jedoch nicht bewegungslos im Wasser schweben.

1 Nenne die Flossen und ihre Aufgabe. Lege dazu eine Tabelle an. ▢

2 Tim und Sina wollen im Schwimmbecken zum Boden tauchen. Tim atmet vorm Luftanhalten tief ein. Sina atmet vorher mehrmals ein und aus. Erkläre, wer leichter zum Boden kommt. ◖

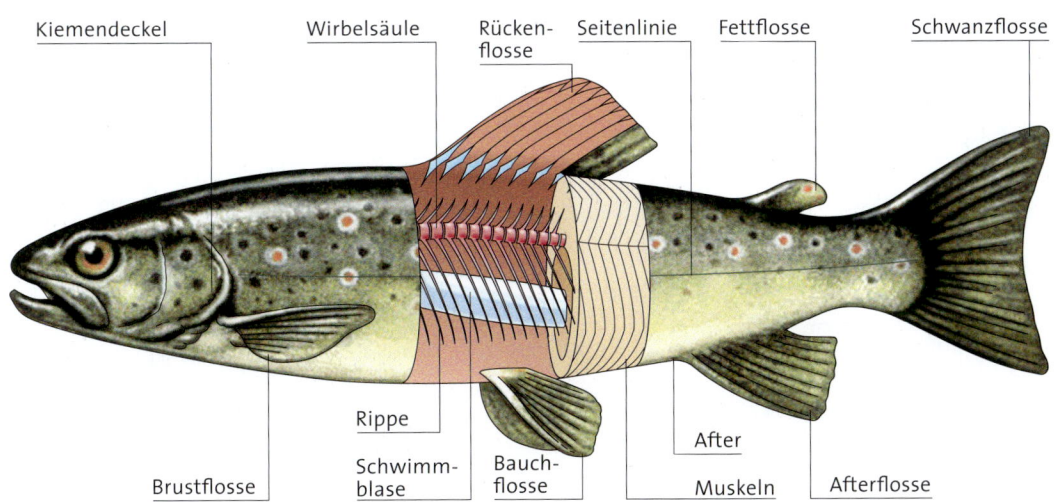

Kiemendeckel — Wirbelsäule — Rücken-flosse — Seitenlinie — Fettflosse — Schwanzflosse

Brustflosse — Rippe — Schwimm-blase — Bauch-flosse — After — Muskeln — Afterflosse

04 Körperbau der Forelle

SINNESORGANE · An der Seite des Forellenkörpers zieht sich eine feine Linie entlang, die Seitenlinie. Mit diesem Sinnesorgan nehmen Fische kleinste Wasserströmungen in ihrer Umgebung wahr. So können nahende Feinde oder Hindernisse auch im Dunkeln oder in trübem Wasser erkannt werden. Weitere gut ausgebildete Sinne helfen der Forelle bei Fortbewegung und Jagd auf Beutetiere wie Insekten, Jungfische und andere Kleintiere. Mit dem großen Blickfeld der Augen kann sie gleichzeitig nach hinten und vorne sehen. Über die Nase nimmt sie Geruchsstoffe im Wasser auf. Das Gehör sitzt geschützt in der Schädelhöhle ohne Verbindung nach außen. Manche Fischarten besitzen elektrische Organe, mit denen sie Beute wahrnehmen, sich orientieren oder sich durch Stromschläge verteidigen können. Fische wie die Forelle, die sich nur von tierischer Beute ernähren, gehören zu den *Raubfischen*. Fische, die meist Pflanzen fressen, werden *Friedfische* genannt.

ATMUNG · Fische atmen mit **Kiemen**. Sie liegen an den Seiten des Kopfes und sind durch einen harten Kiemendeckel geschützt. Sie bestehen aus jeweils vier knöchernen Kiemenbögen. An jedem sitzen Kiemenreusen und Kiemenblättchen. Die Kiemenreusen dienen als Filterapparat, der Schmutzteilchen von den Kiemenblättchen fernhält. Der Gasaustausch findet an den dünnhäutigen und sehr stark durchbluteten Kiemenblättchen statt. Sauerstoff wird aus dem Wasser ins Blut aufgenommen und Kohlenstoffdioxid aus dem Blut ins Wasser abgegeben. Zum Einatmen öffnet der Fisch bei geschlossenen Kiemendeckeln sein Maul und saugt Wasser ein. Beim Ausatmen presst er das Wasser an den Kiemen vorbei durch die geöffneten Kiemendeckel nach außen.

3 ♩ Erläutere die Kiemenatmung. 🍃

4 ♩ Begründe, warum Fische das Atemwasser nicht hinunterschlucken. 🍃

05 Kiemen der Forelle: **A** Lage, **B** Bau, **C** Einatmen, **D** Ausatmen

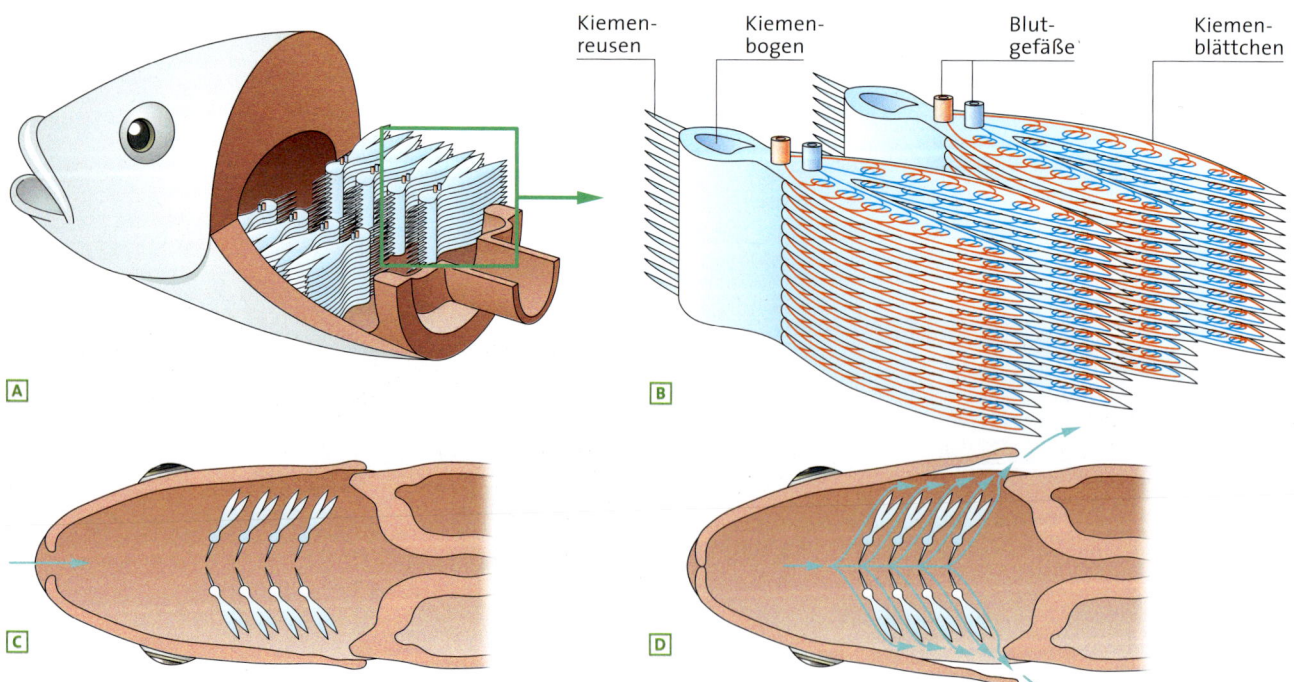

Kiemenreusen · Kiemenbogen · Blutgefäße · Kiemenblättchen

A

B

C

D

METHODE

Sezieren

*Wenn man den inneren Bau eines Lebewesens untersuchen will, muss man seinen Körper öffnen. Man spricht vom **Sezieren**.*

Material:
Wanne oder Schale, spitze Schere, Lupe, Pinzette, Forelle

Durchführung:
Lege den Fisch so auf die Unterlage, dass sein Kopf nach links zeigt. Skizziere den Fisch und beschrifte auf deiner Zeichnung die verschiedenen Flossen, das Maul, die Augen, die Nasenöffnung, den Kiemendeckel, die Seitenlinie und den After. Achte beim Öffnen der Körperhöhle immer darauf, die Schere möglichst flach zu halten, damit die inneren Organe des Fisches nicht zerstört werden.

Schnitt 1: Setze die Schere am After des Fisches an. Stich hinein und schneide entlang der Bauch-seite nach vorne bis zum Ansatz der Brustflosse.

Schnitt 2: Schneide am Rand des Kiemendeckels entlang so weit wie möglich zum Rücken hinauf.

Schnitt 3: Schneide vom After ebenfalls so weit wie möglich nach oben.

Schnitt 4: Nun klappe den entstandenen Körperlappen nach oben und schneide ihn ab.

Schnitt 5: Zum Schluss entferne vorsichtig den knöchernen Kiemendeckel, ohne die darunterliegenden Kiemen zu verletzen.

Nach dem Öffnen des Körpers erkennst du die Kiemenhöhle mit den Kiemenbögen und den feinen roten *Kiemenblättchen.* Im unteren Bereich des Körpers liegt direkt hinter den Kiemen das relativ kleine *Herz.* Hinter den Kiemen sieht man auch die *Speiseröhre,* die in den lang gestreckten Magen übergeht. Auf den Magen folgt der Darm, der schließlich in der *Afteröffnung* mündet. Unter dem Magen liegt die bräunliche *Leber.* Im oberen Teil der Körperhöhle befindet sich die große, silbrig glänzende Schwimmblase. Zwischen Darm und *Schwimmblase* liegt beim Männchen der milchig weiße *Hoden.* An der gleichen Stelle findest du beim Weibchen den rötlichen *Eierstock.*

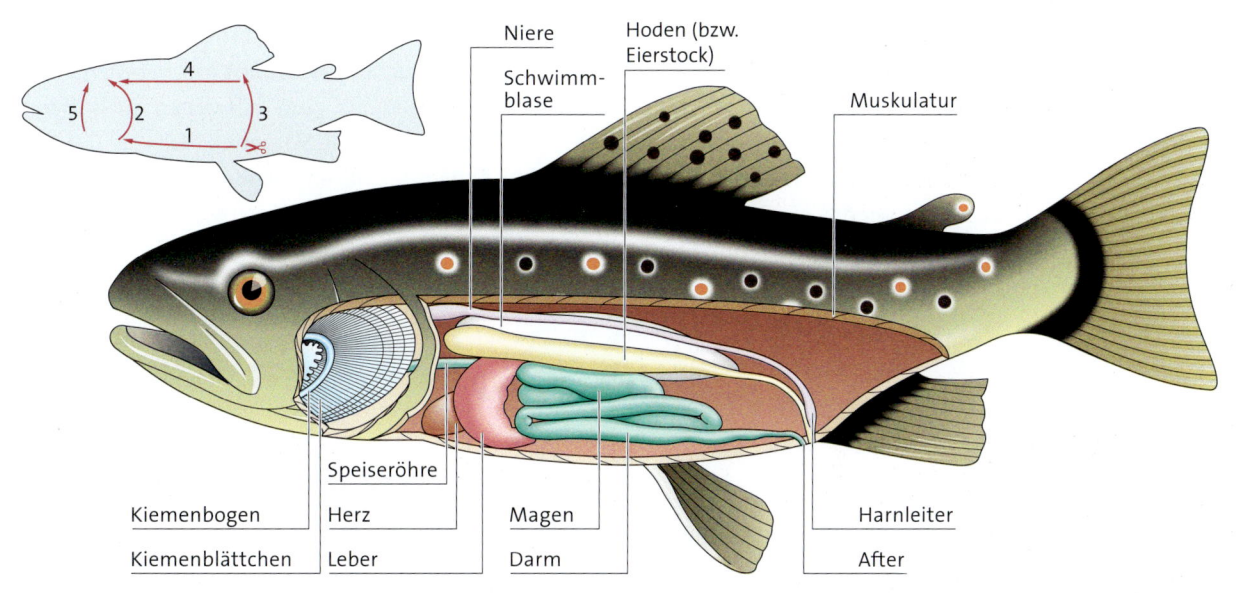

Niere · Hoden (bzw. Eierstock) · Schwimmblase · Muskulatur · Speiseröhre · Kiemenbogen · Herz · Kiemenblättchen · Leber · Magen · Darm · Harnleiter · After

/// **IM BLICKPUNKT TECHNIK** //

Wie taucht ein U-Boot?

01 Ein U-Boot taucht auf.

Ein Unterseeboot wie im Bild 01 kann sowohl auf dem Wasser als auch im Wasser fahren. Mit einer Schraube, ähnlich der im Bild 02, verdrängt es Wasser nach hinten und kann so vorwärtsfahren.

Ein U-Boot besitzt Hohlräume, die mit Luft gefüllt sind. Deswegen kann es auf dem Wasser fahren. Manche dieser Hohlräume, sogenannte Tauchzellen, kann man mit Wasser füllen. Wenn man genügend Wasser in die Tauchzellen gepumpt hat, dann ist das Gewicht des U-Boots insgesamt größer als das des verdrängten Wassers. Das U-Boot taucht unter. Wenn man wieder auftauchen will, dann drückt man das Wasser mit Pressluft aus den Tauchzellen. Das Unterseeboot hat jetzt wieder ein kleineres Gewicht als das verdrängte Wasser und taucht auf.

02 Schiffsschraube

Bau eines Modell-U-Boots
Mit folgender Anleitung kannst du einfach selbst ein Modell-U-Boot bauen.

Material:
Plastikflasche, Schlauch, Luftballon, Haushaltsgummis, kleine Steine

Bau des Modells:
a) Befestige den Luftballon sorgfältig mit den Gummis am Schlauch. ☐
b) Schneide mit einer Schere Löcher in die Flasche. Durch sie soll das Wasser aus der Flasche gepresst werden. Die Löcher können wie Bullaugen aussehen. ☐
c) Schiebe das Schlauchende mit dem Luftballon in die Flasche. Zusätzlich kannst du die Flasche mit einigen Steinchen beschweren, damit dein Modell nicht umkippt. ☐

Arbeitsauftrag:
d) Blase den Luftballon langsam auf und untersuche, ab wann das U-Boot schwebt. Kannst du das U-Boot auch zum Schwimmen auf dem Wasser bringen? ☐
e) Versuche, das U-Boot mit möglichst vielen Steinchen zum Schweben zu bringen. Beschreibe dein Vorgehen. ◨
f) Vergleiche das Modell mit einem richtigen U-Boot. Beschreibe, was das U-Boot kann, das Modell aber nicht. ◨

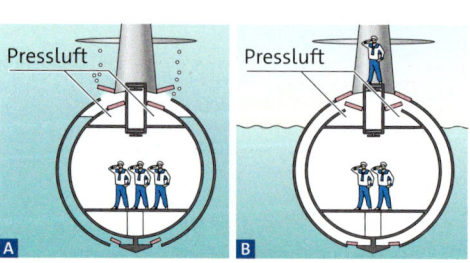

03 **A** U-Boot taucht, **B** U-Boot schwimmt.

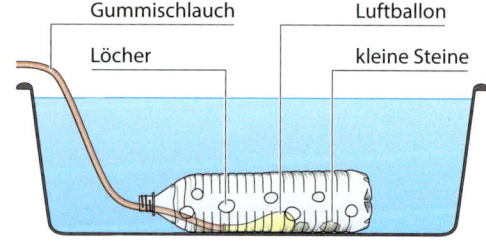

04 Modell-U-Boot

VERSUCH A ► Ein Flaschentaucher

Aus einer Tintenpatrone baust du einen Flaschentaucher. In einer mit Wasser gefüllten Kunststoffflasche kannst du ihn wie ein U-Boot oder einen Fisch sinken, schweben und auftauchen lassen.

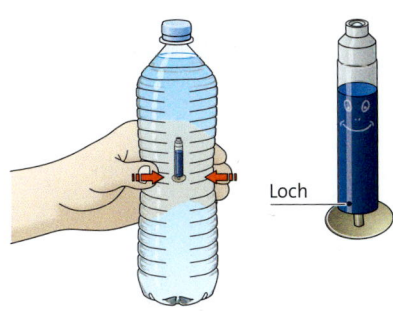

Loch

Material:

Tintenpatrone (voll), Reißnagel, 1 l-PET-Flasche

Durchführung:

a) Stich in die Tintenpatrone mit dem Reißnagel an der Seite möglichst weit unten ein kleines Loch. Lass vorsichtig etwa ein Drittel der Tinte aus der Patrone herauslaufen. Hefte anschließend den Reißnagel als Beschwerung an die untere Seite der Tintenpatrone. ☐

b) Fülle die Flasche bis zum Rand mit Wasser und lass die Patrone darin schwimmen. Die Patrone sollte nicht in der Flasche absin-

ken, sonst musst du noch etwas Tinte ausdrücken. Verschließe die Flasche fest mit dem Deckel. ☐

c) Drücke die PET-Flasche in der Mitte zusammen. Beschreibe deine Beobachtung. Achte dabei auf die Luftblase in der Tintenpatrone. Erkläre deine Beobachtungen. ◥

d) Versuche, den Taucher in der Mitte der Flasche zum Schweben zu bringen. Beschreibe und erkläre. Gelingt das in jeder Tiefe der Flasche? ◥

Material B ► Körperform

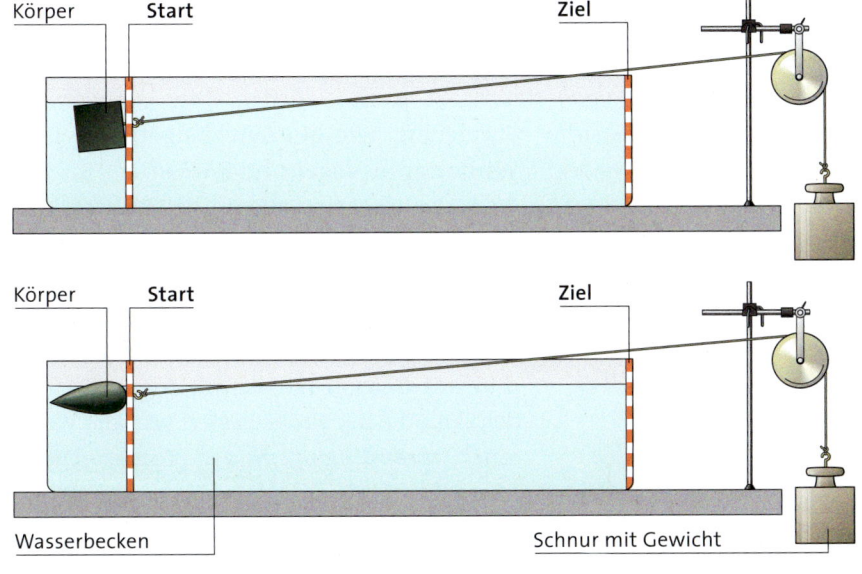

Körper   Start   Ziel

Körper   Start   Ziel

Wasserbecken   Schnur mit Gewicht

Zugrichtung →		Zeit
spindelförmiger Körper	●	4 s
Zylinder	●	7 s
Tropfenform	▶	6 s
Tropfenform	◀	5 s
Würfel	■	10 s

In einem Versuch werden fünf gleich schwere, aber unterschiedlich geformte Körper an einer Schnur durch ein Wasserbecken bewegt. Die Zeit, die der jeweilige Körper vom Start bis zum Ziel benötigt hat, ist in der Tabelle angegeben.

B1 Beschreibe und erkläre die Ergebnisse des Versuchs. ◥

B2 Stelle den Zusammenhang zwischen diesem Versuch und der Körperform von Fischen dar. ◥

01 Tauben

Vögel sind an das Fliegen angepasst

Tauben lassen sich auf Straßen und Plätzen unserer Städte beobachten. Geschickt weichen sie den Fußgängern aus. Mit wenigen Flügelschlägen erheben sie sich in die Luft und gleiten nur wenige Meter weiter wieder zu Boden. Welche besonderen Eigenschaften ermöglichen den Tauben das Fliegen?

KÖRPERBAU · Die Taube trägt wie alle Vögel ein Federkleid. Nur Schnabel und Füße besitzen kein *Gefieder.* Den Vogelkörper durchzieht wie bei den Säugetieren eine **Wirbelsäule.** Vögel sind *Wirbeltiere.* Bis auf die Halswirbel sind alle Wirbel miteinander verwachsen. Sie bilden eine *starre Achse* und verhindern, dass sich der Rumpf beim Fliegen verbiegt. Zusätzlich sorgen starre Verbindungen der Rippen untereinander und mit dem Brustbein für die Festigkeit des Skeletts. Die Taube besitzt wie alle Vögel einen *stromlinienförmigen* Körper. Diese Körperform erleichtert das Fliegen, denn sie bietet der Luft weniger Widerstand.

FLÜGEL · Vergleicht man die Flügel der Taube mit den Vorderbeinen eines Säugetiers oder den Armen eines Menschen, erkennt man Ähnlichkeiten. So besteht auch das Flügelskelett aus einem *Oberarmknochen,*

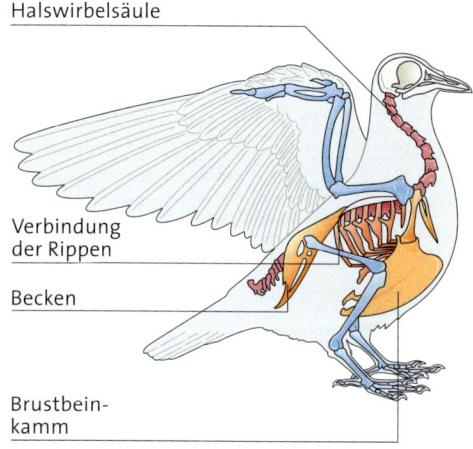

Halswirbelsäule

Verbindung
der Rippen

Becken

Brustbein-
kamm

02 Aufbau des
Taubenkörpers

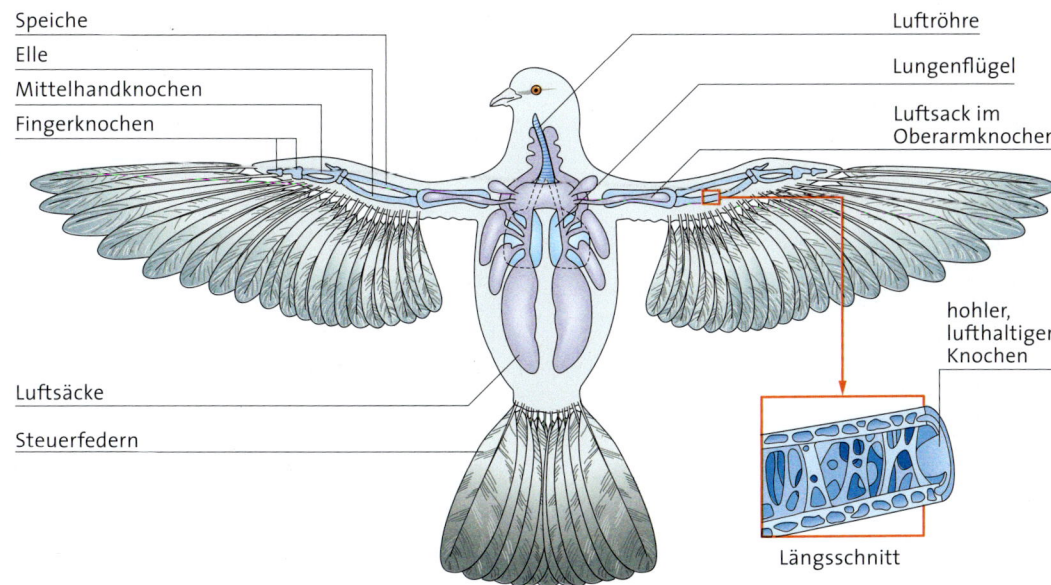

Speiche
Elle
Mittelhandknochen
Fingerknochen

Luftröhre
Lungenflügel
Luftsack im Oberarmknochen

hohler, lufthaltiger Knochen

Luftsäcke
Steuerfedern

Längsschnitt

03 Leichtbauweise des Taubenkörpers

den *Unterarmknochen* und den *Handknochen*. Die Flügel der Vögel entsprechen also den Vordergliedmaßen von Säugetieren. Die Federn stecken in der Haut des Unterarms und der Hand.

LEICHTBAUWEISE · Voraussetzung für das Fliegen ist eine geringe Körpermasse. Daher sind Vögel leichter als vergleichbar große Säugetiere. Ein Igel wiegt zum Beispiel das Doppelte bis Dreifache einer Taube. Sie besitzt im Gegensatz zum Igel **dünnwandige, hohle Knochen.** Die leichten Knochen werden durch Verstrebungen verstärkt und haben eine hohe Festigkeit. Auch das Kopfskelett ist sehr leicht. Der zahnlose Schnabel besteht aus leichtem *Horn.*
Die Lunge der Taube unterscheidet sich von den Lungen anderer Wirbeltiere durch die **Luftsäcke.** Diese liegen zwischen inneren Organen und Muskeln und reichen sogar in hohle Knochen. Mit den Luftsäcken können Vögel sehr viel Atemluft speichern. Der große Atemluftvorrat macht es möglich, den

erhöhten Sauerstoffbedarf beim Fliegen zu decken. Der Sauerstoff aus der Atemluft gelangt von der Lunge über die Blutgefäße zu den Flugmuskeln und Organen.

ERNÄHRUNGSWEISE · Die Taube nimmt viel Nahrung auf, denn der Energiebedarf beim Fliegen ist sehr hoch. Die große Nahrungsmenge dient auch dazu, eine konstante Körpertemperatur aufrechtzuerhalten. Vögel gehören zu den **gleichwarmen Tieren.** Sie verdauen schnell und halten dadurch ihre Körpermasse niedrig. Sie besitzen keine Harnblase, die die Körpermasse erhöhen würde. Ihren Harn scheiden sie zusammen mit dem Kot aus.

FORTPFLANZUNG · Die Eier reifen im Körper des Taubenweibchens nacheinander und werden mit zeitlichem Abstand gelegt. Der Nachwuchs entwickelt sich im Ei außerhalb des mütterlichen Körpers, wodurch die Körpermasse des Weibchens auch in der Fortpflanzungszeit niedrig bleibt.

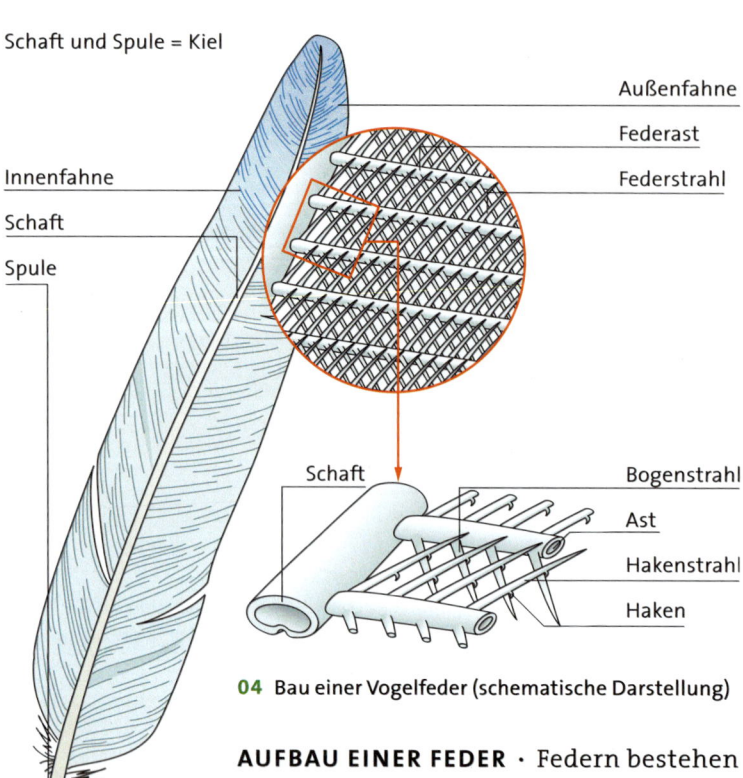

Schaft und Spule = Kiel

Außenfahne
Federast
Federstrahl

Innenfahne
Schaft
Spule

Schaft

Bogenstrahl
Ast
Hakenstrahl
Haken

04 Bau einer Vogelfeder (schematische Darstellung)

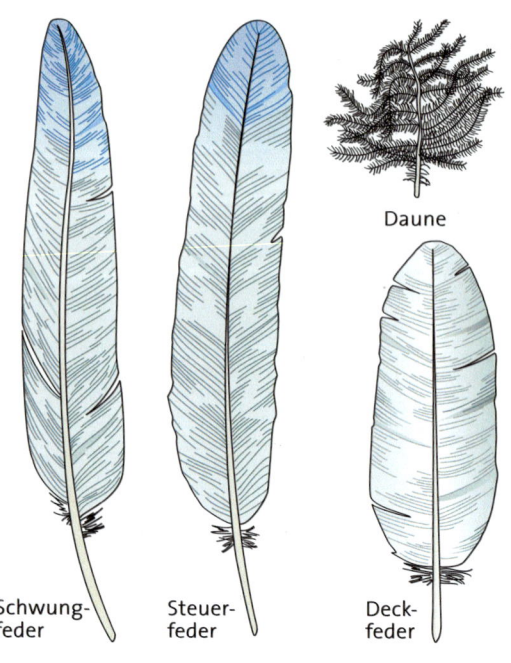

Daune

Schwung-feder
Steuer-feder
Deck-feder

05 Federtypen

AUFBAU EINER FEDER · Federn bestehen aus *Hornsubstanz.* Sie sind leicht, biegsam und fest. Mit der *Spule* steckt die Feder in der Haut des Vogels. *Spule* und *Schaft* bilden zusammen den **Federkiel.** Dieser besitzt durch seinen röhrenförmigen Aufbau eine hohe Biegsamkeit und Festigkeit. Die beiderseits vom Schaft abgehenden Äste bilden die **Fahne.** Von jedem Ast gehen zur einen Seite bogenförmige Strahlen und zur anderen Seite Strahlen mit kleinen Haken ab. Dadurch liegen zwischen den benachbarten Ästen sowohl *Bogenstrahlen* als auch *Hakenstrahlen.* Die über den Bogenstrahlen liegenden gezackten Hakenstrahlen verzahnen die Strahlen ähnlich wie ein Klettverschluss. Dadurch entsteht eine Federfläche, die kaum Luft durchlässt.

FEDERTYPEN · Die großen und kräftigen **Schwungfedern** bilden die Tragflächen des Flügels. Ähnlich gebaut sind die **Steuerfedern** des Schwanzes. Mit ihnen steuert und

bremst die Taube ihren Flug. Der Rumpf des Vogels wird von den kleineren **Deckfedern** eingekleidet. Sie schützen den Körper und geben ihm eine glatte, *stromlinienförmige* Gestalt. Unter den Deckfedern liegen die **Daunenfedern.** Ihre Strahlen sind nicht miteinander verhakt. Durch den lockeren Aufbau enthalten sie viel Luft. Das dadurch entstehende Luftpolster schützt den gleichwarmen Vogel vor Wärmeverlusten, denn Luft leitet Wärme schlecht.

1 ⌡ Nenne Merkmale der Leichtbaukonstruktion des Vogelkörpers. ☐

2 ⌡ Beschreibe den Aufbau der verschiedenen Federtypen. ◖

3 ⌡ Ordne die Federtypen den verschiedenen Körperbereichen des Vogels zu. ☐

4 ⌡ Nenne die Aufgaben der verschiedenen Federtypen. ☐

Material A ▸ Taubenflügel und menschlicher Arm im Vergleich

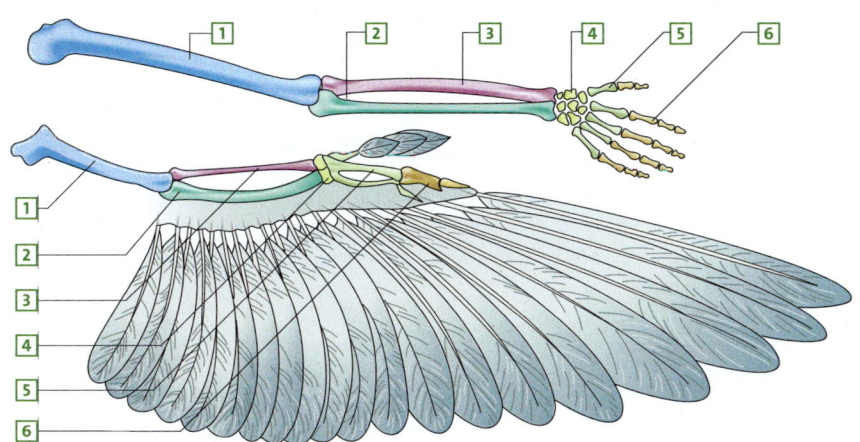

A1 Ordne den Zahlen die entsprechenden Fachbegriffe zu. ◻

A2 Nenne Gemeinsamkeiten und Unterschiede zwischen dem Taubenflügel und dem menschlichen Arm. Beachte dabei auch die Funktion
und nimm die Seite 103 zu Hilfe. ◼

Material B ▸ Vergleich von Vogel- und Säugetierknochen

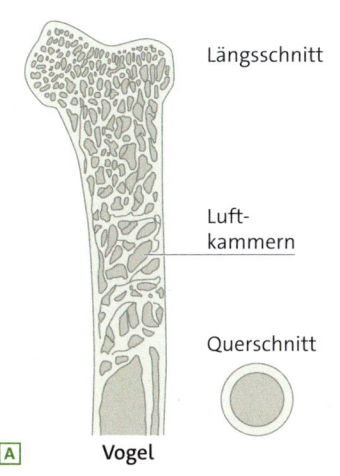

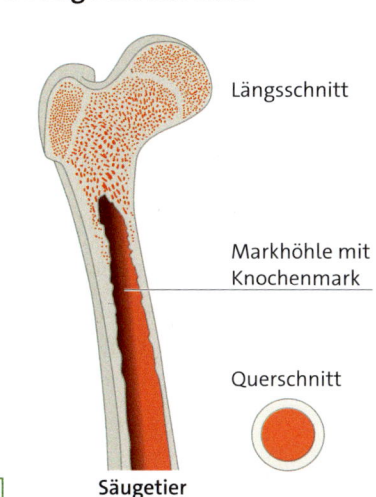

A   Vogel   B   Säugetier

B1 Vergleiche den inneren Aufbau von Vogel- und Säugetierknochen. ◗

B2 Erkläre, weshalb man bei beiden
Knochen von Röhrenknochen
spricht. ◗

B3 Erläutere die Aussage: Der Aufbau des Vogelknochens passt
zur Lebensweise der Vögel. ◗

B4 Recherchiere Informationen zur
Funktion des Knochenmarks in
Säugetierknochen. ◗

Material C ▸ Körperlängen und Körpermassen im Vergleich

Art	Körper-länge	Körper-masse
Wildkatze	80 cm	6200 g
Graugans	80 cm	3300 g
Feldhase	60 cm	4000 g
Stockente	60 cm	1200 g
Wild-kanninchen	46 cm	1800 g
Rabenkrähe	46 cm	560 g

Die Tabelle zeigt das Ergebnis der
Messung einzelner Tiere.

C1 Berechne für jedes Tier in der
Tabelle die Masse pro Zentimeter Körperlänge. ◻

C2 Zeichne ein Säulendiagramm
(y-Achse: Masse pro Zentimeter,
x-Achse: Tiere der Tabelle) und
stelle dabei die gleich langen
Tiere nebeneinander dar. ◗

C3 Erkläre das Ergebnis des
Vergleichs. Nimm auch das
Diagramm zu Hilfe. ◗

01 Mäusebussard im Gleitflug

Vielfalt des Vogelflugs

Ohne Flügelschlag gleitet der Mäusebussard über die Wiese auf einen Waldrand zu. Langsam verliert er an Höhe. Kurz vor einem Baum breitet er seine Flügel aus und bremst ab. Sicher landet er auf einem Ast. Wie ist dieser Gleitflug möglich?

GLEITFLUG · Von besonderer Bedeutung für den Gleitflug des Mäusebussards ist die Form seines Flügels. Im Querschnitt eines ausgebreiteten Flügels erkennt man, dass seine Oberseite stärker gewölbt ist als die Unterseite. Die Flügel wirken wie Tragflächen. Beim Gleiten strömt die Luft über und unter dem Flügel hinweg. Durch die Wölbung der Oberseite ist der Weg für die Luft hier länger als an der Unterseite. So strömt die Luft auf der Flügeloberseite ein wenig schneller. Dabei entsteht über dem Flügel ein geringerer Druck als unter dem Flügel. Der Unterschied, die Differenz, zwischen dem Luftdruck oberhalb und unterhalb des Flügels ergibt den Auftrieb. Ohne diese **Auftriebskraft** würde der Mäusebussard durch seine *Körpermasse* zu Boden sinken. Welche Einflüsse wirken noch auf den **Gleitflug** eines Vogels ein?

Die *Gleitfähigkeit* eines Vogels hängt von der *Körpermasse*, von der Größe und Form der *Flügelfläche* sowie vom *Luftwiderstand* ab.

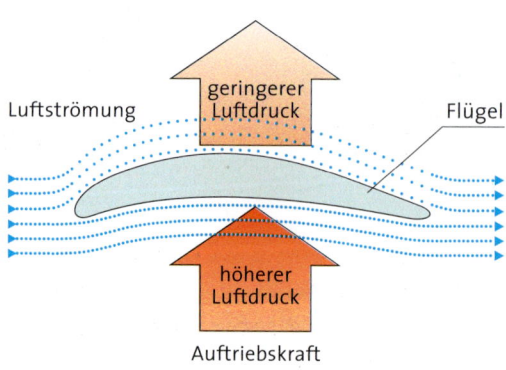

02 Flügelquerschnitt mit Luftströmung

Luftströmung

geringerer Luftdruck

Flügel

höherer Luftdruck

Auftriebskraft

Zum Vergleich der Gleitfähigkeit verschiedener Vögel dient die **Gleitzahl.** Diese kann in einem einfachen Experiment festgestellt werden. Bei Windstille und einer bestimmten Abflughöhe vergleicht man die Gleitstrecken der Vögel und teilt die Gleitstrecke durch die Abflughöhe. Den erhaltenen Wert nennt man die Gleitzahl. Wenn zum Beispiel ein Vogel wie der Haussperling von einem 10 Meter hohen Baum 80 Meter weit ohne Flügelschlag gleitet, ist die Gleitzahl 8. Je besser die Gleitfähigkeit eines Vogels ist, desto höher ist seine Gleitzahl.

SEGELFLUG · Häufig kann man den Mäusebussard beobachten, wie er mit ausgebreiteten Flügeln in der Luft kreist. Obwohl der Mäusebussard nicht mit den Flügeln schlägt, verliert er nicht an Höhe. Manchmal steigt der Vogel mit ausgebreiteten Flügeln sogar noch weiter empor. Er nutzt die nach oben aufsteigenden warmen *Aufwinde*. Diese entstehen dann, wenn sich die Luft am Boden erwärmt und aufsteigt. Auch an Berghängen wird Luft nach oben geleitet. Das Fliegen ohne Flügelschlag in aufsteigender Luft nennt man **Segelflug.**

Adler, Geier und Störche legen mit ihren breiten, großflächigen Flügeln weite Strecken in einer Kombination von Segel- und Gleitflug zurück. Seevögel wie Möwen, Albatrosse und Sturmvögel können sogar wochenlang über dem Meer auch bei Sturm gleiten und segeln. Dies ermöglicht ihnen eine besondere Flügelform, die ebenfalls eine große Fläche aufweist, aber lang und schmal ist und am Ende spitz zuläuft.

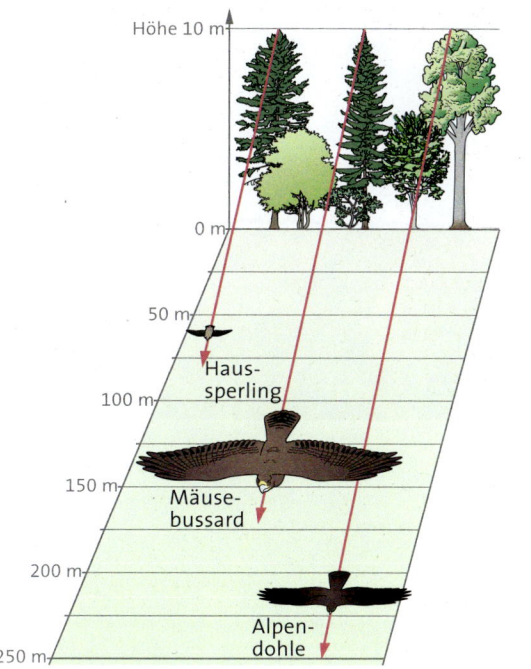

03 Gleitstrecken

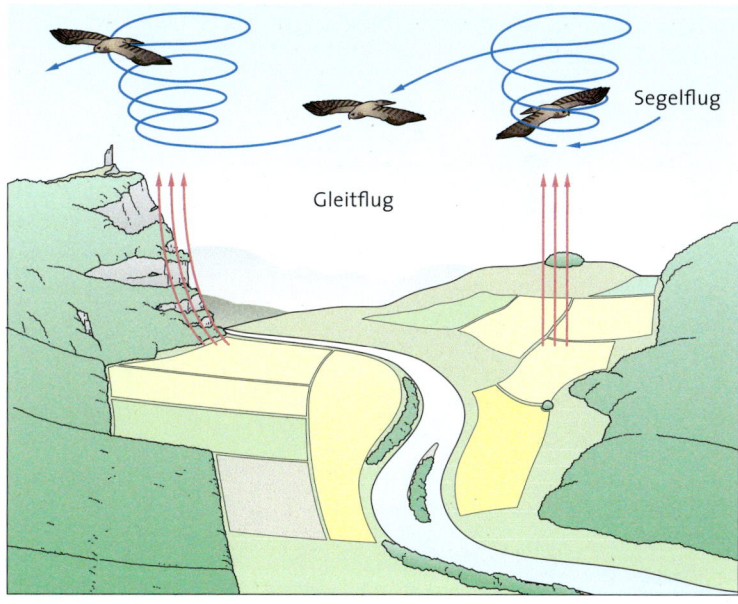

04 Segelflug beim Mäusebussard

1 Beschreibe den Segelflug des Mäusebussards. ▢

2 Erläutere die Bedeutung der Flügelform für das Fliegen. Berücksichtige bei deiner Erläuterung auch die Auftriebskraft. ■

05 Ruderflug einer Taube

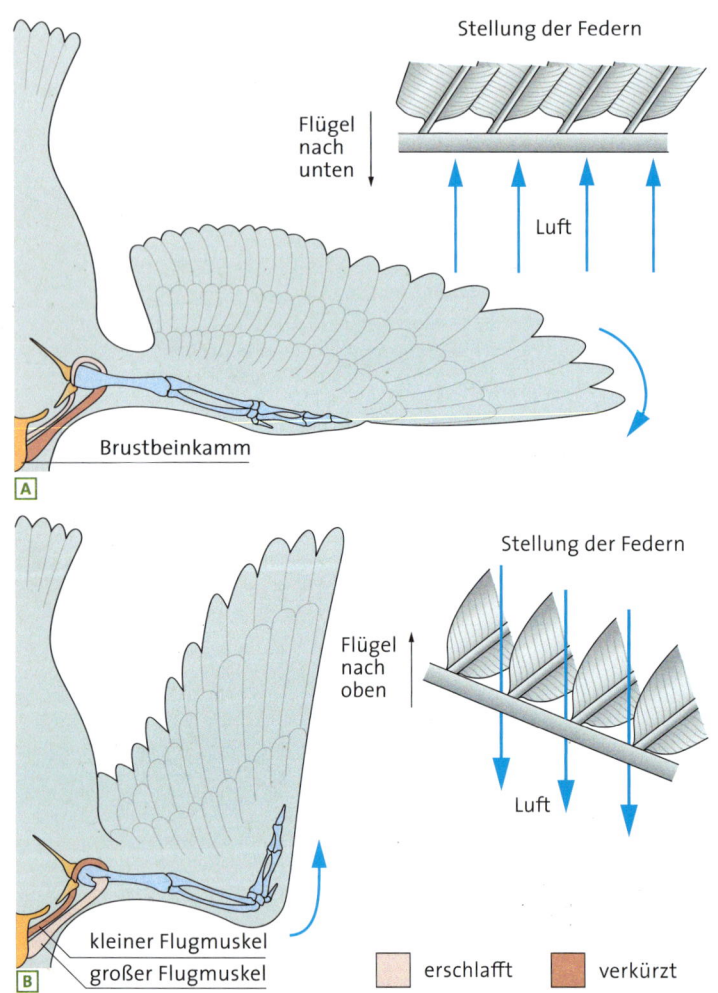

Stellung der Federn

Flügel nach unten

Luft

Brustbeinkamm

A

Stellung der Federn

Flügel nach oben

Luft

kleiner Flugmuskel
großer Flugmuskel

erschlafft   verkürzt

B

06 Ruderflug: **A** Abschlag, **B** Aufschlag

RUDERFLUG · Die Taubenflügel werden durch eine kräftige Muskulatur bewegt. Die *Flugmuskulatur* setzt am Brustbeinkamm an und teilt sich in einen kleinen und einen großen Flugmuskel. Zieht sich der große Flugmuskel zusammen, schlägt der Flügel abwärts. Beim **Abwärtsschlag** bilden die Flügel eine geschlossene Fläche, in der die Schwungfedern übereinanderliegen. Die Flügel werden gestreckt und nach hinten bewegt. Dadurch gewinnt der Vogel an Höhe und fliegt nach vorn. Beim **Aufwärtsschlag** zieht sich der kleine Flugmuskel zusammen. Die Flügel werden leicht geknickt und die Schwungfedern wie bei einer Jalousie so gestellt, dass die Luft von oben zwischen ihnen hindurchströmen kann. Der Luftwiderstand bleibt gering. So wird verhindert, dass die Taube wieder zurückfällt und absackt. Die auf- und abwärtsschlagenden Flügel ähneln den Bewegungen eines Ruders. Man spricht deshalb vom **Ruderflug.**

3 Erläutere das Gegenspielerprinzip am Beispiel der Flugmuskulatur. 🗨

4 Erläutere die Bedeutung des großflächigen Brustbeinkamms für das Fliegen. Nimm Bild 02 auf Seite 126 zu Hilfe. 🗨

VERSUCH A ▸ Gleitflug mit Papierfliegern

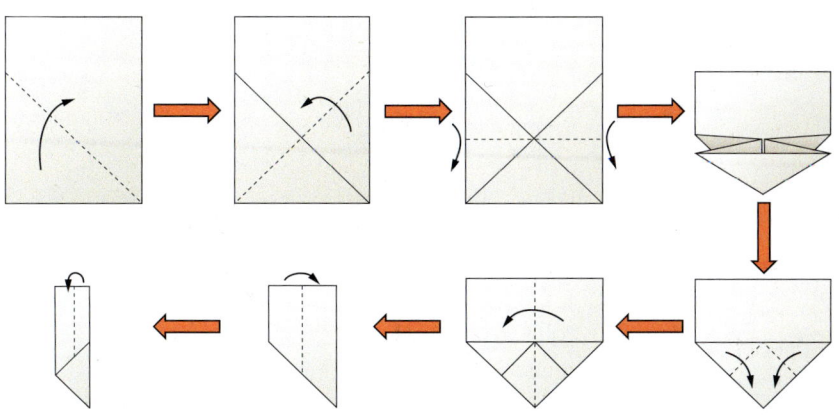

Material:
2 Blatt Papier (DIN A4), Büroklammern

Durchführung:
Baue nach der Faltskizze zwei Papierflieger. Die gepunkteten Linien geben die Faltlinien an, die Pfeile stellen die Faltrichtung dar. Hefte an den Rumpf eines Papierfliegers mehrere Büroklammern.

A1 Beschreibe und erkläre, welcher Flieger am besten gleitet. ▢

A2 Bewerte, ob Versuche mit Papierfliegern helfen, die Eignung eines Vogelflügels für den Gleitflug zu verstehen. ■

VERSUCH B ▸ Auftrieb

Material:
Papier (DIN A4), Buch

Durchführung:
Puste über das im Buch eingeklemmte Papier.

B1 Beschreibe die Beobachtung. ▢

B2 Erkläre mithilfe des Versuchs, weshalb Vögel in der Luft gleiten können. Nimm die Seite 130 zu Hilfe. ◗

Material C ▸ Aufwind

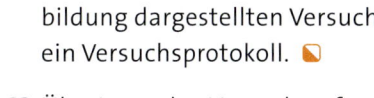

C1 Erstelle für den in der Abbildung dargestellten Versuch ein Versuchsprotokoll. ◗

C2 Übertrage den Versuch auf den Segelflug eines Vogels und erläutere. ◗

Material D ▸ Gleitstrecken

Ein Storch hat die Gleitzahl 17. Wenn er von Spanien nach Afrika zieht, muss er 15 Kilometer ohne Aufwinde über das Meer fliegen. Wenn der Storch den direkten Weg über Italien wählen würde, müsste er ab Sizilien 170 Kilometer über das Meer fliegen.

D1 Berechne, wie hoch der Storch über dem Land aufsteigen muss, wenn er danach die Strecke von Spanien nach Afrika nur im Gleitflug überwindet. ◗

D2 Berechne, wie hoch der Storch über dem Land aufsteigen müsste, wenn er danach die Strecke von Sizilien nach Afrika nur im Gleitflug überwinden würde. ◗

01 Turmfalke
bei der Jagd

Jäger der Lüfte

Kaum ein „Jäger der Lüfte" ist so häufig zu beobachten wie der Turmfalke. Er lebt nahe dem Menschen, da er auf Gebäuden wie Türmen nistet. Seine Beute sucht er auf Wiesen, Feldern und sogar an Straßenrändern. Doch wie läuft eine solche Jagd aus der Luft ab?

JAGDVERHALTEN · Seine Jagd startet der Turmfalke im Ruderflug. So fliegt er hoch über der Landschaft und sucht nach seiner Beute. Sobald er ein kleines Tier erspäht hat, zum Beispiel eine Feldmaus, bleibt er kurz in der Luft stehen, indem er seinen

02 Jagdverhalten
des Turmfalken

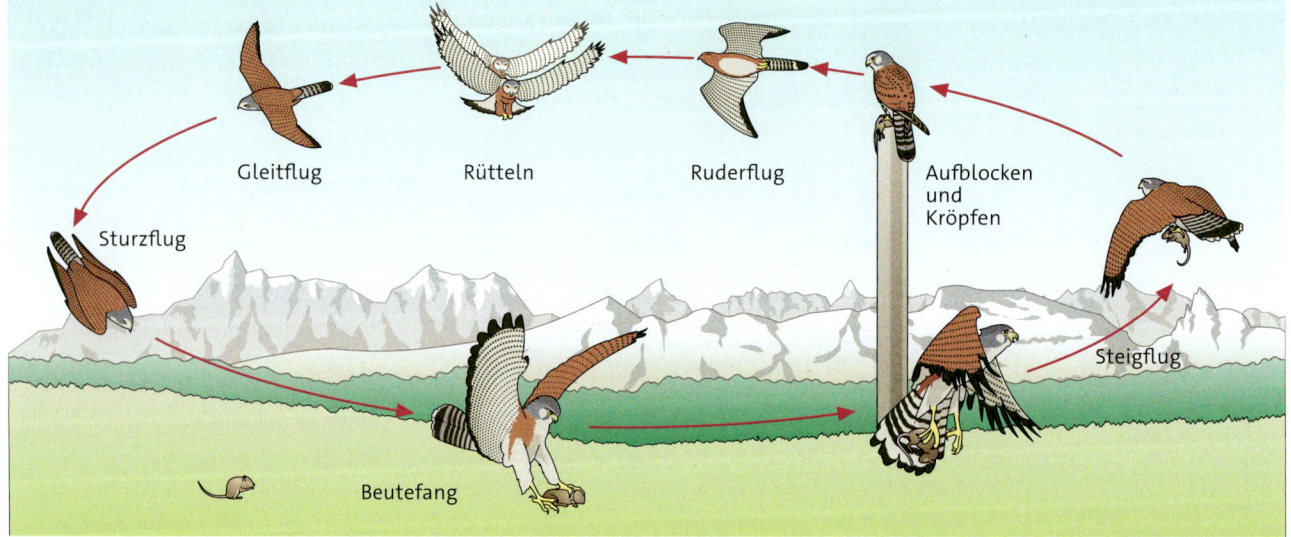

Gleitflug   Rütteln   Ruderflug   Aufblocken und Kröpfen

Sturzflug

Steigflug

Beutefang

Schwanz nach unten kippt und schnell mit seinen Flügeln schlägt. Er rüttelt mit den Flügeln und wird daher auch Rüttelfalke genannt. Wenn er Aussicht auf eine erfolgreiche Jagd hat, geht der Turmfalke vom *Rüttelflug* in den *Gleitflug* über und stürzt sich dann im Sturzflug mit einer Geschwindigkeit von etwa $180 \frac{km}{h}$ auf die Beute. Hat der Falke das Beutetier mit seinen vorgestreckten Füßen ergriffen, trägt er es fort. An einem ruhigen Platz, dem Kröpfplatz, tötet er die Beute mit dem Schnabel und frisst sie oder bringt sie zu seinen Jungtieren ins Nest.

ANPASSUNGEN AN DIE JAGD · Der Turmfalke ist nur taubengroß und im Körperbau gut an seine Lebensweise angepasst. Sein Gefieder ist an der Oberseite rotbraun, an der Unterseite heller cremefarben mit dunklen Flecken und Streifen. Er besitzt sehr gute Augen, mit denen er aus großer Entfernung eine Maus scharf sehen kann. Seine Augen verfügen nicht nur über eine bessere Sehschärfe als unsere, sie können auch andere Lichtbereiche wahrnehmen. Damit kann der Turmfalke sogar Kot- und Urinspuren von möglichen Beutetieren erkennen. Dies ermöglicht es ihm, ein lohnenswertes Jagdgebiet zu finden. Auch seine Füße sind ideal für die Jagd. Der Turmfalke besitzt Greiffüße mit langen, spitzen Krallen, womit er flinke Beutetiere fangen kann. Mit seinem scharfen Hakenschnabel zerreißt er die Beute.

BEUTETIERE · Zu den Beutetieren des Turmfalken zählen außer Feldmäusen und anderen kleinen Nagetieren auch Eidechsen, Würmer, Insekten und kleine Vögel. Er fängt seine Beute nur auf dem Boden und nicht in der Luft wie die anderen Falkenarten. Die erlegten Tiere verschlingt er

in großen Stücken und würgt die unverdaulichen Reste wie Haare, Knochen und Federn als *Gewölle* wieder hervor. Unter seinen Rastplätzen kann man die Gewölle finden.

GREIFVÖGEL UND EULEN · Typische Merkmale der Falken wie sehr gute Augen, scharfer Hakenschnabel und dolchartige Krallen an den Greiffüßen besitzen auch die Greifvögel und die Eulen. Zu den Greifvögeln zählen Adler, Habichte, Bussarde, Weihen und Milane. Sie fangen Beutetiere mit den Greiffüßen und erdolchen sie mit den Krallen. Eulen jagen und ergreifen ihre Beute meist nachts und töten sie mit dem Schnabel. Wegen ihrer Jagdweise werden die Eulen oft *Nachtgreife* genannt, auch wenn sie mit den Greifvögeln, die nur tagsüber jagen, nicht näher verwandt sind. Der größte Taggreif bei uns ist der Seeadler, der größte Nachtgreif der Uhu.

1 ⌡ Begründe, weshalb Turmfalken häufig in der Nähe von Siedlungen leben. ◧

2 ⌡ Nenne körperliche Anpassungen des Turmfalken an die Jagd aus der Luft. ☐

3 ⌡ Erkläre, warum der Turmfalke auch Rüttelfalke genannt wird. ☐

03 Körpermerkmale des Turmfalken:
A Greiffuß,
B Hakenschnabel

Sperber

Turmfalke

Mäusebussard

Rotmilan

Seeadler
04 Flugbilder

05 Braunes Langohr im Flug

FLEDERMÄUSE · Fledermäuse wie das Braune Langohr gehen fast ausschließlich nachts auf die Jagd. Sie sind *nachtaktive* Tiere. Schon kurz nach Sonnenuntergang geht eine Fledermaus auf Insektenjagd. Das hat den Vorteil, dass sie auf weniger Nahrungskonkurrenten trifft. Um sich in der Dunkelheit zu orientieren und Beutetiere aufzuspüren, stößt die Fledermaus während des Fluges durch Mund oder Nase Schreie aus. Diese höhen Töne sind Schallwellen, die der Mensch nicht hören kann. Man nennt sie *Ultraschallwellen*. Treffen die Ultraschallwellen auf ein Hindernis oder ein Beutetier, kehren sie als Echo zurück. Mit den großen, trichterförmigen Ohren fängt das Braune Langohr die Echo-Schallwellen wieder auf. Je weiter ein Beutetier entfernt ist, desto länger dauert es, bis das Echo wahrgenommen wird. Mithilfe dieser Echoortung kann das Braune Langohr nicht nur die Entfernung und Richtung eines Beutetiers bestimmen, sondern auch dessen Größe und Gestalt. Die Fledermaus orientiert sich also nicht mit den Augen in ihrer Umgebung, sondern mit dem Gehörsinn. Dadurch ist sie in der Lage, auch bei völliger Dunkelheit auf Nahrungssuche zu gehen.

Neben der Echoortung besitzt die Fledermaus eine weitere Besonderheit, die ihr die Jagd in der Luft ermöglicht. Ihre Vordergliedmaßen sind wie bei den Vögeln zu Flügeln umgewandelt, allerdings wird die Flügelfläche nicht von Federn gebildet, sondern von einer dünnen Haut. Diese Flughäute spannt die Fledermaus zwischen Armen, Beinen, Rumpf und Schwanz zu Hautflügeln auf. Durch die stark verlängerten Mittelhand- und Fingerknochen haben die Flügel eine ausreichend große Oberfläche zum Fliegen. Ein zusätzlicher Knochen, das Sporenbein, dient dem Spannen der Schwanzflughaut. Nur die kleinen Füße und kurzen Daumen liegen frei und tragen scharfe Krallen. Beim Fliegen werden die Hautflügel ununterbrochen in schneller Folge auf und ab bewegt. Wegen dieser flatterartigen Flugbewegungen zählt man die Fledermäuse zu den *Flattertieren*.

Tagsüber ist die Fledermaus nicht zu sehen. Sie zieht sich in ihr Tagquartier zurück, zum Beispiel Baumhöhlen, Felsspalten oder Dachböden. Sie krallt sich mit ihren Füßen an der Decke kopfüber fest und schläft den Tag über.

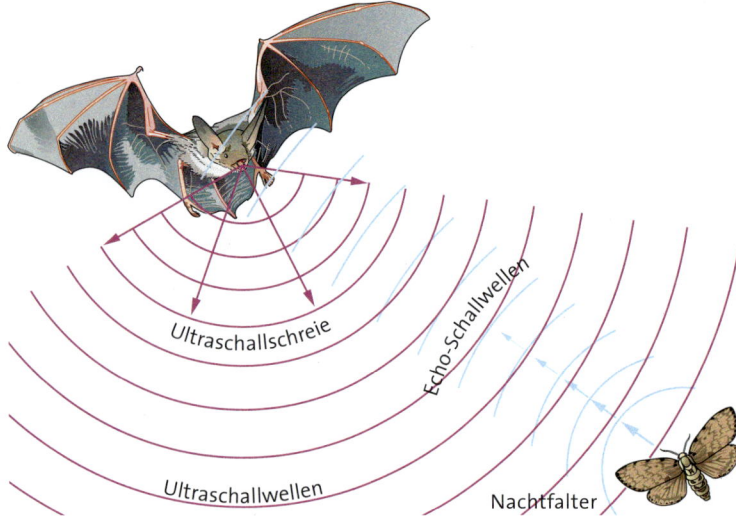

Ultraschallschreie

Echo-Schallwellen

Ultraschallwellen

Nachtfalter

06 Orientierung einer Fledermaus

Material A ▸ Armskelette im Vergleich

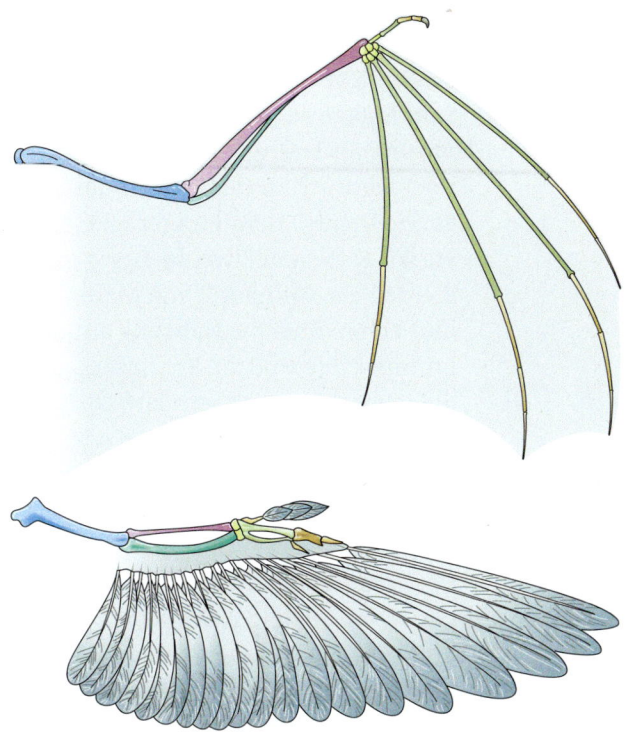

A1 Vergleiche das Armskelett der Fledermaus mit dem eines Vogels. Nenne Gemeinsamkeiten und Unterschiede. Nimm die Seite 127 zu Hilfe. 📎

A2 Erläutere, wie das Flügelskelett der Fledermaus an das Fliegen angepasst ist. 📎

Material B ▸ Orientierung der Fledermäuse

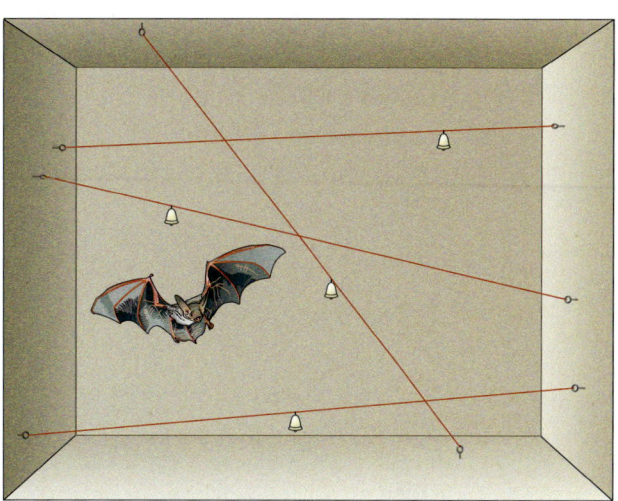

Der italienische Naturforscher SPALLANZANI führte 1793 Experimente durch, um herauszufinden, welches Sinnesorgan die Fledermäuse zur Orientierung nutzen. Dazu hängte er in einem verdunkelten Raum Glocken an Schnüren auf. Anschließend ließ er Fledermäuse in diesem Raum fliegen:

a) mit verbundenen Augen
b) mit durch Wachs verschlossenen Ohren
c) mit zugebundenem Maul

B1 Erläutere, in welchem Versuchsansatz SPALLANZANI die Glocken läuten hören konnte. 📎

Material B ▸ Gewölle

	Schleiereule	Uhu	Wanderfalke
Mäuse	702	348	0
Ratten	0	206	0
Hasen/Kaninchen	0	67	0
Spitzmäuse	253	7	0
Igel/Wiesel	0	44	0
Vögel	38	328	999
Lurche	6	0	0
andere Tiere	1	0	1

Die Zahlen geben die Anzahl der jeweiligen Beutetiere in den Gewöllen an.

B1 Vergleiche die Zusammensetzung der Nahrung der Vögel in der Tabelle. 📎

B2 Die Gewölle geben Auskunft über die Größe und das Jagdverhalten der drei Vogelarten. Stelle Vermutungen über die Größe und das Jagdverhalten der Vögel mithilfe der Tabellendaten an. 🔶

Energie bewegt die Welt

Geschwindigkeit: Die Geschwindigkeit gibt an, wie schnell oder langsam sich ein Körper bewegt.
Man berechnet die Geschwindigkeit, indem man den Weg durch die Zeit teilt.

$$Geschwindigkeit = \frac{zurückgelegte\ Strecke}{benötigte\ Zeit}$$

Die Geschwindigkeit wird meist in den Einheiten Kilometer pro Stunde $\left(\frac{km}{h}\right)$ oder Meter pro Sekunde $\left(\frac{m}{s}\right)$ angegeben.

Energie: Energie ist die Fähigkeit, Arbeit zu verrichten oder Licht und Wärme abzugeben. Es gibt verschiedene Formen von Energie. Beispiele sind Bewegungsenergie, chemische Energie, elektrische Energie, Lichtenergie und Wärmeenergie.
Die Energie ist eine physikalische Größe und das dafür verwendete Symbol ist E. Die Energie wird mit der Einheit Joule (J) oder Kilojoule (kJ) angegeben. Ein kJ sind 1000 J.

Energieträger: Stoffe wie Treibstoffe und Brennstoffe enthalten viel Energie und gehören zu den Energieträgern. Ihre gespeicherte Energie kann übertragen und umgewandelt werden. Je nach Nutzung wird die Energie zum Beispiel in Bewegungsenergie oder Wärmeenergie umgewandelt. Auch die Nährstoffe in der Nahrung zählen zu den Energieträgern.

Elektrische Energie: Elektrische Geräte benötigen Energie, die über elektrischen Strom geliefert wird. Als Energiequelle für tragbare Geräte dienen Energiespeicher wie Batterien und Akkus. Die meisten Haushaltsgeräte werden ohne Zwischenspeicher über Stromleitungen direkt mit elektrischem Strom aus dem Elektrizitätswerk versorgt oder auch mit einer Solaranlage auf dem Hausdach.

Nahrung als Energielieferant: Pflanzen erzeugen aus der Energie des Sonnenlichts Energieträger wie Stärke, Fette und Eiweiße. Diese werden als Nährstoffe von Menschen und Tieren über die Nahrung aufgenommen. Sie sind die Energieträger, die Menschen und Tiere zum Überleben benötigen. Diese Energie wird beispielsweise über die Muskeln in Bewegungsenergie und Wärme umgewandelt.
Der Energiebedarf eines Menschen hängt von seinem Alter, seinem Körperbau und seinen Tätigkeiten ab.

Gesamtenergiebedarf: Die Energiemenge, die der Mensch für den Bau und Betrieb des Köpers benötigt, bezeichnet man als Gesamtenergiebedarf. Er wird bestimmt durch den Gesamtumsatz, also die Summe aus Grundumsatz und Leistungsumsatz. Dabei ist der Grundumsatz die Energiemenge, die der Körper bei völliger Ruhe in einer bestimmten Zeit benötigt. Der Leistungsumsatz ist die zusätzliche Energiemenge, die für Tätigkeiten wie Bewegung oder Denken hinzukommt.

Energieumwandlungskette: Energieübertragung kann man in einer Energieumwandlungskette darstellen. Dabei werden Energiespeicher, Energiewandler und die Energieformen in der Abfolge ihrer Umwandlungen als Schema aneinandergereiht.

Der Mensch bewegt sich

Skelett: Als Wirbeltier besitzt der Mensch ein Innenskelett aus über 200 Knochen, die beweglich miteinander verbunden sind. Dieses Knochengerüst dient als Stütze und gibt dem Körper Stabilität bei Bewegungen. Es lässt sich in Schädel, Rumpf und Gliedmaßen unterteilen.

Wirbelsäule: Die Wirbelsäule ist das zentrale Element des Wirbeltierskeletts. Es besteht aus den Wirbeln und dazwischenliegenden Bandscheiben.

Gelenk: Gelenke bilden die bewegliche Verbindung zwischen den Knochen. Der Grundaufbau besteht aus Gelenkkopf und Gelenkpfanne.

Muskeln: Muskeln sorgen mit dem Skelett für die aufrechte Haltung und ermöglichen die Bewegungen des Körpers. Ebenfalls sind sie für die Funktion vieler innerer Organe wichtig. Muskeln sind über Sehnen mit den Knochen verbunden.

Bewegung an Land, im Wasser und in der Luft

Bewegung an Land: Wirbeltiere können sich auf verschiedene Art und Weise an Land fortbewegen. Dabei ist die Fortbewegung an die Lebensweise der Tiere angepasst. Sie können sich zum Beispiel durch Klettern, Springen, Kriechen, Schlängeln oder Graben fortbewegen. Außerdem sind verschiedene Laufarten möglich. Dabei lassen sich die Tiere anhand der Art und Weise, wie sie auf dem Boden auftreten, unterscheiden:
- **Zehengänger** treten nur mit den Zehen auf.
- **Zehenspitzengänger** treten nur mit den vordersten Zehenknochen auf.
- **Sohlengänger** treten mit den Sohlen auf, in der Regel also mit dem ganzen Fuß.

Bewegung im Wasser: Fische besitzen als Angepasstheit an ihren Lebensraum Wasser einen stromlinienförmigen, abgeflachten Körper. Dadurch erzeugt der Körper kaum Wasserwiderstand. Aus dem Körper der Forelle ragen die Flossen heraus und ermöglichen die Fortbewegung durch Schwimmen. Hauptantriebsorgan ist die Schwanzflosse. Mit den Brust- und Bauchflossen können Fische die Richtung ändern. Die übrigen Flossen dienen der Stabilisierung des Körpers im Wasser. Das Auf- und Abtauchen können viele Fische durch ihre Schwimmblase steuern.

Bewegung in der Luft: Vögel bewegen sich fliegend fort. Sie haben zu Flügeln umgebildete Vordergliedmaßen. Diese sind nach oben hin gewölbt, sodass ein Auftrieb entstehen kann. Zusätzliche Angepasstheiten an das Fliegen sind ein stromlinienförmiger Körper und hohle, aber stabile Knochen.

Man unterscheidet beim Fliegen den Segel-, Gleit- und Ruderflug. Beim Ruderflug wird die Auf- und Abwärtsbewegung der Flügel durch die Flugmuskulatur ermöglicht.

Auch Säugetiere wie die Fledermaus können sich fliegend fortbewegen. Das Jagdverhalten, der Körperbau und die Art des Fliegens sind sowohl bei Vögeln als auch bei Fledermäusen an die entsprechenden Lebensweisen der Tiere angepasst.

Tiere – Pflanzen – Lebensräume

In diesem Kapitel beschäftigst du dich mit

► dem Haustier Hund und seiner Abstammung und Züchtung. Du lernst, dass die Kenntnis der Lebensweise hilft, gute Haltungsbedingungen für Tiere zu schaffen. Außerdem erfährst du, was für eine artgerechte Haltung beachtet werden muss.

► den Nutztieren Rind, Schwein und Huhn. Du beschäftigst dich mit dem Nutzen dieser Tiere für den Menschen und lernst etwas über ihre Haltung. Du erfährst außerdem, welche Nutzpflanzen für den Menschen wichtig sind und wie sie durch Zucht die nutzbringenden Eigenschaften erhalten.

► Lebewesen in verschiedenen Lebensräumen. Du erfährst, wie Umweltfaktoren und Nahrungsbeziehungen ein Ökosystem auszeichnen und die Lebewesen darin beeinflussen. Außerdem lernst du, dass Tiere und Pflanzen gut an ihre Lebensweise und Lebensräume angepasst sind.

► der Beziehung von Mensch und Natur. Du lernst, wodurch der Mensch Lebensräume verändern und Ökosysteme stören kann. Du erfährst, mit welchen Tierschutz- und Umweltschutz-Maßnahmen dagegen vorgegangen werden kann.

01 Familienhund

Der Hund – seit Langem ein Haustier

Hunde sind treue Begleiter des Menschen. Mit Familienhunden spielen und toben viele Kinder. Hunde können vielfältige Aufgaben übernehmen. Welche sind das?

SINNESORGANE · Der Mensch nutzt Hunde auf vielfältige Weise, zum Beispiel als Jagdhund, zum Hüten von Schafen, als Suchhund, Wachhund, Blindenhund. Die besonderen Fähigkeiten, mit denen Hunde Menschen unterstützen, verdanken sie unter anderem ihren Sinnesorganen. Was ist aber das Besondere an den Sinnesorganen eines Hundes?

Der Hund kann Geruchsstoffe viel besser riechen als der Mensch. Das Schnuppern an Gegenständen oder die Kontaktaufnahme mit anderen Hunden erfolgt über die Nase. Wegen seines feinen Geruchssinns ist der Hund ein **Nasentier**. Lange bevor man an der Tür eines Hundebesitzers klingelt, nimmt der Hund schon Geräusche wahr und reagiert mit Bellen. Er kann sehr hohe

Töne hören, die der Mensch nicht mehr wahrnehmen kann. Wegen seines feinen Gehörs bezeichnet man den Hund als **Ohrentier**. Die Sehschärfe und die Farbwahrnehmung der Hundeaugen sind dafür deutlich schlechter als die eines Menschen.

KÖRPERBAU · Hunde sind schnelle und ausdauernde **Lauftiere**. Dies wird durch ihr Knochengerüst, das *Skelett*, ermöglicht. Das Skelett gliedert sich in *Schädel, Rumpf, Schwanz* und die vier Gliedmaßen, die **Extremitäten**. Die *Wirbelsäule* verläuft vom Kopf des Hundes über den Rumpf bis zum Schwanz und besteht aus einzelnen Wirbeln. Durch die Schulterblätter und die Beckenknochen sind die kräftigen Vorder- und Hinterbeine mit dem Rumpfskelett über Gelenke beweglich verbunden. Das Kniegelenk verbindet den *Oberschenkelknochen* mit den beiden *Unterschenkelknochen*. Diese heißen *Schienbein* und *Wadenbein*. Der an den

Unterschenkelknochen ansetzende Fuß teilt sich in die *Fußwurzelknochen* mit Fersenknochen, die *Mittelfußknochen* und *Zehenknochen* auf. Der Hund tritt nur mit den Zehen auf, unterstützt durch die starken Krallen, die nicht in die Pfote eingezogen werden können. Der Hund ist ein *Zehengänger*. Sprünge werden von den weichen, belastungsfähigen Ballen der Hundepfoten abgefedert.

FLEISCHFRESSERGEBISS · Auffallend sind die langen **Eckzähne** neben den **Schneidezähnen** im Ober- und Unterkiefer. Da sie dem Ergreifen und Festhalten der Beute dienen, heißen sie **Fangzähne**. Mit den **Backenzähnen** kaut und zerkleinert der Hund die Nahrung. Jeweils zwei Backenzähne im Ober- und Unterkiefer sind größer, kräftiger und schärfer als die anderen. Es sind **Reißzähne**, mit denen die größte Kraft aufgewendet werden kann. Das Gebiss eines Hundes ist ein typisches **Fleischfressergebiss**. Die Anordnung der Zähne wird in einer **Zahnformel** zusammengefasst.

KÖRPERTEMPERATUR · Der Hund ist wie alle Säugetiere ein **gleichwarmes Tier**. Seine Körpertemperatur ist konstant. Das Fell mit langen Grannenhaaren und kurzen Wollhaaren schützt vor Wärme und Kälte. Im Sommer können hohe Temperaturen aber lebensgefährlich werden. Da der Hund nur an den Pfoten Schweißdrüsen besitzt, reicht die Verdunstungskälte des Schwitzens nicht, um das Körperinnere abzukühlen. Er hängt die Zunge heraus und atmet schnell, er **hechelt**. Dabei verdunstet der Speichel. Die Verdunstungskälte sorgt für Abkühlung des Körperinneren. Auch bei Stress oder Schmerzen regulieren Hunde ihre Körpertemperatur durch Hecheln.

1 Beschreibe verschiedene Situationen, bei denen der Mensch gezielt die Sinnesorgane des Hundes einsetzt. ☐

2 Beschreibe mithilfe der Zahnformel des Hundes den Aufbau eines Hundegebisses und erkläre die Funktionen der einzelnen Zahntypen. ☐

02 Skelett und Gebiss des Hundes

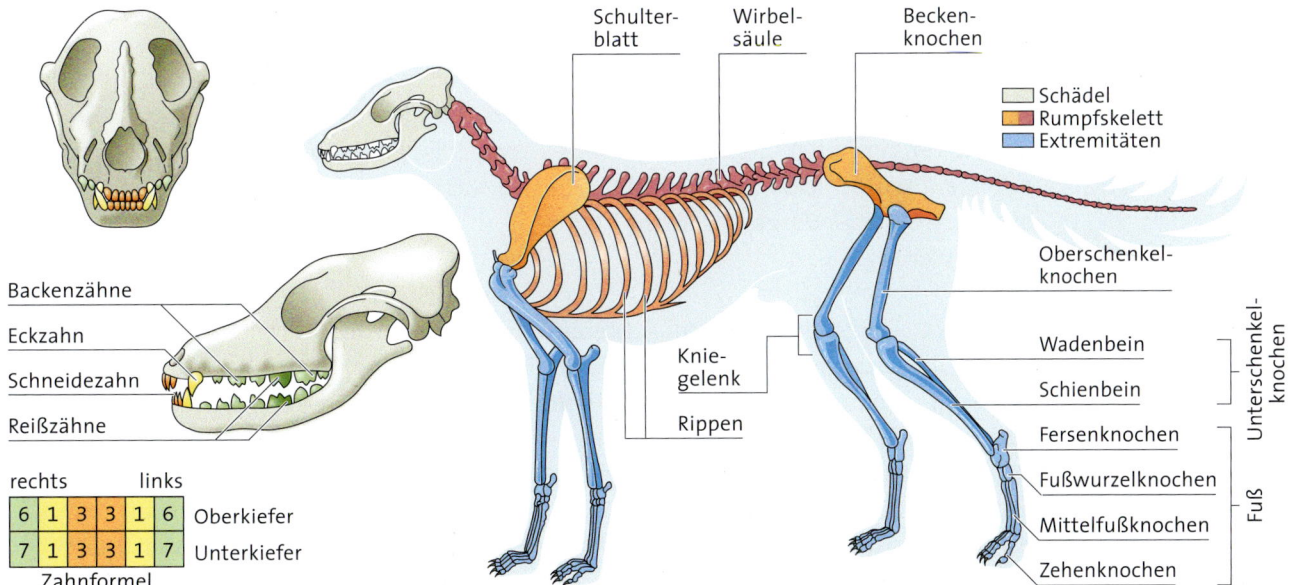

Schulterblatt · Wirbelsäule · Beckenknochen

☐ Schädel
☐ Rumpfskelett
☐ Extremitäten

Oberschenkelknochen

Wadenbein

Schienbein

Unterschenkelknochen

Fersenknochen

Fußwurzelknochen

Mittelfußknochen

Zehenknochen

Fuß

Kniegelenk

Rippen

Backenzähne

Eckzahn

Schneidezahn

Reißzähne

rechts   links

| 6 | 1 | 3 | 3 | 1 | 6 | Oberkiefer |
| 7 | 1 | 3 | 3 | 1 | 7 | Unterkiefer |

Zahnformel

DER MENSCH LEBT MIT TIEREN UND PFLANZEN

03 Wildtier Wolf

VOM WILDTIER ZUM HAUSTIER · Der Wolf ist der Stammvater aller Haushunde. Wissenschaftler schätzen, dass schon vor mehr als 30 000 Jahren in der Steinzeit die Wölfe die Nähe der Menschen suchten. Die wiederum nahmen Wolfsjunge bei sich auf und zähmten sie. Wahrscheinlich dienten diese Wölfe der Fährtensuche und der Jagd oder der Verteidigung vor gefährlichen Tieren. In der Gefangenschaft haben sich diese Tiere weiter vermehrt. Im Laufe von Jahrtausenden wurde aus dem Wildtier ein Haustier. Diesen Vorgang nennt man **Domestizierung**.

ZÜCHTUNG · Die Menschen beobachteten, dass sich die gezähmten Wölfe in bestimmten Merkmalen unterschieden. Vermutlich wurden gezielt Wölfe mit wünschenswerten Eigenschaften miteinander gepaart. Durch diese **Züchtung** unterschieden sich diese Tiere immer stärker in Aussehen und Verhalten von ihren Vorfahren. Mit der Zeit

hat der Mensch eine große Anzahl Hunderassen gezüchtet. Heute gibt es fast 400 anerkannte Rassen weltweit.

WÖLFE IN DEUTSCHLAND · Bis ins 19. Jahrhundert waren Wölfe in Europa weit verbreitet. Durch intensive Bejagung wurde der Wolf vor 150 Jahren in Deutschland ausgerottet. Bis heute bestehen viele Vorurteile gegenüber den *streng geschützten* Tieren. Dabei ist der Wolf eher scheu und lebt sehr zurückgezogen. Sein feines Gehör ermöglicht es ihm, den Menschen früh zu bemerken und Begegnungen zu vermeiden. Nur wenn er in die Enge getrieben wird, kann er gefährlich werden. Im Jahr 2000 wanderten die ersten Wölfe von Polen wieder nach Deutschland ein. In wenig besiedelten Landesteilen fanden sie neuen Lebensraum. Wölfe leben in Rudeln, ähnlich wie in einer Großfamilie, oft zwischen fünf und zehn Tieren. Ein Elternpaar, das meist lebenslang zusammenbleibt, besitzt ein **Revier**, ein Gebiet, in dem es lebt und jagt. Der Nachwuchs muss sich nach zwei Jahren ein eigenes Revier suchen. Dabei legen die Jungwölfe oft weite Strecken zurück. Wölfe fressen überwiegend kranke und verletzte Rehe und Wildschweine. Selten greifen sie Schafe oder andere Nutztiere an. Kommt es doch vor, dass ein Wolf ein Schaf reißt, steht dem Besitzer finanzielle Entschädigung zu.

3 Beschreibe die Eigenschaften des Wolfes, die der Mensch in der Steinzeit schätzte. ▢

4 Begründe die Bezeichnung des Wolfes als Gesundheitspolizei der Natur. ◨

5 Recherchiere zur Verbreitung der in Deutschland wild lebenden Wolfsrudel. ◨

Material A ▸ Körperbau

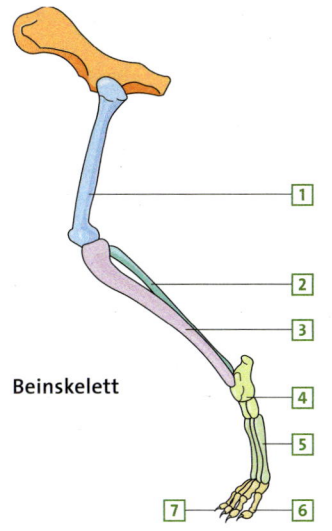

Beinskelett

1
2
3
4
5
6
7

Pfote

Pfoten-
abdruck

A1 Zeichne das Beinskelett in deine Mappe und ordne den Zahlen die entsprechenden Fachbegriffe zu. ◖

A2 Erkläre den Begriff Zehengänger. ▢

A3 Erläutere den Begriff Laufbein. Nimm für die Antwort auch die Abbildung der Pfote und den Pfotenabdruck zu Hilfe. ◖

Material B ▸ Wölfe in Deutschland

Beutetiere des Wolfes

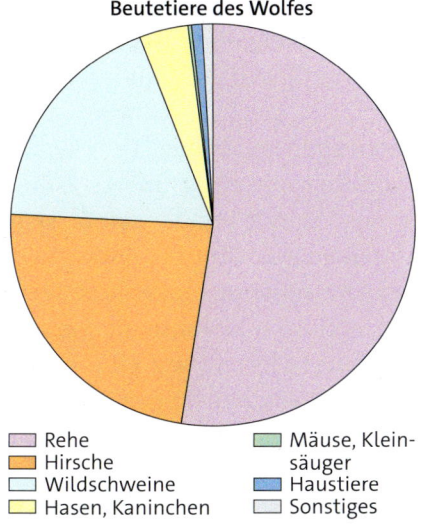

■ Rehe
■ Hirsche
■ Wildschweine
■ Hasen, Kaninchen
■ Mäuse, Klein-
säuger
■ Haustiere
■ Sonstiges

Schäfer klagen: Gefährlicher Wolf

Ein durch die Eifel streifender Wolf hat für Aufregung gesorgt, als er 10 Schafe riss. Die Schäfer fordern von der Mainzer Regierung Taten: Wölfe haben keine Feinde, daher soll ihr Abschuss zumindest zeitweise erlaubt werden, um die Nutztierbestände und die Menschen vor dem Raubtier zu schützen. Deutschland brauche keine weiteren Wölfe, finden die Schäfer.

Naturschützer melden: Erfolg für die Natur

Seit dem Jahr 2000 leben Wölfe wieder in Deutschland. Sie verhindern, dass es zu viele Rehe und Wildschweine gibt, die sonst große Fraßschäden in Wäldern und Feldern anrichten. Wölfe jagen überwiegend kranke und alte Tiere und sorgen so für gesunde Wildbestände. Zur gesunden Natur gehört der Wolf dazu, meinen Naturschützer.

Kein Platz für den Wolf

Willkommen Wolf

B1 Nenne die Hauptargumente für die Standpunkte der Schäfer und der Naturschützer. ◖

B2 Werte das Kreisdiagramm aus und bewerte die Standpunkte der Schäfer und der Naturschützer jeweils. ◖

B3 Übertrage die Positionslinie oben in dein Heft und ordne die Standpunkte der jeweiligen Gruppe dort ein. ◖

B4 Ordne deinen Standpunkt ebenfalls in die Positionslinie ein und begründe ihn. ◼

01 Hund und Katze

Haltung von Haustieren

Oft wünschen sich Kinder ein Haustier. Allerdings sind es keine Spielzeuge. Welches Haustier ist geeignet und was sollte man vor der Entscheidung beachten?

HUNDEHALTUNG · Hunde werden 10 bis 15 Jahre alt. Die Hunde der meisten Rassen sind gute und ausdauernde Läufer. Hunde brauchen deshalb genügend Platz und viel Bewegungsmöglichkeiten. Als **Rudeltier** ist der Hund nicht gerne allein und möchte am täglichen Familienleben teilhaben. Damit das funktioniert, braucht er eine gute Erziehung. Geeignetes Futter und ein fester Schlafplatz sind wichtig, damit der Hund gesund bleibt und sich wohlfühlt. Daneben muss er regelmäßig gegen Krankheiten geimpft und entwurmt werden. Für die Fellpflege gibt es spezielle Bürsten. Neben weiteren Kosten für Leine, Geschirr, Futter und Tierarzt muss für den Hund auch eine Hundesteuer und Versicherung bezahlt werden.

KATZENHALTUNG · Katzen sind meistens nicht so anhänglich wie Hunde und können länger allein bleiben. Dazu benötigen sie ausreichend Auslauf und Bewegungsmöglichkeiten im Haus oder außerhalb der Wohnung. Da die Katze eigentlich nur bei der Jagd ein **Einzelgänger** ist, darf die tägliche Beschäftigung mit ihr nicht zu kurz kommen. Kletter-, Kratz- und Spielmöglichkeiten sind auch sehr wichtig. Katzen haben oft ein größeres Ruhebedürfnis als Hunde und lassen sich schwerer erziehen. Kosten für Futter und Tierarztbesuche müssen eingeplant werden. Da Katzen bis zu 20 Jahre alt werden können, bedeutet Tierhaltung eine große Verantwortung über einen langen Zeitraum hinweg.

VERHALTENSWEISEN · Um die Bedürfnisse von Hund und Katze zu verstehen, muss man ihre **Körpersprache** kennen. Eine Katze, die Kontakt aufnehmen will, hat die Ohren nach vorne gerichtet und den Schwanz steil aufgestellt. Sie begrüßt ihr Gegenüber freundlich. Eine Lautäußerung der Katze bei Zufriedenheit ist das Schnurren. Wenn die Pfoten zusätzlich vor- und zurückgestreckt werden, tretelt die Katze. So zeigt sie ihrem Gegenüber ein großes Wohlbehagen.

Droh- und Abwehrverhalten werden hingegen durch Fauchen und einen hin- und herpeitschenden Schwanz angezeigt. Macht die Katze einen Katzenbuckel und sträubt das Fell, so ist dies eine **Drohgebärde**. Zusätzlich wird dem Gegenüber die Seite zugedreht. So wirkt die Katze größer und die *Imponierhaltung* wird verstärkt. Angriff oder Flucht können dem Verhalten folgen.

Wenn ein Hund Kontakt aufnimmt, bellt er häufig. Sein Blick und die Ohren sind ebenfalls nach vorne gerichtet, der Schwanz wird waagerecht gehalten. Der Hund ist dann aufmerksam. Werden die Nackenhaa-

re aufgestellt, der Schwanz nach oben gestreckt und die Zähne gezeigt, droht der Hund. Dieses **Imponierverhalten** kann durch Knurren noch verstärkt werden. Zur *Revierverteidigung* oder bei Erregung bellt der Hund laut. Wenn er mit dem Schwanz wedelt, drückt er im Gegensatz zur Katze Freude aus. Duckt sich der Hund, fordert er zum Spiel auf.

1 Beschreibe die Verhaltensweisen beim Hund und bei der Katze mithilfe von Bild 02. ☐

2 Stelle begründete Vermutungen an, weshalb sich Hund und Katze oft „nicht verstehen". ◗

A

B

C

D

02 Verhaltensweisen von Hund und Katze:
A Begrüßung,
B Drohen,
C Drohen,
D Aufforderung zum Spiel

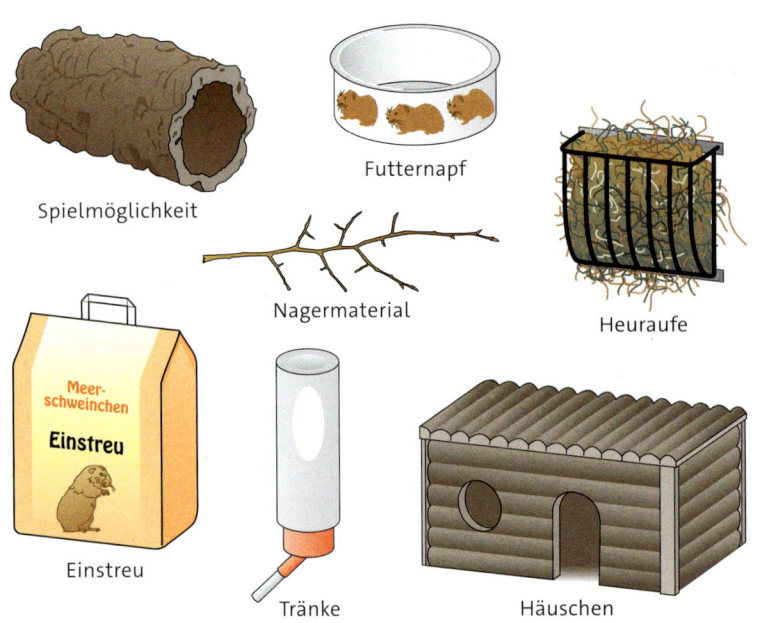

Spielmöglichkeit

Futternapf

Nagermaterial

Heuraufe

Einstreu

Tränke

Häuschen

03 Einrichtungsgegenstände für einen Meerschweinchenkäfig

Auszug aus dem Tierschutzgesetz:

§2 Artgemäße Tierhaltung:

Wer ein Tier hält, betreut oder zu betreuen hat,

1. muss das Tier seiner Art und seinen Bedürfnissen entsprechend angemessen ernähren, pflegen und verhaltensgerecht unterbringen,

2. darf die Möglichkeit des Tieres zu artgemäßer Bewegung nicht so einschränken, dass ihm Schmerzen oder vermeidbare Leiden oder Schäden zugefügt werden,

3. muss über die für eine angemessene Ernährung, Pflege und verhaltensgerechte Unterbringung des Tieres erforderlichen Kenntnisse und Fähigkeiten verfügen.

04 Vorgaben zur artgerechten Tierhaltung

HALTUNG VON MEERSCHWEINCHEN · Meerschweinchen sind in der Wohnung gut zu pflegen. Ihre Heimat ist Südamerika. Niederländische Seefahrer brachten sie 1670 als Spielgefährten für ihre Kinder nach Europa. Die etwas 25 cm großen Tiere sind gesellig, verständigen sich durch Pfeifen und andere Lautäußerungen und dürfen nicht einzeln gehalten werden.

Auch für die Meerschweinchenhaltung gelten Forderungen des **Tierschutzgesetzes**. In ihm wird der Umgang des Menschen mit den Tieren geregelt. Meerschweinchen brauchen neben einem ausreichend großen Käfig mit einer Grundausstattung geeignetes Futter und regelmäßige Pflege. Beim Fressen von Heu und Zweigen nutzen sich die Zähne ab, die ein Leben lang nachwachsen. Erkrankungsgefahr besteht bei zu langen Krallen und schlechten Zähnen oder ungeeignetem Futter. Krallen und Zähne werden mit einer speziellen Schere gekürzt. Beim Freilauf im Zimmer ist darauf zu achten, dass die Meerschweinchen keine elektrischen Kabel anfressen, was zu einem tödlichen Stromschlag führen kann. Direkte Sonneneinstrahlung und Nässe können durch Hitzschlag oder Lungenentzündung zum Tod führen. Das gilt vor allem bei Freilandhaltung im Sommer. Gesunde Tiere haben klare Augen und ein glänzendes Fell. Bei guter Pflege können Meerschweinchen bis zu 10 Jahre alt werden.

3 Überlege, was verhaltensgerechte Haltung von Haustieren beinhaltet. Diskutiere darüber mit deinen Mitschülern und Mitschülerinnen.

4 Erstelle einen Fragebogen. Notiere darin wichtige Fragen, die vor der Anschaffung eines Haustiers geklärt werden müssen.

5 Gestalte diesen Fragebogen mit Bildern und Zeichnungen, die eine artgemäße Haltung der Meerschweinchen verdeutlichen.

Material A ▸ Verhalten im Vergleich

A1 Beschreibe das Verhalten von Hund und Katze in den Bildern. ☐

A2 Stelle begründete Vermutungen an zur Bedeutung der Verhaltensweisen. ◗

A3 Vergleiche drei weitere verschiedene Verhaltensweisen von Hund und Katze miteinander. ◗

A4 Begründe, warum die gemeinsame Haltung von Hund und Katze schwierig sein kann. ▪

Material B ▸ Beliebte Haustiere

STECKBRIEF

Rennmaus
Lebensweise: gesellige Tiere; tag- und nachtaktiv
Haltung: Käfig mit Lauf- und Klettermöglichkeiten, Material zum Nagen, Graben und spielen, am besten nur zwei gleichgeschlechtliche Tiere
Futter: lebende Insekten, Mehlwürmer, Gemüse, Getreidekörner, wenig Obst
Nachwuchs: 1–9 Jungtiere
Lebenserwartung: 2–6 Jahre

STECKBRIEF

Goldhamster
Lebensweise: Einzelgänger, dämmerungs- und nachtaktiv
Haltung: Einzelhaltung, Käfig mit Lauf- und Klettermöglichkeiten wie Pappröhren und Schachteln, Schlafhäuschen, Nagematerial, ausreichend Einstreu zum Graben
Futter: Trockenfutter, Gemüse, Obst und tierisches Eiweiß
Nachwuchs: 3–12 Jungtiere
Lebenserwartung: 2–4 Jahre

STECKBRIEF

Zwergkaninchen
Lebensweise: gesellige Tiere, tagaktiv, wobei Männchen Revierkämpfe untereinander austragen
Haltung: ausreichend großer Käfig und regelmäßiger Freilauf, mindestens zwei, am besten gleichgeschlechtliche Tiere
Futter: Heu, Wiesenkräuter, ab und zu Salat und Gemüse
Nachwuchs: 6–10 Jungtiere
Lebenserwartung: bis zu 8 Jahre

B1 Vergleiche die Haltungsansprüche der drei abgebildeten Haustiere miteinander. ☐

B2 Begründe, welches der vorgestellten Tiere für dich geeignet wäre. ◗

01 Rinder
auf der Weide

Das Rind – ein wichtiges Nutztier

Auf einer Weide sieht man oft Rinder, die grasen, aber auch Rinder, die sich nach der Nahrungsaufnahme niedergelegt haben und scheinbar ruhen. Wenn man genau hinschaut, bemerkt man, dass sie beim Ruhen ständig kauen. Weshalb machen Rinder das?

NAHRUNGSAUFNAHME · Mit gesenktem Kopf stehen die Rinder auf der Weide und grasen. Mit der langen, rauen Zunge umfasst das Rind das hohe Gras und reißt es mit einem ruckartigen Heben des Kopfes ab. Ein kurzes Grasbüschel dagegen klemmt das Rind zwischen die *Schneide-* und *Eckzähne* des Unterkiefers und die *Kauplatte* des Oberkiefers. Hebt das Rind den Kopf, wird das Gras durchtrennt. Es verschluckt das Gras immer unzerkaut. Das Rind ist ein **Pflanzenfresser.**

Nach stundenlangem Weiden legt sich das Rind nieder und beginnt zu kauen. Mit seitlich mahlenden Bewegungen des Unterkiefers wird das Gras durch die scharfen Kanten der *Backenzähne*, die *Schmelzfalten*, zerrieben. Die Schmelzfalten bestehen aus hartem *Zahnschmelz*, zwischen dem das weichere Material, *Zahnbein* und *Zahnzement*, liegt. Es nutzt sich schneller ab. Das Rind hat ein **Pflanzenfressergebiss.** Weshalb schluckt das Rind die Pflanzennahrung erst unzerkaut hinunter?

Horn

harter Zahnschmelz

Zahnzement

Schmelzfalte

weiches Zahnbein

Kauplatte

02 Schädel und Gebiss des Rindes

VERDAUUNG BEIM RIND · Gras und Kräuter, die Nahrung des Rindes, gelangen zunächst grob zerkaut über die Speiseröhre in den **Pansen.** Er fasst bis zu 200 Liter. Durch Bewegungen der Pansenwand wird die Nahrung durchmischt. Sie verteilt sich zwischen Pansen und **Netzmagen.** Bakterien und winzige Wimpertierchen zersetzen die Pflanzennahrung. Sie wird vorverdaut.

Hat das Rind genug Nahrung aufgenommen, legt es sich nieder. An den gefalteten Innenwänden des Netzmagens bilden sich aus den groben Nahrungsteilchen Nahrungsballen, die über die Speiseröhre zurück ins Maul gestoßen werden. Dort werden sie mit viel Speichel vermischt und zwischen den Backenzähnen zu einem Brei zerkaut. Ein Teil der Nahrung wird also noch einmal gekaut. Das Rind ist ein **Wiederkäuer.** Nach dem *Wiederkäuen* gelangt der Nahrungsbrei zurück in Pansen und Netzmagen.

Eine Öffnung im Netzmagen lässt lediglich feine Nahrungsteilchen und flüssigen Panseninhalt in den **Blättermagen.** Dort wird ihnen Wasser entzogen. Der eingedickte Nahrungsbrei wird schließlich in den **Labmagen** weitergeleitet. Hier und im über 50 Meter langen **Darm** findet die weitere Verdauung statt. Die Bausteine der Nährstoffe aus der Nahrung gelangen schließlich durch die Darmwand in das Blut des Rindes.

HUFTIERE · Der Fuß des Rindes besitzt zwei vollständig ausgebildete Zehen aus jeweils drei Knochen. Das Rind tritt nur mit den vordersten Zehenknochen auf. Es ist ein **Zehenspitzengänger.** Diese zwei Zehenknochen sind sehr kräftig und haben einen Hornüberzug, den *Huf.* Das Rind ist ein **Huftier.** Da die behuften Zehen paarweise angeordnet sind, gehört das Rind zu den **Paarhufern.**

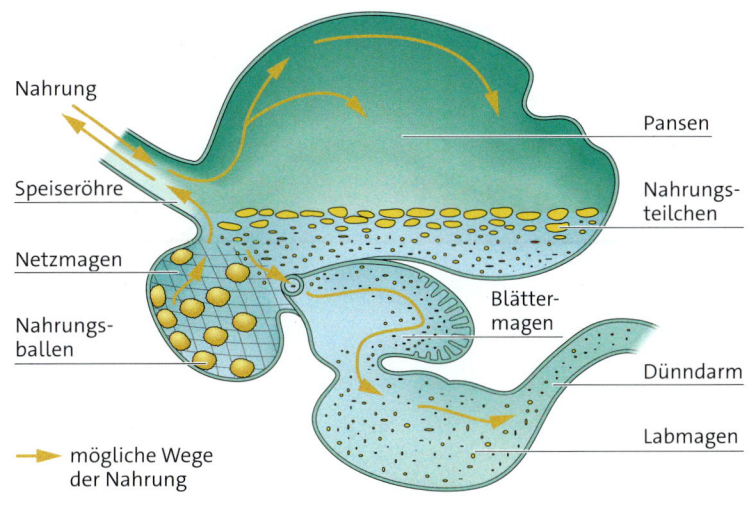

Nahrung · Pansen · Speiseröhre · Nahrungsteilchen · Netzmagen · Blättermagen · Nahrungsballen · Dünndarm · Labmagen

→ mögliche Wege der Nahrung

03 Wiederkäuermagen

1) Erstelle die Zahnformel für das Rindergebiss. 🔲

2) Begründe, weshalb das Rindergebiss ein Pflanzenfressergebiss ist. 🔲

3) Beschreibe den Weg der Nahrung durch den Wiederkäuermagen. Nimm Bild 03 zu Hilfe. 🔲

4) Das Rind ist ein Zehenspitzengänger und ein Paarhufer zugleich. Erkläre diese Aussage. Nimm Bild 04 zu Hilfe. 🔲

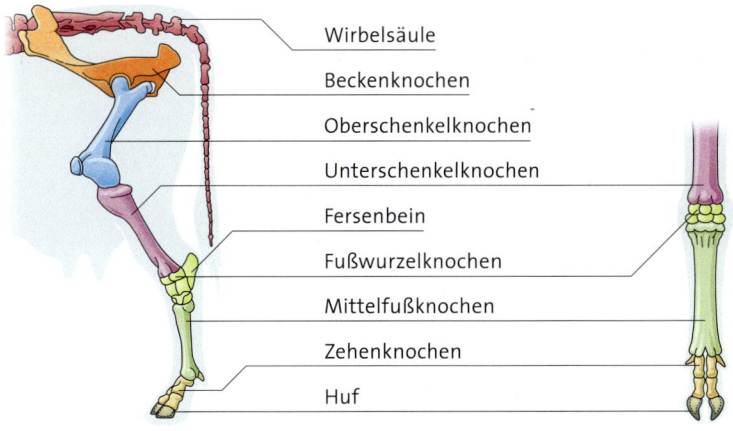

Wirbelsäule · Beckenknochen · Oberschenkelknochen · Unterschenkelknochen · Fersenbein · Fußwurzelknochen · Mittelfußknochen · Zehenknochen · Huf

04 Rinderbein

05 Intensivhaltung

06 Stallhaltung

07 Freilandhaltung

5 J Beschreibe die drei Haltungsformen
von Rindern. ☐

6 J Vergleiche die Lebensbedingungen
der Rinder. ◖

NUTZTIERE · Milch wird von einem weiblichen Rind, einer **Kuh,** erst nach der Geburt des ersten Jungtiers, eines **Kalbes,** gegeben. Eine Kuh der **Milchrinderrasse** kann mehr als doppelt so viel Milch geben wie eine „normale" Kuh, über 7500 Liter pro Jahr. Rinder, die besonders viel Muskelfleisch ansetzen, zählt man zur **Fleischrinderrasse.** Vor allem **Bullen,** männliche Rinder, die auch als *Stiere* bezeichnet werden, sind für die *Mast* geeignet. Wird bei der Rinderzucht nur auf die Leistungssteigerung eines Merkmals Wert gelegt, spricht man von einer **Einnutzungsrasse.** Ist sowohl die Milchleistung als auch die Fleischleistung einer Rasse stark erhöht, handelt es sich um eine **Zweinutzungsrasse.**

Um sehr viel Milch oder Fleisch in einem landwirtschaftlichen Betrieb produzieren zu können, werden oft mehrere Hundert Tiere auf engstem Raum gehalten. In einer solchen **Intensivhaltung** können sich die Rinder kaum bewegen. Deshalb wird nur wenig der im Kraftfutter steckenden Energie für die Fortbewegung benötigt. Die meiste Energie aus dem Kraftfutter steht somit zum Aufbau von Muskelmasse zur Verfügung. Die Ställe werden sauber gehalten, damit sich keine Krankheitserreger ausbreiten. Kommt es trotzdem zu einer Erkrankung, ist die Ansteckungsgefahr hoch. Deshalb werden die Rinder ständig von einem Tierarzt betreut. Im Gegensatz zur Intensivhaltung können sich die Tiere bei der **Stallhaltung** frei im Stall bewegen und im Stroh niederlegen. Ein Haltungsverfahren, das den natürlichen Ansprüchen der Tiere am meisten gerecht wird, ist die **Freilandhaltung.** Die Rinder können sich weiträumig im Freien bewegen. Es dauert allerdings länger, bis sie schlachtreif sind, da sie viele Nährstoffe durch die Bewegung verbrauchen und dadurch weniger Muskelmasse ansetzen.

Material A ► Rinderrassen im Vergleich

Rinderrasse	durchschnittliche Körpermasse	durchschnittliche Milchleistung pro Jahr	durchschnittliche Zunahme der Körpermasse pro Tag
Schwarzbunte	680 kg	7300 l	0,9 kg
Fleckvieh	750 kg	5690 l	1,3 kg
Charolais	850 kg	3500 l	1,4 kg
Rotbunte	700 kg	6650 l	1,0 kg

A1 Ordne den in der Tabelle aufgelisteten Rinderrassen die Begriffe Milchrinderrasse, Fleischrinderrasse oder Zweinutzungsrasse zu. Begründe deine Zuordnungen. ◗

A2 Sammle Argumente, die für und gegen eine Intensivhaltung von Rindern sprechen. ◗

Material B ► Pferd

Aus dem Wildpferd hat der Mensch das Hauspferd gezüchtet. Es diente überwiegend als Trage- und Reittier. Heute hat es im Freizeitsport als Spring-, Reit- und Dressurpferd eine große Bedeutung. Sein Körperbau ist an schnelles Laufen sehr gut angepasst. An jedem Fuß besitzt es nur eine große Zehe, die von einem Huf aus Horn umgeben ist. Das Pferd ist ein *Zehenspitzengänger* und *Unpaarhufer*.

B1 Erstelle die Zahnformel für das Pferdegebiss. Begründe mithilfe des Gebisses, wovon sich das Pferd ernährt. ◗

B2 Ordne den Zahlen Fachbegriffe zu. Nimm Bild 04 auf Seite 151 zu Hilfe. ▢

B3 Nenne Gemeinsamkeiten und Unterschiede im Aufbau eines Rinderbeins und eines Pferdebeins. ◗

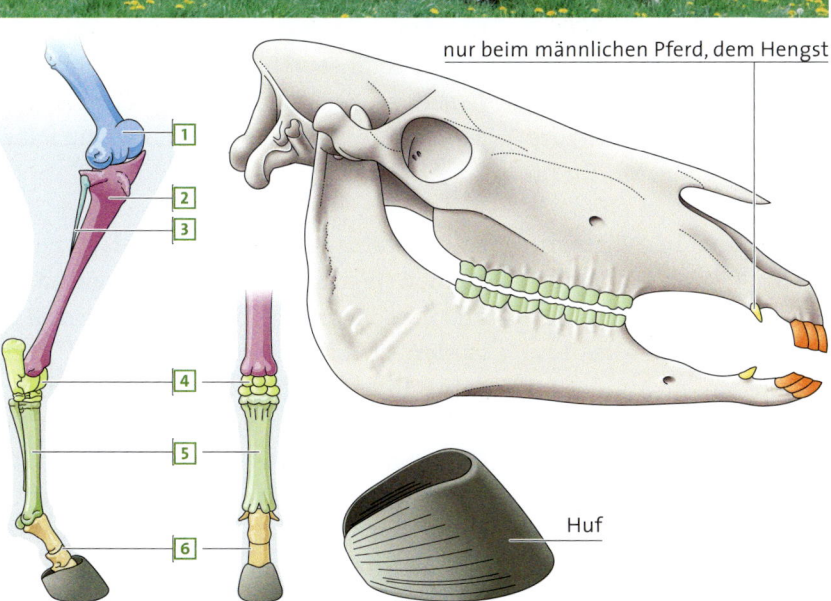

nur beim männlichen Pferd, dem Hengst

Huf

01 Wildschwein mit Frischlingen

Das Schwein – ein Allesfresser

Wildschweine leben in Laub- und Mischwäldern in einer Familiengemeinschaft. Mit ihrem Rüssel durchwühlen sie den Waldboden. Was suchen sie im Boden?

LEBENSWEISE · Wildschweine bevorzugen Waldgebiete mit feuchten und sumpfigen Stellen. Bei der Nahrungssuche durchwühlen sie mit ihrer rüsselartigen Schnauze Falllaub und lockeren Erdboden. Mit ihrem ausgezeichneten Geruchssinn suchen sie im Boden gezielt nach Wurzeln, Würmern, Mäusen, Schnecken und Pilzen. Im Herbst fressen sie zusätzlich Eicheln, Kastanien und Nüsse. Wildschweine sind Allesfresser. Selbst bei geschlossenem Maul sind vom Gebiss die stark entwickelten Eckzähne, die Hauer, sichtbar. Sie sind bei den männlichen Wildschweinen besonders groß und dienen dem Aufwühlen des Erdbodens, aber auch als Waffe. Im Ober- und Unterkiefer befinden sich jeweils sechs

Schneidezähne, zwei Eckzähne und 14 Backenzähne. Die vorderen Backenzähne haben scharfe Kanten, wie es bei Fleischfressern üblich ist. Die hinteren Backenzähne besitzen eine breite Oberfläche, mit der Nahrung gut zermahlen werden kann. Das Gebiss zeigt sowohl Merkmale eines *Pflanzenfressergebisses* als auch Merkmale eines *Fleischfressergebisses*. Wildschweine haben ein **Allesfressergebiss**.

Da Schweine keine Schweißdrüsen haben, können sie nicht schwitzen. Sie wälzen sich oft in schlammigen Wasserlöchern, sie **suhlen** sich, um sich abzukühlen. Nach dem Suhlen trocknet der Schlamm am Körper und bildet eine Kruste, die die Haut vor Ungeziefer und Verletzungen schützt. Wenn Wildschweine durch den feuchten Untergrund des Waldes laufen, spreizen sich die Hufe weit auseinander. Sie verhindern so zusammen mit den beiden nach hinten gerichteten Afterzehen ein Einsinken in den matschigen Untergrund. Wildschweine sind *Paarhufer* und *Zehenspitzengänger*.

Der Familienverband, die **Rotte**, besteht aus mehreren weiblichen Wildschweinen, den **Bachen**, und vielen Jungtieren. Männliche Wildschweine, die **Keiler**, sind Einzelgänger. Nur zur Paarungszeit im Winter gesellen sie sich zu einer Rotte. Im Frühjahr werden drei bis zwölf Jungtiere geboren. Diese **Frischlinge** tragen etwa sechs Monate lang auf dem dunkelbraunen Fell hellbraune Längsstreifen. Danach wechseln sie ihr Haarkleid und nehmen die braune bis schwarze Färbung des Borstenfells der Alttiere an. Im Wald werden die Frischlinge nicht so schnell von Feinden gesehen, sie sind gut **getarnt**.

Die Augen sind klein und die großen Ohrmuscheln stehen aufrecht. Hören können Wildschweine sehr gut, das Sehvermögen ist nur schwach ausgebildet.

HAUSSCHWEIN · Das Hausschwein ist die *domestizierte* Form des Wildschweins und wird seit 9000 Jahren zur Fleischerzeugung gehalten. Das männliche Hausschwein heißt **Eber**. Das weibliche Tier, die **Sau**, wirft zweimal im Jahr 6 bis 20 Jungtiere. Bis zu einer Körpermasse von fünf Kilogramm werden diese **Ferkel** genannt. Mit sechs Monaten wiegen sie etwa 100 Kilogramm und sind damit schlachtreif.

Schweine gelten als schmutzig, dabei ist das Gegenteil der Fall. Bei ausreichend Platz nutzen sie nur eine Ecke als Kotecke. Ihr Geruchssinn ist besser als der von Hunden, daher werden sie in manchen Gegenden sogar zur Suche nach wilden Trüffelpilzen genutzt. Forscher fanden in Tests heraus, dass Schweine auch intelligenter als Hunde sind.

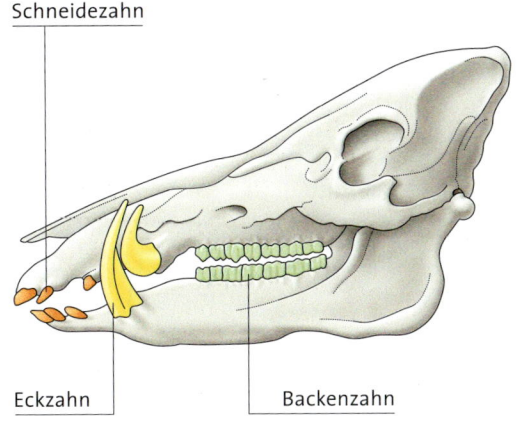

Schneidezahn

Eckzahn

Backenzahn

02 Gebiss eines Keilers

1 ɉ Erstelle eine Zahnformel für das Gebiss eines Keilers. ☐

2 ɉ Erläutere die Angepasstheit des Keilergebisses an die Nahrungsaufnahme. ◨

3 ɉ Erkläre den Vorteil der Fellfarbe für Wildschweine. ◨

03 Hausschwein mit Ferkeln

ZÜCHTUNG · Hausschweine sind unsere wichtigsten Fleischlieferanten. Viele Verbraucher bevorzugen heute Fleisch, das fettarm ist. Die Schweine sollen außerdem möglichst viel Fleisch, also eine große Fleischmasse haben. Im Laufe der Zeit gelang es dem Menschen, Schweine mit diesen Merkmalen zu züchten: Es wurden Hausschweine mit fettarmem Fleisch und großer Fleischmasse ausgesucht und vermehrt. Durch Vererbung ähneln die Nachkommen den Vorfahren. Deshalb hatte die folgende Generation dann oft ebenfalls viel fettarmes Fleisch. Diesen Vorgang der Auswahl und gezielten Vermehrung nennt man **Zuchtwahl** und Züchtung. Schweine mit möglichst viel fettarmem Fleisch zu erhalten war in diesem Fall das **Zuchtziel**.

/// STECKBRIEF //////////

Deutsches Edelschwein
Schulterhöhe: 80 – 85 cm
Körpermasse: 250 – 300 kg
Fleischqualität: geringer Fettanteil, hoher Muskelanteil
Wachstum: schnell
Vermehrung: bis zu 14 Ferkel

/// STECKBRIEF //////////

Schwäbisch-Hällisches Landschwein
Schulterhöhe: 90 cm
Körpermasse: 275 – 350 kg
Fleischqualität: hoher Fettanteil
Wachstum: eher langsam
Vermehrung: 9 – 10 Ferkel

/// STECKBRIEF //////////

Bentheimer Landschwein
Schulterhöhe: 70 – 75 cm
Körpermasse: 180 – 250 kg
Fleischqualität: hoher Fettanteil
Wachstum: eher langsam
Vermehrung: zwei Würfe pro Jahr mit je 10 – 12 Ferkeln

/// STECKBRIEF //////////

Piétrain-Schwein
Schulterhöhe: 80 cm
Körpermasse: 300 kg
Fleischqualität: geringer Fettanteil, hoher Muskelanteil
Wachstum: schnell
Vermehrung: zwei Würfe pro Jahr mit 8 – 10 Ferkeln

SCHWEINEHALTUNG · Um sehr viel Fleisch in einem landwirtschaftlichen Betrieb zu produzieren, werden die Schweine in geschlossenen Ställen untergebracht. Die Boxen in den Ställen haben Bodenplatten mit Spalten, sodass Kot und Urin in einem Behälter aufgefangen werden können. Stroh als Einstreu gibt es nicht, da es die Abflusskanäle unter dem Spaltboden verstopfen würde. Häufiges Füttern und wenig Bewegung führen zu einer schnellen Zunahme der Körpermasse der Tiere. Durch diese *Intensiv-* oder *Massentierhaltung* sind die Ferkel schon ab sechs Monaten schlachtreif. Für den Landwirt bedeutet es wenig Arbeitsaufwand und schnelle Fleischproduktion, sodass dieses Fleisch zu niedrigen Preisen verkauft werden kann. In den Betrieben sind oft mehrere Tausend Tiere in verschiedenen Ställen untergebracht. Dem einzelnen Tier steht weniger als ein Quadratmeter zur Verfügung. Durch diese Haltungsbedingungen und den damit verbundenen Stress sind sie anfällig für Krankheiten und müssen häufig mit Medikamenten behandelt werden.

Haben Schweine viel Auslauf im Freien, so spricht man von Freilandhaltung. Die Tiere können auf weichem Boden herumlaufen, im Boden wühlen, sich suhlen und so ihren natürlichen Verhaltensweisen nachgehen. Weil sich die Schweine beim Auslauf viel bewegen, kann es länger dauern, bis sie schlachtreif sind. Es gibt verschiedene Formen der Haltung, bei denen den Tieren unterschiedlich viel Auslauf, Tageslicht und Beschäftigungsmöglichkeiten geboten werden.

4 ⌡ Nenne Merkmale des Hausschweins, die durch Züchtung aus Wildschweinen verändert wurden. ▢

5 ⌡ Vergleiche die Lebensbedingungen für Schweine bei Intensiv- und Freilandhaltung. ▢

04 Intensivhaltung

05 Freilandhaltung

/// **IM BLICKPUNKT LANDWIRTSCHAFT** //

Hühnerhaltung

Haushühner sind neugierig und intelligent. Sie leben bevorzugt in kleinen Gruppen von fünf bis zwanzig Hennen und einem Hahn. Sie verbringen viel Zeit mit Scharren zur Futtersuche, Sonnen- und Sandbaden und Gefiederpflege. Die Eiablage findet im Nest an einem ruhigen Platz statt. Als Schlafplatz bevorzugen sie höher gelegene Sitzstangen.

HALTUNGSFORMEN · Als Eier- und Fleischlieferant ist das Haushuhn ein wichtiges Nutztier. Eier legen spezielle Legehennen. Wie sie gehalten werden, kann man an einer aufgedruckten Ziffer auf dem Ei erkennen. Die Ziffer 0 steht für Biohaltung. Hier dürfen pro Quadratmeter im Stall nicht mehr als 6 Tiere gehalten werden. Eine Gruppe darf nicht mehr als 3000 Tiere haben. Diese Ställe haben neben Sitzstangen Fenster und tagsüber muss immer ein Auslauf ins Freie möglich sein. Die Tiere dürfen scharren, picken, herumlaufen und sich zurückziehen, um ihre Eier zu legen. Im Unterschied zu den anderen Haltungsformen werden sie mit besonderem Futter versorgt, das unter strengen Bedingungen für den Pflanzenschutz angebaut wurde.
Eine 1 bedeutet Freilandhaltung. Die Hauptunterschiede zur Biohaltung sind, dass die Tiere kein Biofutter erhalten und man außerdem 9 Hennen auf einem Quadratmeter Stallfläche halten darf. Eine Gruppe darf bis zu 6000 Tiere groß sein.
Die Bodenhaltung ist eine Form der reinen Stallhaltung, erkennbar an der Ziffer 2 auf dem Ei. Hier leben bis zu 6000 Legehennen in einer Halle. Künstliches

Licht regelt die Tageslänge. Ein kleiner Bereich ist eingestreut, damit die Tiere dort scharren können. Es gibt Sitzstangen und künstliche Nester für die Eiablage. Da auf einen Quadratmeter 9 Hühner kommen, herrscht großes Gedränge. Dieser Stress macht die Tiere aggressiv, sodass sie sich gegenseitig verletzen. Um das zu verhindern, werden den Hühnern die spitzen Schnäbel gekürzt. Der Kot der vielen Tiere hat einen stechenden Geruch und reizt ihre Lungen. Auch Staub aus Hautschuppen, Federn, Einstreu und Futter nimmt zu und macht die Hühner krankheitsanfälliger.
Manche Eier tragen die Ziffer 3, das bedeutet Kleingruppenhaltung. Dort leben bis zu 60 Hennen in einem Käfig, 12 Hennen auf einem Quadratmeter. Erhöhte Sitzstangen und ein Bereich für die Eiablage ermöglichen den Tieren etwas Bewegung. Pro Halle gibt es bis zu 6000 Hennen, die im Dämmerlicht gehalten werden, um ihren Stress zu vermindern. Diese Haltungsform ist ab 2025 in Deutschland aus Tierschutzgründen verboten, da sie eine Form der reinen Käfighaltung ist.

1 ᒾ *Vergleiche die Unterschiede der einzelnen Haltungsformen miteinander.* ☐

2 ᒾ *Nenne Maßnahmen und Einrichtungen, die zur verhaltensgerechten Haltung beitragen sollen.* ◣

3 ᒾ *Diskutiert in der Klasse, warum nicht jeder Eier aus Bio- oder Freilandhaltung kauft.* ◣

Material A ► Körperbau des Hausschweins

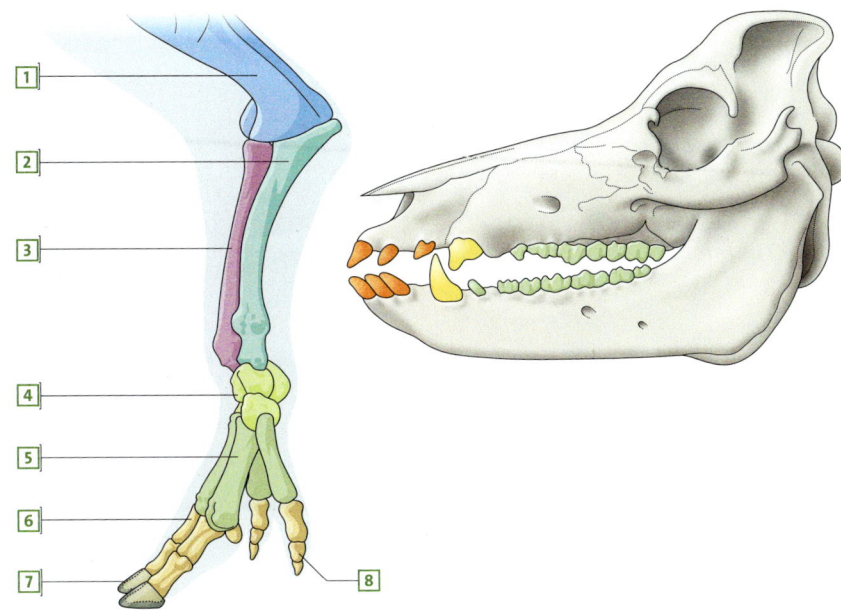

A1 Ordne den Zahlen die entsprechenden Fachbegriffe zu. ▢

A2 Vergleiche das Bein des Schweines mit dem des Rindes. Nenne Gemeinsamkeiten und Unterschiede. Nimm Bild 04 auf Seite 151 zu Hilfe. ◖

A3 Vergleiche den Schädel eines Wildschweins mit dem eines Hausschweins und beschreibe Gemeinsamkeiten und Unterschiede. Nimm Bild 02 auf Seite 155 zu Hilfe. ◖

Material B ► Fleischverbrauch pro Kopf in Deutschland

kg pro Kopf	1950	1975	2000	2010	2020
Rindfleisch	9	15	10	9	10
Schweinefleisch	14	32	40	40	33
Geflügel	1	5	10	11	13

B1 Übertrage den Fleischverbrauch für die einzelnen Tiergruppen in ein Balkendiagramm und fasse die Veränderungen zusammen. ◖

B2 Stelle Vermutungen für die Veränderungen des zukünftigen Fleischverbrauchs an. ◖

Material C ► Tierwohlkennzeichen beim Fleischkauf?

Gesetzlicher Mindeststandard

0,75 m²

EU-Bio-Vorgabe
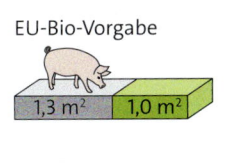
1,3 m² 1,0 m²

Erste Stufe

+ 20 %

Zweite Stufe

+ 47 %

Dritte Stufe
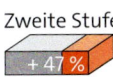
+ 100 %

■ Mindeststandard
■ Zusätzliche Fläche
■ Auslauffläche

Die intensive Nutztierhaltung ist heute weit verbreitet. Sie wird zunehmend kritisch gesehen. Diese Billigproduktion geht zu Lasten der Bedürfnisse der Tiere. Daher wurden Tierwohlkennzeichen eingeführt, die über verschiedene Stufen Mindestanforderungen für die Tiere vorschreiben.
In den Supermärkten findet man diese Kennzeichnungen auf manchen Fleischpackungen.

C1 Recherchiere zum Begriff Tierwohl. Nenne Möglichkeiten zur Verbesserung der Lebensqualität der Schweine. ◖

C2 Begründe, warum trotzdem viele Verbraucher keine Tierwohlprodukte kaufen. ◖

C3 Sammle Ideen, wie jeder dazu beitragen kann, dass mehr Fleisch angeboten wird, das das Tierwohl stärker berücksichtigt. ◖

////// METHODE ///

Bewerten

Nutztierhaltung und Fleischkonsum sind viel diskutierte Themen. Viele Menschen möchten sich hierzu eine eigene Meinung bilden. Sie möchten zwar Fleisch konsumieren, gleichzeitig ist ihnen aber wichtig, dass die Tiere nicht leiden. Das folgende Vorgehen hat sich bewährt und führt zu einem begründeten Urteil:

1. Das Problem benennen

Beispielsweise kann ich mir die Frage stellen: Aus welcher Haltungsform wähle ich das Fleisch, das ich konsumieren möchte?

2. Möglichkeiten nennen

Um mit dem Problem umzugehen, habe ich folgende Möglichkeiten:
a) Ich esse möglichst billiges Fleisch. Mir ist die Form der Tierhaltung egal.
b) Ich esse Fleisch aus einer tiergerechten Haltung. Dafür nehme ich höhere Preise in Kauf.
c) Ich esse gar kein Fleisch mehr.

3. Informationsbeschaffung

Ich informiere mich über Lebensbedingungen der Schweine in den verschiedenen Haltungsformen. Ich erkundige mich nach Preisen und frage im Geschäft oder

01 Fleischtheke im Supermarkt

in der Metzgerei nach, aus welcher Haltungsform die Fleisch- und Wurstwaren stammen.

4. Argumente sammeln

Ich sammle Argumente für oder gegen eine bestimmte Haltungsform oder für und gegen Fleischkonsum. Hierzu kann man eine Tabelle anlegen.

5. Argumente gewichten

Man kann ein Punktesystem verwenden: Ist mir ein Argument, das für eine Haltungsform spricht, besonders

Konventionelle Tierhaltung	Tiergerechte Haltung
Die Schweine leben ohne Tageslicht und Auslauf.	Die Schweine haben Auslauf und Tageslicht. Sie können ihren natürlichen Bedürfnissen nachgehen. ○○○
Schweine werden in dieser Haltungsform leicht krank und müssen mit Medikamenten behandelt werden. Diese befinden sich später teilweise auch im Fleisch.	In dieser Haltungsform werden Schweine weniger häufig krank und müssen nicht mit Medikamenten behandelt werden. ○○○
Das Fleisch ist billig. ○○	Das Fleisch ist teuer.

wichtig, bekommt es drei Punkte. Wenn es mir wichtig ist, zwei Punkte, wenn es mir nicht so wichtig ist, nur einen Punkt.

6. Bewertung

Ich zähle die Bewertungspunkte für jede Haltungsform zusammen. In diesem Fall hat die tiergerechte Haltung mehr Punkte und somit fällt die Entscheidung für diese.

7. Die Perspektive wechseln

Nachdem ich mich für eine Möglichkeit entschieden habe, prüfe ich, welche Konsequenzen diese Entscheidung für andere hätte. Hier könnte das bedeuten, dass die Nachfrage nach tiergerechter Haltung wächst. Das wäre zum Wohl der Tiere. Landwirte würden erkennen, dass sie höhere Gewinne durch die tiergerechte Haltung erzielen. Betriebe, die sich nicht der Nachfrage anpassen, hätten Nachteile, weil sie nicht unterstützt würden. Stelle ich fest, dass ich mit einigen der Konsequenzen nicht einverstanden bin, muss ich meine vorherige Auswahl überdenken. Das Beispiel zeigt, wie man eine durchdachte Entscheidung treffen kann, auch wenn dies nicht immer einfach ist. Dazu ist es notwendig, verschiedene Argumente gegeneinander abzuwägen. Dafür sucht man Gründe, die eher für oder gegen eine der Entscheidungsmöglichkeiten sprechen. Dabei berücksichtigt man sowohl sachliche Argumente als auch die persönliche Meinung.

Es kann außerdem sein, dass man ein Argument findet, das wichtiger ist als alle anderen. Wenn mir beispielsweise das Argument besonders wichtig ist: „Ich möchte nicht, dass ein Tier für mich geschlachtet wird", werde ich mich ganz gegen den Fleischkonsum aussprechen. Viele Entscheidungen müssen zudem von mehreren Beteiligten gemeinsam getroffen werden. Dieser Kompromiss beruht dann auf den Interessen mehrerer Menschen und muss nicht immer mit der persönlichen Meinung übereinstimmen.

02 Verschiedene Perspektiven

1 Nenne weitere Argumente und gewichte sie. ▧

2 Nenne weitere Personenkreise, die direkt oder indirekt durch das Kaufverhalten der Verbraucher betroffen wären. ▧

3 Informiere dich im Internet über verschiedene Lebensmittelkennzeichnungen, die die Haltungsbedingungen der Tiere erfassen. ▢

03 Beispiele für Lebensmittelkennzeichnungen

01 Kartoffelernte

Der Mensch nutzt Pflanzen

Der Spätsommer ist die Haupterntezeit der Kartoffel, einem wichtigen Grundnahrungsmittel. Welche weiteren Nutzpflanzen sind für die Menschheit von großer Bedeutung?

GRUNDNAHRUNGSMITTEL KARTOFFEL · Die Kartoffel stammt ursprünglich aus Südamerika und wurde im 16. Jahrhundert von spanischen Seefahren nach Europa gebracht. Alle oberirdischen Teile enthalten giftige Alkaloide, nur die unterirdischen Knollen sind nach dem Kochen essbar. Sie sind aus Verdickungen der **Sprossachse** entstanden, dem oberirdischen Teil der Pflanze, der aufrecht wächst. Daher nennt man sie **Sprossknollen**. Ihre Funktion ist die Speicherung von Nährstoffen. Werden sie nicht geerntet, entstehen im nächsten Frühjahr daraus neue Kartoffelpflanzen. Mit ihrem hohen Anteil an Stärke sind die Kartoffelknollen ein sättigendes *Grundnahrungsmittel*. Kartoffeln werden geerntet, wenn die oberirdischen Teile trocknen und absterben.

ZÜCHTUNG · Die ursprünglichen Kartoffeln hatten nur kleine Knollen. Inzwischen wurden mehrere Tausend verschiedene Kartoffeln gezüchtet. Die unterschiedlichen Formen von Pflanzen, die durch Züchtung aus einer Art entstanden sind, bezeichnet man als **Sorten**. Die Kartoffelsorten unterscheiden sich je nach Verwendungszweck in ihren Eigenschaften.

So gibt es schnell reifende Frühkartoffeln und lagerungsfähige Winterkartoffeln. Manche Sorten bleiben beim Kochen eher hart, sie sind festkochend und werden für Kartoffelsalat oder Bratkartoffeln verwendet. Mehligkochende Sorten sind weich und zerfallen schnell. Sie eignen sich für Suppen oder Pürees. Auch Schalen und Formen können unterschiedlich sein. Für Kartoffelchips oder Pommes frites werden spezielle Sorten angebaut. Da sie industriell verarbeitet werden, nennt man solche Sorten Industriekartoffeln.

Die Kartoffel ist nicht nur eine der bedeutendsten Pflanzen für unsere Ernährung, auch in der Industrie wird die Kartoffelstärke als wichtiger Rohstoff geschätzt.

KOHLSORTEN · Wildkohl wächst auf Wiesen und ist unscheinbar. Aus ihm hat der Mensch in Hunderten von Jahren immer wieder Kohlpflanzen mit günstigen Eigenschaften ausgewählt und weitervermehrt. So entstanden in vielen kleinen Veränderungsschritten unterschiedliche Nutzpflanzen. Je nach *Zuchtziel* sind daraus Kohlsorten mit bestimmten Eigenschaften entstanden. Eine Züchtung, deren krause Laubblätter besonders zart und wohlschmeckend sind, ist der Grünkohl. Beim Rotkohl, Weißkohl und Wirsing ist die Sprossachse verkürzt. Die Laubblätter sind sehr stark vergrößert, sodass ein kugelförmiger Pflanzenteil entsteht, ein Kohlkopf. Der Blumenkohl hat sehr viele fleischig verdickte Blütenknospen und Blütenstiele. Beim Rosenkohl erntet man dicke, sehr kurze *Seitensprosse*. Kohlrabipflanzen lagern Nährstoffe im unteren verdickten Abschnitt der Sprossachse ein.

RAPS · Der im Frühling auf gelb blühenden Feldern wachsende Raps ist auch mit dem Wildkohl verwandt. Aus den Blüten entstehen ölhaltige Samen, die nach der Ernte ausgepresst werden. So erhält man Rapsöl, ein gesundes, vitaminreiches Speiseöl. Rapsöl ist auch ein wichtiger Grundstoff für Kraftstoffe, wie zum Beispiel Biodiesel. In Biogasanlagen werden Rapspflanzen verarbeitet, um Wärme oder Strom zu erzeugen. Pflanzen, die zur Energienutzung angebaut werden, nennt man **nachwachsende Rohstoffe**. Diese können immer wieder durch jährliche Neupflanzungen erneuert werden. Ein Problem dabei ist aber, dass dafür wertvolle Landwirtschaftsflächen genutzt werden müssen, die dann nicht mehr zur Lebensmittelerzeugung zur Verfügung stehen.

1 Recherchiere, welche Produkte aus Kartoffelstärke hergestellt werden können. 🍃

2 Erläutere den Begriff nachwachsender Rohstoff. 🍃

02 Veränderung des Wildkohls durch Züchtung

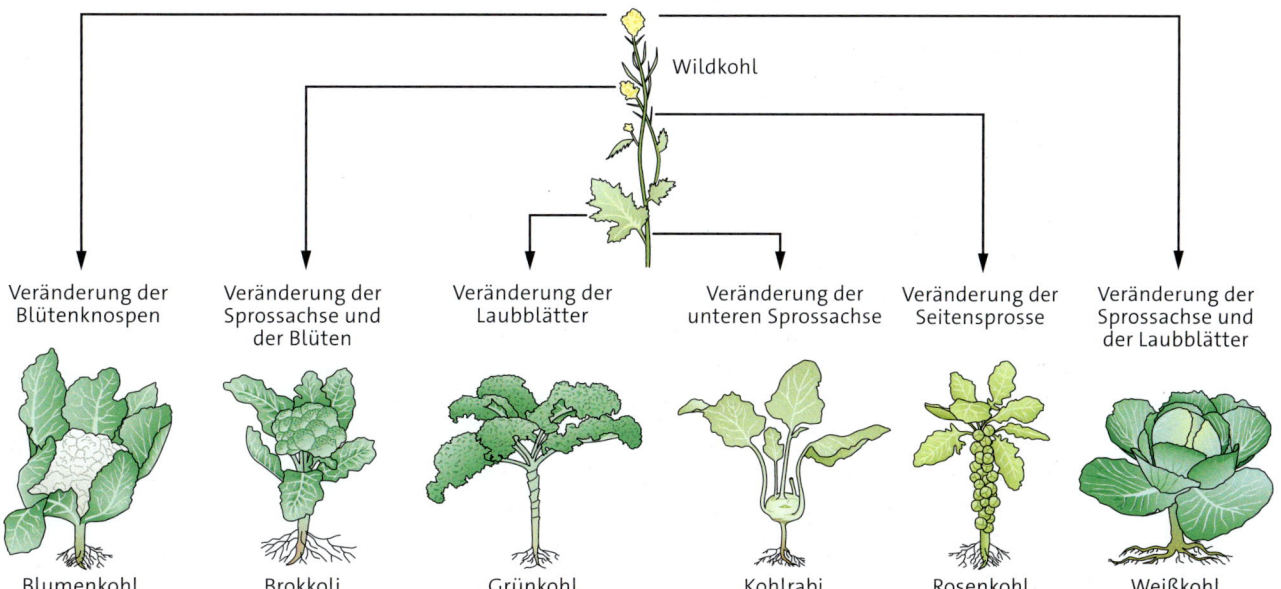

Veränderung der Blütenknospen	Veränderung der Sprossachse und der Blüten	Veränderung der Laubblätter	Veränderung der unteren Sprossachse	Veränderung der Seitensprosse	Veränderung der Sprossachse und der Laubblätter
Blumenkohl	Brokkoli	Grünkohl	Kohlrabi	Rosenkohl	Weißkohl

/// **STECKBRIEF** //////////////////////////

Weizen
Bau: *bis eineinhalb Meter lange Halme, Blüten als Ähren angeordnet, kurze Grannen, rundliche Körner*
Standortansprüche: *warmes Klima, mineralstoffreiche Böden mit ausreichend Feuchtigkeit*
Verwendung: *Brot- und Teigwarenherstellung, Futtermittel*

/// **STECKBRIEF** //////////////////////////

Gerste
Bau: *nur bis ein Meter lange Halme, Blüten als Ähren angeordnet, sehr lange Grannen, bespelzte Körner*
Standortansprüche: *niedrig, kann auch in kühlem Klima und auf mineralstoffarmen Böden angebaut werden, entwickelt sich auch in kurzen Sommern*
Verwendung: *Bierherstellung, Tierfutter*

GETREIDE · Getreide ist eines der wichtigsten Grundnahrungsmittel des Menschen. Am oberen Ende der langen, schmalen Halme sitzen viele kleine Blüten, aus denen sich als Früchte die **Getreidekörner** entwickeln. Sitzen sie direkt am Halm wie beim **Weizen**, handelt es sich um eine **Ähre**. Sitzen die Blüten auf verlängerten Stielen wie beim *Hafer*, spricht man von **Rispen**. Je nach Getreideart sind an den Blüten und Früchten mehr oder weniger lange borstenähnliche Fortsätze, die **Grannen**. Gemeinsam gehören sie zur Gruppe der Süßgräser.

ZÜCHTUNG · Vor etwa 10 000 Jahren veränderte sich die Lebensweise der Menschen, sie wurden sesshaft und bauten feste Siedlungen. Die frühen Bauern züchteten aus den Wildformen der Gräser die ersten Getreidekultursorten. Immer wieder wurden Pflanzen zur Vermehrung ausgewählt, die viele dicke Getreidekörner bildeten und stabile Halme besaßen. Im getrockneten Zustand ließen sich die nährstoffreichen Getreidekörner gut lagern, sodass eine Vorratshaltung möglich wurde und die Nahrungsversorgung im Winter gesichert war. Zu den ältesten Getreidesorten gehören Einkorn, Emmer und Dinkel, mit dem Weizen verwandte Sorten. Dinkel wird in den letzten Jahren wieder vermehrt angebaut, da die genügsame Pflanze mit dem leicht nussartigen Geschmack besonders vitamin- und mineralstoffreich ist.

ERTRAGSSTEIGERUNG · Auch heute werden die Getreidesorten weiter gezüchtet. *Zuchtziele* sind Pflanzen, die widerstandsfähig gegen Krankheiten sind, Ähren mit großen Körnern bilden, um hohe Erträge zu erzielen, und bruchfeste, kurze Halme. Diese können mit Maschinen einfach abgeerntet werden und knicken bei starkem Wind nicht so schnell um wie langstielige Sorten. Um möglichst hohe Ernteerträge zu erwirtschaften, werden die Felder regelmäßig mit Mineralstoffen gedüngt und mit Unkraut- und Schädlingsvernichtungsmitteln behandelt. Bei dieser Form der *Intensivlandwirtschaft* können Rückstände davon die Ackerböden belasten und ins Grundwasser gelangen. Das schädigt die Umwelt. Auch wild lebende Tier- und Pflanzenarten finden hier keinen geeigneten Lebensraum. Das führt zu einer Verringerung der *Artenvielfalt*.

Roggen

Bau: *bis zwei Meter lange Halme, Blüten als Ähren angeordnet, lange Grannen, walzenförmige und lange Körner*
Standortansprüche: *gering, Anbau bei kühlerem bis kaltem und trockenem Klima möglich, wächst auch auf Sandböden*
Verwendung: *Brotherstellung, Futtermittel*

Hafer

Bau: *bis eineinhalb Meter lange Halme, Blüten als Rispen angeordnet, längliche Körner*
Standortansprüche: *mildes bis kühleres Klima, wächst auch auf sandigen und mineralstoffarmen Böden*
Verwendung: *Haferflocken, Futtermittel vorwiegend für Pferde*

ALTE SORTEN · In der ökologischen Landwirtschaft soll die Umwelt möglichst geschont werden. Hier werden vermehrt alte Sorten wie Dinkel, Emmer oder Einkorn angebaut, da diese anspruchsloser und unempfindlicher gegen Krankheiten sind. Der Ertrag ist allerdings meist nicht so hoch, da auf künstlichen Mineraldünger und auf chemische Mittel gegen Krankheitserreger verzichtet wird. Bioprodukte sind daher meist teurer als herkömmlich hergestellte.

WEITERE GETREIDEARTEN · Mais wurde schon vor 5000 Jahren in Mexiko angebaut. Die zucker- und vitaminreichen Maiskörner werden als Gemüse gegessen oder zu Mehl, Cornflakes oder Popcorn verarbeitet. Das wärmeliebende Getreide wird bei uns überwiegend als Futtermais oder als nachwachsender Rohstoff für Kraftstoffe und Biogasanlagen angebaut.

Reis ist das wichtigste Grundnahrungsmittel in Asien. Er benötigt ein warmes Klima und viel Wasser. Er wird meist auf befluteten Feldern angebaut, was ihn vor Unkraut und vielen Schädlingen schützt. Es gibt etwa 8000 Reissorten. Züchtung und Verbesserung der Anbau- und Erntemethoden

führt zu weiterhin gesteigerten Erträgen. Schon vor 8000 Jahren war **Hirse** ein wichtiger Bestandteil der Ernährung. Die kleinen runden Körner enthalten viele Mineralstoffe und Vitamine. Wie der Mais braucht die Hirse ein mildes Klima und wird auch in Deutschland in den letzten Jahren wieder öfter angebaut. In der Vollwerternährung spielt das gesunde Getreide eine große Rolle. Neben Mais, Reis und Weizen ist **Zuckerrohr** das am häufigsten angebaute Süßgras der Welt. Da seine Früchte nicht als Nahrungsmittel dienen, zählt es aber nicht zu den Getreiden. Es wächst in den warmen Regionen der Erde. Die Halme werden drei bis sechs Meter hoch und enthalten viel Zuckersaft. Aus diesem wird Rohrzucker hergestellt. Auch Zuckerrohr dient als Viehfutter und ist ein nachwachsender Rohstoff für Biokraftstoff.

3 ⌡ Beschreibe, an welchen Merkmalen man die Getreidearten der Steckbriefe unterscheiden kann. ☐

4 ⌡ Erstelle Steckbriefe zu Mais, Zuckerrohr, Reis und Hirse. Nutze dazu das Internet. ◖

⁄⁄ IM BLICKPUNKT LANDWIRTSCHAFT ⁄⁄⁄⁄⁄⁄⁄⁄⁄⁄⁄⁄⁄⁄⁄⁄⁄⁄⁄⁄⁄⁄⁄⁄⁄⁄⁄⁄⁄⁄⁄⁄⁄⁄⁄⁄⁄⁄⁄

Hülsenfrüchte

Viele Gemüsesorten wie Erbsen oder Bohnen haben besonders aufgebaute Blüten, die an die Form eines Schmetterlings erinnern, daher gehören sie zur Familie der **Schmetterlingsblütler***. Erbsen und Bohnen blühen je nach Sorte meist rosa, rot, violett oder weiß. Die Samen sind in längliche Hülsen eingebettet, daher spricht man von* **Hülsenfrüchten***.*

NUTZPFLANZEN · Hülsenfrüchte bilden Samen, die meist viel Stärke, wertvolles Eiweiß und Fett enthalten. Diese Nährstoffe sind energiereich und deshalb als Nahrung für Mensch und Tier wichtig. Bohnen, Erbsen und Linsen darf man nicht roh verzehren, da sie Gift- und Bitterstoffe enthalten, die erst beim Kochen abgebaut werden.
Die Sojabohne hat einen hohen Eiweiß- und Fettgehalt. Sie stammt aus Asien und wird zur Herstellung von Sojamilch und Tofu verwendet. Besonders für Vegetarier sind Sojaprodukte eine wertvolle Alternative zu tierischem Eiweiß.
Auch Erdnüsse sind Hülsenfrüchte. Ihre Früchte reifen im Boden, nachdem die welkenden Blüten sich abgesenkt haben. Aus den fetthaltigen Samen wird Erdnussöl und Erdnussbutter gewonnen.

Wichtige Futterpflanzen für Nutztiere sind Rotklee und Luzerne. Manchmal werden sie auch als Gründüngung in den Ackerboden untergepflügt. Da die Wurzeln im Boden bleiben, werden Nährstoffe aus kleinen Wurzelknöllchen freigesetzt. Dadurch entsteht fruchtbarer Boden.

01 Linsenpflanze

02 Sojabohnen

03 Erdnusspflanze

04 Luzernenfeld

Material A ► Kartoffelzucht

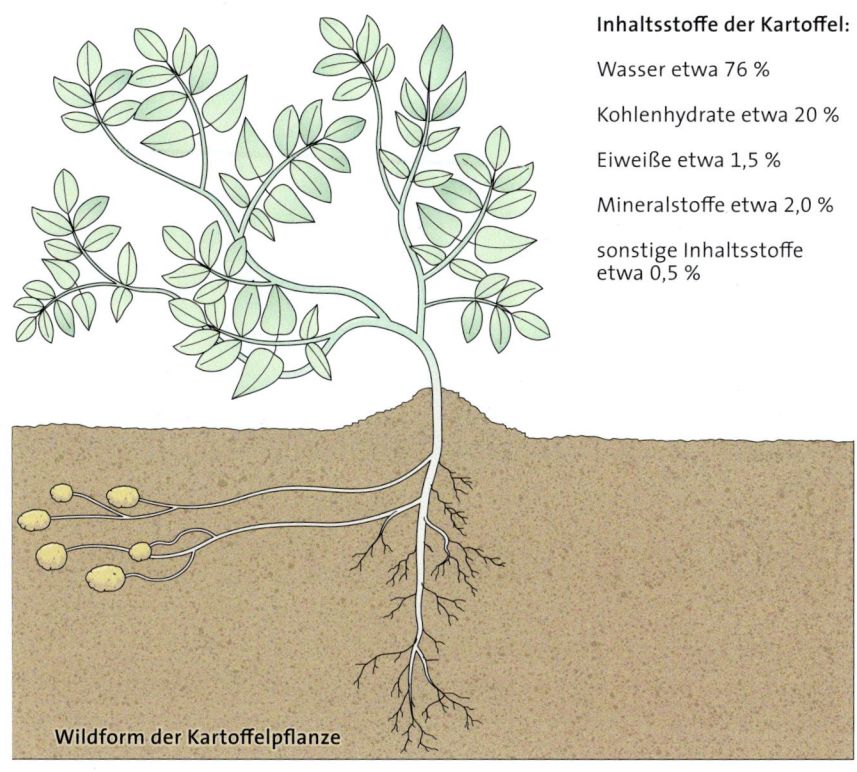

Wildform der Kartoffelpflanze

Inhaltsstoffe der Kartoffel:

Wasser etwa 76 %

Kohlenhydrate etwa 20 %

Eiweiße etwa 1,5 %

Mineralstoffe etwa 2,0 %

sonstige Inhaltsstoffe etwa 0,5 %

A1 Es gibt über 5000 Kartoffelsorten. Stelle Vermutungen über mögliche Zuchtziele bei der Kartoffel an. 🖊

A2 Beschreibe an einem Zuchtziel der Kartoffel, wie ein Züchter bei der Zucht vorgeht. 🖊

A3 Eine mittelgroße Kartoffel enthält durchschnittlich 20 Milligramm Vitamin C. Der Bedarf eines Menschen liegt bei 75 Milligramm pro Tag. Berechne, wie viele Kartoffeln ein Mensch essen muss, um den Tagesbedarf zu decken. 🖊

A4 Bei einem Anteil von 20 % Kohlenhydrate enthalten 100 Gramm Kartoffeln 20 Gramm Kohlenhydrate. Berechne, wie viel Gramm Kohlenhydrate in der in A3 ermittelten Menge Kartoffeln enthalten sind. 🖊

Material B ► Nutzpflanzen durch Züchtung

     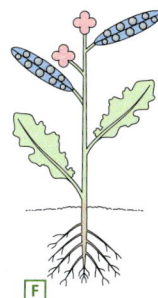

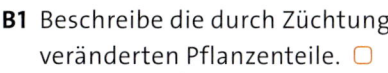

Die schematischen Abbildungen zeigen Pflanzen, die als Nutzpflanzen dienen.

B1 Beschreibe die durch Züchtung veränderten Pflanzenteile. ▢

B2 Nenne Beispiele für Pflanzen, die zu den jeweiligen Abbildungen passen. 🖊

01 Garten

Lebensräume im Garten

> *Ob Schul- oder Privatgarten, man kann ihn vielfältig nutzen. Doch nicht nur für den Menschen, auch für die Tier- und Pflanzenwelt bietet ein Garten Lebensräume. Wie unterscheiden sich diese?*

LEBENSRAUM · Ein Garten ist meist in verschiedene Bereiche gegliedert, je nach Nutzung. So findet man Rasen, Beete für Blumen oder Gemüse, am Rand sind oft Sträucher oder Bäume gepflanzt, manchmal gibt es auch Wasserflächen, Sitz- und Spielgelegenheiten. Bei genauem Hinsehen entdeckt man viele Unterschiede zwischen den Bereichen. Unter den Bäumen ist es schattig, am Teichrand recht feucht und Gemüsebeete sind meist an sonnigen Stellen des Gartens. Hier finden die Pflanzen und Tiere unterschiedliche Bedingungen zum Leben. Jeder Bereich stellt daher für Lebewesen einen **Lebensraum** mit bestimmten Umweltbedingungen dar.

Es gibt viele unterschiedliche Lebensräume. Diese können natürlich entstanden sein und sind Bestandteile der Landschaft, beispielsweise ein Tümpel im Wald. Im Garten schafft der Mensch unterschiedliche Lebensräume nach seinen Bedürfnissen.

UMWELTFAKTOREN · Damit die Pflanzen im Garten gut wachsen, muss man ihre Bedürfnisse kennen. So wächst Lavendel gut an trockenen und sonnigen Standorten, während Farne dort vorkommen, wo es schattig und feucht ist. Temperatur, Bodenbeschaffenheit, Feuchtigkeit und Lichteinfall sind Faktoren, die einen Lebensraum charakterisieren. Man nennt sie **Umweltfaktoren** der nicht lebenden Umwelt.

Auch Tiere haben unterschiedliche Ansprüche an die Umweltfaktoren. Eidechsen findet man an sonnigen Stellen zwischen Mauerritzen, Schnecken hingegen an feuchteren Stellen im Garten.

Lebewesen, die im gleichen Lebensraum leben, beeinflussen sich gegenseitig. Es handelt sich dann um Umweltfaktoren der lebenden Umwelt. Werden beispielsweise

Fachbegriff für Lebensraum: Biotop

in einem Gemüsebeet Tomaten zu dicht gepflanzt, so behindern sie sich gegenseitig im Wachstum. Die zarten Salatblätter im Gemüsebeet werden gerne von Schnecken gefressen.

Auch der Mensch ist ein lebender Umweltfaktor, der die Lebensgemeinschaften der Lebensräume im Garten beeinflusst. Zum Beispiel entfernt er unerwünschte Pflanzen, schneidet Sträucher, düngt und bekämpft Pflanzenschädlinge, wie etwa Blattläuse, die Pflanzensäfte saugen und damit die Pflanzen schwächen.

Spitzmäuse und Igel ernähren sich beide von Insekten, Schnecken und Würmern. Leben sie gleichzeitig im Garten, machen sie sich gegenseitig die Nahrung streitig. Es findet also eine **Konkurrenz** um die Nahrung statt. So stehen alle Lebewesen des Gartens miteinander in Wechselwirkung und bilden zusammen eine **Lebensgemeinschaft**.

ÖKOSYSTEM · Ein *Lebensraum* und die Gesamtheit der darin vorkommenden *Lebensgemeinschaften* beeinflussen sich ständig gegenseitig. Sie stehen in einer Wechselbeziehung zueinander. Gemeinsam bilden sie eine Funktionseinheit, ein **Ökosystem**.

Im Ökosystem Wiese ist die Zusammensetzung der Pflanzen zum Beispiel abhängig von der Niederschlagsmenge und Bodenbeschaffenheit. Neben verschiedenen Gräsern wachsen auch viele blühende Pflanzen, wie Margarite, Kerbel, Flockenblume und verschiedene Kräuter. Die unterschiedlichen Pflanzenarten sorgen für ein vielfältiges Nahrungsangebot, besonders für Insekten und Vögel. Da eine Wiese nur zwei- bis dreimal im Jahr gemäht wird, finden Tiere wie Mäuse, Spinnen und Insekten hier geeignete Unterschlupf- und Fortpflanzungsmög-

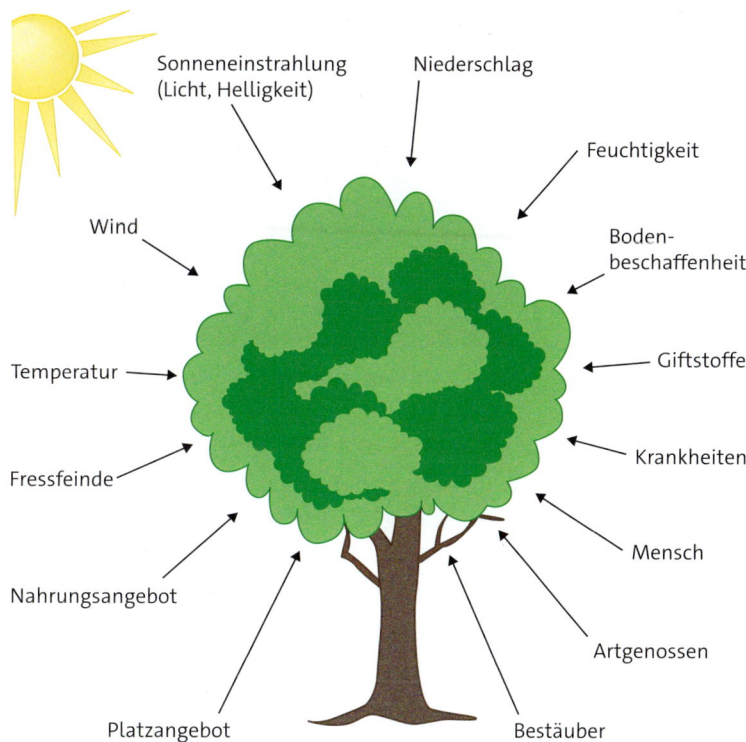

02 Umweltfaktoren der lebenden und nicht lebenden Umwelt

lichkeiten. Das Ökosystem Wiese besteht daher aus einer artenreichen Lebensgemeinschaft.

Das Ökosystem Rasen besteht aus einer artenarmen Lebensgemeinschaft. Es gibt vor allem verschiedene Grasorten. Damit der Rasen einheitlich aussieht, muss er mehrmals im Monat gemäht und regelmäßig bewässert und gedüngt werden. Andere Pflanzen, oft **Unkräuter** genannt, sind unerwünscht und werden entfernt. In solch einem Ökosystem finden nur wenige Tiere und Pflanzen einen geeigneten Lebensraum.

1 ⌡ Beschreibe die Auswirkung verschiedener Umweltfaktoren auf das Wachstum einer Salatpflanze. ☐

2 ⌡ Definiere die Begriffe Lebensraum, Lebensgemeinschaft und Ökosystem. ◖

03 Schmetterling Kleiner Fuchs auf Brennnessel

04 Nisthilfe für Wildbienen

NATURSCHUTZ · Viele Wildtiere und Pflanzen sind zunehmend bedroht wegen der Zerstörung oder Veränderung ihrer natürlichen Lebensräume. So stehen beispielsweise alle heimischen Eidechsenarten unter Naturschutz. Aber auch Tiere, die nicht geschützt sind, leiden unter einem Mangel an verfügbarem Lebensraum. Umso wichtiger ist es, ihre Lebensräume zu erhalten oder ihnen Ersatzlebensräume zu schaffen. Das heißt, sie benötigen geeignete Brutplätze, Nahrung, Verstecke und Unterschlupfmöglichkeiten für den Winter.

Pflanzen wie zum Beispiel die einheimischen Orchideenarten brauchen geeignete Wiesen, die nicht gedüngt werden.

LEBENSRAUM SCHAFFEN · Schottergärten, also größere, nur mit Steinen bedeckte Flächen, sind in den letzten Jahren immer häufiger zu finden. Dort gibt es entweder keine oder nur vereinzelt Pflanzen. Tiere finden hier weder Nahrung noch Versteckmöglichkeiten, zudem erhitzen sich im Sommer die Steine stark. Sie sind daher als Lebensraum ungeeignet.

Wie kann man für Wildtiere geeignete Lebensräume schaffen? Um im Garten geeignete Nahrungsquellen anzubieten, hilft es, einheimische Blühpflanzen und Sträucher zu pflanzen. Mit solchen Futterquellen lockt man viele Insektenarten an und mit ihnen auch andere Tiere. Brennnesseln gehören zu den wertvollsten Futterpflanzen für die Raupen vieler verschiedener Schmetterlingsarten. Besitzt man einen Komposthaufen, finden sich dort viele Würmer, Asseln und weitere Kleinstlebewesen ein, die sich von den Grünabfällen ernähren. „Insektenhotels" sind einfach zu bauen und dienen als Nisthilfe für Wildbienen. Nistkästen für Vögel sorgen für zusätzliche Brutplätze. Abgestorbene Äste, Stein- oder Erdhaufen und begrünte Wände bieten vielen Kleintieren Unterschlupf- und Überwinterungsmöglichkeiten. Ein solcher naturnah gestalteter Garten schafft wertvolle Ersatzlebensräume für viele Tier- und Pflanzenarten.

Sogar ein Balkon oder eine Terrasse können naturnah umgestaltet werden. Einheimische Blühpflanzenmischungen in Blumenkästen bilden eine Miniblumenwiese und an einer aufgestellten Wasserschale kann man Vögel und Insekten beobachten.

3 Suche in deiner Umgebung einen naturnahen Ersatzlebensraum und beschreibe, wodurch er sich auszeichnet. Fertige zur Dokumentation auch eine Zeichnung oder ein Foto an. 🍃

Material A ▶ Umweltfaktoren

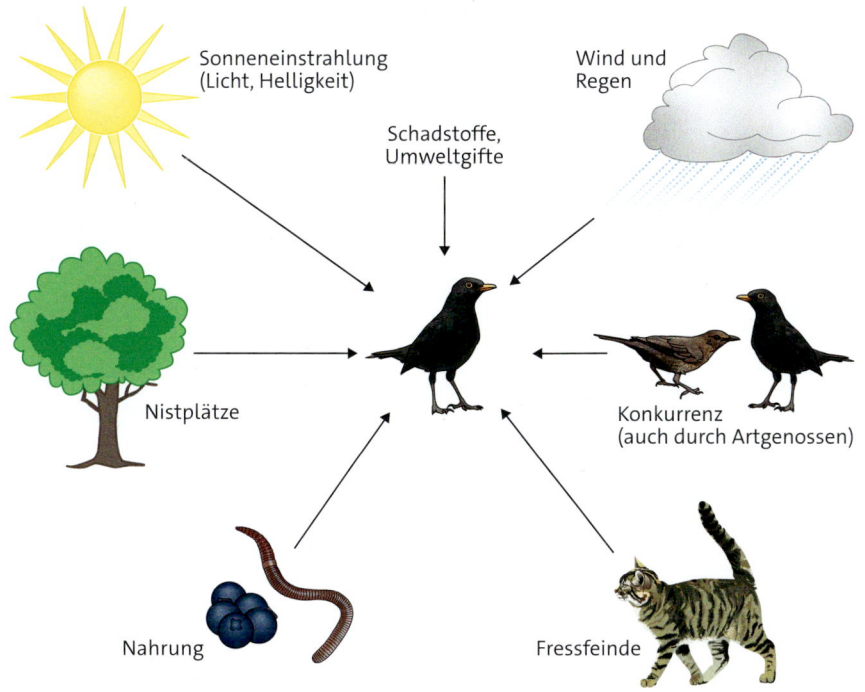

A1 Verschiedene Umweltfaktoren wirken sich auf die Amsel aus. Fasse die Faktoren zusammen, indem du sie der lebenden und nicht lebenden Umwelt zuordnest. ☐

A2 Informiere dich über die Amsel in Büchern oder im Internet und schreibe ein Kurzporträt. ◣

A3 Nenne Möglichkeiten, wie man die Ansiedlung der Amseln im Garten unterstützen kann. ◣

A4 Der Garten ist ein künstlich angelegter Lebensraum für die Amsel. Entwickle eine Vermutung, in welchen natürlichen Lebensräumen die Amsel auch vorkommt. ■

Material B ▶ Lebensraum Streuobstwiese

B1 Nenne Umweltfaktoren, die auf den Lebensraum Streuobstwiese einwirken. ☐

B2 Erläutere, warum Streuobstwiesen schützenswerte Lebensräume sind. ◣

B3 Stelle Vermutungen auf, warum trotzdem immer mehr Landwirte Streuobstwiesen zu Obstplantagen umwandeln, in denen nur eine Obstsorte in engem Abstand gepflanzt wird. ■

Streuobstwiesen sind vom Menschen geschaffene Lebensräume, in denen verschiedene Obstbäume in größeren Abständen verstreut stehen. Sie werden nicht gedüngt. Die Wiesen dienen als Tierweide oder das Gras wird zweimal im Jahr gemäht, um Heu daraus zu machen.

01 Jagderfolg

Nahrungsbeziehungen im Garten

> *Die Amsel hat einen Regenwurm aus dem Rasen gezogen. Sie fressen aber auch Kirschen und andere Insekten. Welche Nahrungsbeziehungen gibt es noch im Lebensraum Garten?*

PRODUZENTEN · Hauptbestandteil von Gärten sind die grünen Pflanzen. Gras, Blumen, Sträucher, Bäume und Hecken bilden die Lebensgrundlage für alle anderen Lebewesen. Mithilfe des Sonnenlichts stellen Pflanzen im Fotosyntheseprozess aus Wasser und Kohlenstoffdioxid energiereiche Nährstoffe her. Grüne Pflanzen werden darum als Erzeuger oder **Produzenten** bezeichnet.

KONSUMENTEN · Im Garten sieht man meist nicht viele Tiere. Das heißt aber nicht, dass hier nur wenige leben. Vielmehr sind die, die an den Pflanzen fressen, unauffällig oder kommen dann, wenn sie nicht von Menschen gestört werden. Blattläuse etwa sind sehr klein und fallen nur in großer Anzahl auf. Sie stechen mit einem Rüssel in pflanzliche Zellen und leben von deren Inhalt. Feldmäuse graben Gänge und fressen Gräser sowie andere Pflanzen. Im Garten dienen also oberirdische und unterirdische Teile von Pflanzen als Nahrung für verschiedene Tiere. Diese Tiere verbrauchen die energiereichen Stoffe der Pflanzen. Man nennt diese Pflanzenfresser Verbraucher oder **Konsumenten**. Tiere, die sich von Pflanzen ernähren, können selbst als Nahrung für andere Tiere dienen. Regenwürmer ziehen abgestorbene Blätter oder Grashalme in den Boden, um sie zu verwerten. Dabei müssen sie teilweise aus dem Boden kriechen. In diesem Moment kann die Amsel den Regenwurm fangen. Spitzmäuse suchen Insekten und Würmer am Boden. Die Elster erbeutet im Garten manchmal Feldmäuse oder Singvögel und deren Eier. Auch Katzen jagen im Garten und erbeuten häufig Mäuse oder Vögel. Da sich diese Tiere von anderen Tieren ernähren, nennt

A · B · C · D · E · F

02 Konsumenten:
A Feldmaus,
B Spitzmaus,
C Blaumeise,
D Elster,
E Florfliege,
F Blattlauslöwe

man sie Fleischfresser. Fleischfresser sind ebenfalls Konsumenten.

NAHRUNGSKETTE · Stehen die Lebewesen im Garten in einer Nahrungsbeziehung zueinander, kann man sie in ihrer Abfolge kettenartig aneinanderreihen. Sie wird daher als **Nahrungskette** bezeichnet. Am Beginn einer Nahrungskette steht immer eine Pflanze. Ein **Pflanzenfresser** folgt an zweiter Stelle der Nahrungskette. Daran kann sich ein **Fleischfresser** anschließen. Manchmal gibt es auch Fleischfresser, die wiederum Fleischfresser erbeuten.
Blattläuse saugen Pflanzensaft aus den Pflanzen. Florfliegen hingegen suchen nach

Nektar in den Blüten. Ihre Jungtiere, die Larven der Florfliegen, werden auch Blattlauslöwen genannt, da sie hauptsächlich Blattläuse fressen. Blaumeisen ernähren sich überwiegend von Insekten und suchen dabei auch nach Blattläusen, Florfliegen und ihren Larven. Sind Katzen im Garten, bilden sie ein weiteres Glied in der Nahrungskette, wenn sie dort Mäuse oder Vögel erbeuten.

1 Beschreibe den Unterschied zwischen Produzenten und Konsumenten. ☐

2 Erstelle eine weitere Nahrungskette im Garten. ☐

Pflanze — Pflanzenfresser/Allesfresser — Fleischfresser

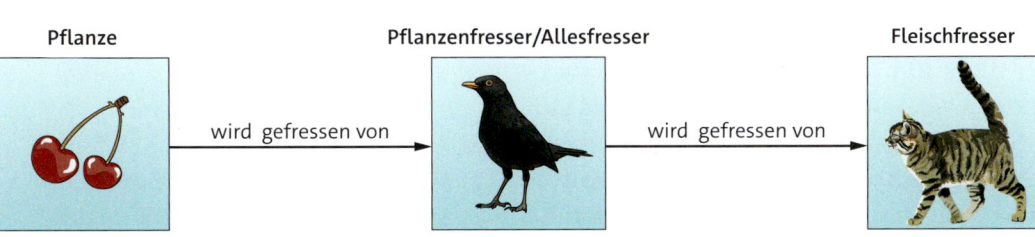

Kirsche · wird gefressen von · Amsel · wird gefressen von · Katze · **03** Nahrungskette

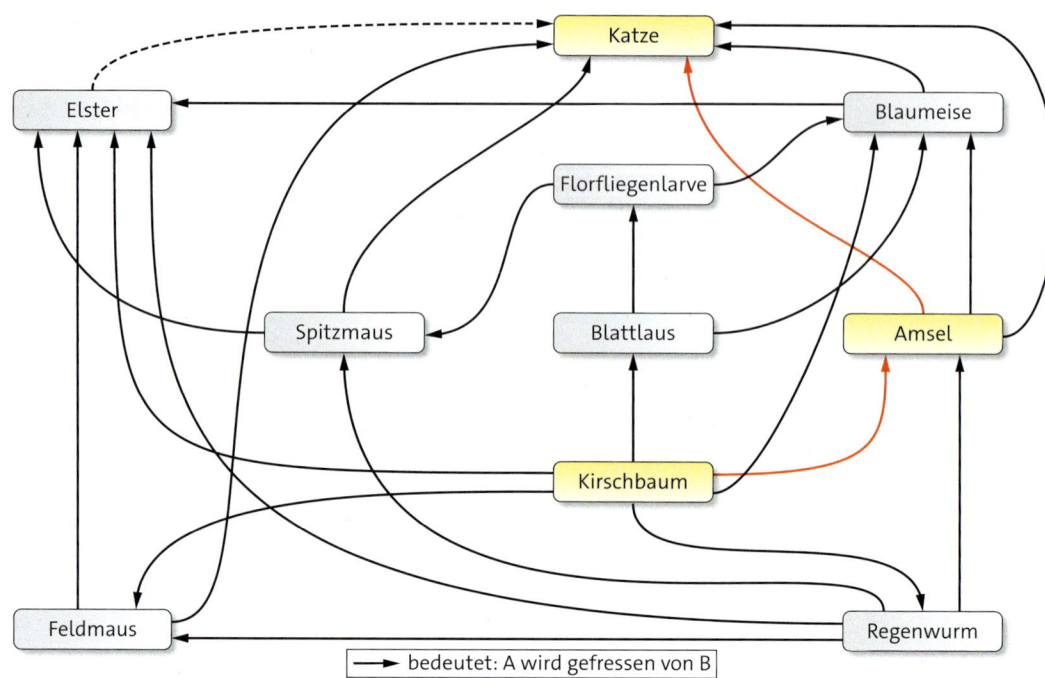

04 Nahrungsnetz im Garten

bedeutet: A wird gefressen von B

NAHRUNGSNETZ · Die Feldmaus frisst neben Pflanzen manchmal auch Insekten und Würmer. Die Elster ernährt sich sehr vielseitig. Manchmal frisst sie Mäuse oder auch Vogeleier und sogar kleine Singvögel, wie zum Beispiel die Blaumeise. Amseln fressen neben Früchten und Würmern auch Blattläuse und andere Insekten.

Da viele Tiere verschiedene Nahrungsquellen nutzen, kann man die einzelnen Nahrungsketten miteinander verknüpfen. Dabei entsteht ein Netz aus Nahrungsbeziehungen. Dieses bezeichnet man als **Nahrungsnetz**. Es beschreibt die Zusammenhänge der Nahrungsbeziehungen einer *Lebensgemeinschaft*.

RÄUBER-BEUTE-BEZIEHUNG · Blattläuse sind im Garten nicht gerne gesehen, da sie Pflanzen durch das Aussaugen schwächen. Die natürlichen Feinde der Blattläuse sind auch die Marienkäfer. Ein einziger Käfer frisst pro Tag zwischen 100 und 150 Blatt-

läuse. Blattläuse sind damit die **Beute** der Marienkäfer, die Marienkäfer nennt man **Räuber**. Die Nahrungsbeziehung zwischen Marienkäfer und Blattlaus ist eine **Räuber-Beute-Beziehung**.

Auch die Larven der Marienkäfer ernähren sich von Blattläusen. Während des Sommers können die Nachkommen eines einzigen Marienkäfers bis zu 100 000 Läuse fressen. Innerhalb weniger Wochen gibt es dann fast keine Blattläuse mehr. Das bedeutet, dass die verbleibenden Larven zu wenig Nahrung haben und viele von ihnen verhungern. So kann sich die Anzahl der Blattläuse wieder erholen. Je mehr Blattläuse es dann wieder gibt, desto mehr Marienkäfer und ihre Larven können sich dann wieder von ihnen ernähren.

3 Beschreibe an einem weiteren Beispiel eine Räuber-Beute-Beziehung im Garten. ☐

Material A ▸ Nahrungsbeziehungen in der Wiese

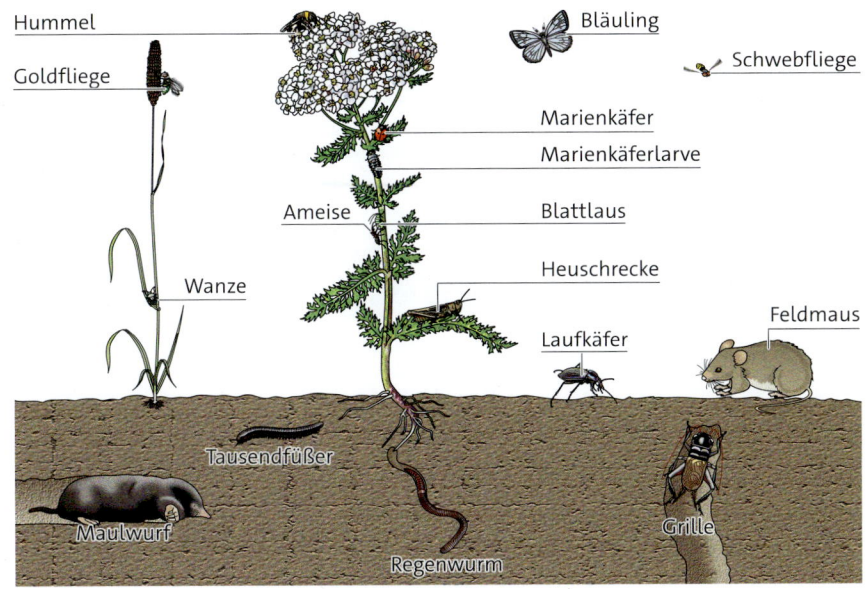

A1 Beschreibe, wovon sich drei dir bekannte Tiere der Abbildung ernähren, und ordne sie dabei der Gruppe der Produzenten oder Konsumenten zu. ▢

A2 Recherchiere zu einem dir unbekannten Tier der Abbildung. Entwickle aus den Informationen eine Nahrungskette mit ihm. ▮

A3 Erläutere den Unterschied zwischen Nahrungskette und Nahrungsnetz. ◗

A4 Entwickle ausgehend von der Abbildung ein einfaches Nahrungsnetz. ◗

Material B ▸ Räuber-Beute-Beziehung

Eine typische Räuber-Beute Beziehung ist die zwischen Marienkäfer und Blattlaus. Im Sommer kann ein Blattlausweibchen bis zu fünf Junge am Tag zur Welt bringen. Blattläuse werden bis zu 6 Wochen alt. Marienkäfer leben im Durchschnitt drei Monate und legen im Mai und August jeweils bis zu 400 Eier ab.

B1 Übernimm folgende Satzanfänge in deine Mappe und vervollständige sie.
Je mehr Marienkäfer, desto weniger ...
Je weniger ..., desto weniger ...
Je weniger Marienkäfer, desto mehr ...
Je mehr ..., desto mehr ... ▢

B2 Erläutere die langfristigen Auswirkungen auf Marienkäfer und Blattläuse, wenn man fast alle Blattläuse im Garten vergiftet. ◗

B3 Begründe, warum Marienkäfer in Gärten als natürliche Schädlingsbekämpfer eingesetzt werden. ▮

B4 Maulwürfe sind im Garten nicht gerne gesehen. Informiere dich über ihre Lebensweise und entscheide, ob der Maulwurf auch ein natürlicher Schädlingsbekämpfer ist. ▮

01 Gelbbauchunke klettert ans Ufer.

Amphibien – Leben im Wasser und an Land

Am Rand von Gewässern kann man im Frühjahr und im Sommer Frösche, Kröten und Molche beobachten. Sie schwimmen und tauchen im Wasser, aber sie bewegen sich auch am Ufer. Man nennt diese Tiergruppen auch Amphibien oder Lurche. Wie schaffen sie es, sowohl an Land als auch im Wasser zu leben?

griechisch
amphi und bios
= beidlebig

LEBENSWEISE · Alle Amphibien sind an das Wasser gebunden, da sich ihre Nachkommen im Wasser entwickeln. Die fertig entwickelten erwachsenen Tiere leben oft verborgen in feuchten Gebieten an Land oder an Gewässern. Dort gehen sie auch auf die Jagd nach kleinen Beutetieren wie Insekten, Spinnen, Regenwürmern und

Schnecken. Der ständige Wechsel zwischen Land und Wasser erfordert besondere Angepasstheiten bei Körperbau und Stoffwechsel.

KÖRPERBAU UND FORTBEWEGUNG · Man unterscheidet bei den Amphibien nach ihrem Körperbau zwischen **Froschlurchen** und **Schwanzlurchen**. Zu den Froschlurchen gehören die echten Frösche wie Grasfrosch und Teichfrosch sowie die Kröten wie Erdkröte und Kreuzkröte. Ihr Körperbau wirkt gedrungen, da der Kopf nicht über einen Hals abgesetzt ist, sondern direkt am Rumpf auf den breiten Schultern sitzt. Im Sitzen wird die typische Froschgestalt besonders deutlich, da sich die Froschlurche auf den verkürzten Vorderbeinen abstützen und die langen Hinterbeine stark anwinkeln. Die langen Hinterbeine erlauben nicht nur eine springende Fortbewegung an Land, sondern auch eine besondere Schwimmtechnik. Mit den kräftigen Hinterbeinen stoßen sich die Frösche und Kröten im Wasser ab. Dabei spreizen sie die Zehen, sodass die dazwischenliegenden Schwimmhäute eine große

02 Teichfrosch beim Beutefang

03 Schwimmender Teichfrosch

Fläche bilden. So können sie viel Wasser verdrängen.

Schwanzlurche wie Molche oder Salamander haben dagegen einen lang gestreckten Körper mit einem langen Schwanz und vier in etwa gleich großen Beinen. Sie erinnern vom Körperbau eher an Eidechsen und bewegen sich an Land wie diese schlängelnd vorwärts. Im Wasser dient ihnen ihr Ruderschwanz als Antrieb, sodass sie schnell schwimmen können.

ATMUNG · Erwachsene Amphibien besitzen *Lungen*, mit denen sie Sauerstoff aus der Luft aufnehmen können. Außerdem ist ihre Haut sehr dünn. So kann Sauerstoff aus der Luft sowie aus dem Wasser in den Körper eindringen. Eine solche Atmung bezeichnet man als **Hautatmung**. Diese ist aber nur möglich, wenn die Haut feucht ist. Schleimdrüsen geben der Haut beständig einen feinen feuchten Überzug. Außerhalb des Wassers suchen Amphibien feuchte Stellen auf und vermeiden damit, dass die Haut austrocknet. Amphibien sind **Feuchtlufttiere**. Ihre Haut ist sehr gut durchblutet. Das Blut nimmt den eingedrungenen Sauerstoff auf, verteilt ihn in alle Bereiche des Körpers und gibt Kohlenstoffdioxid aus dem Körper ab. Mit Lungen- und Hautatmung sind Amphibien „Doppelatmer".

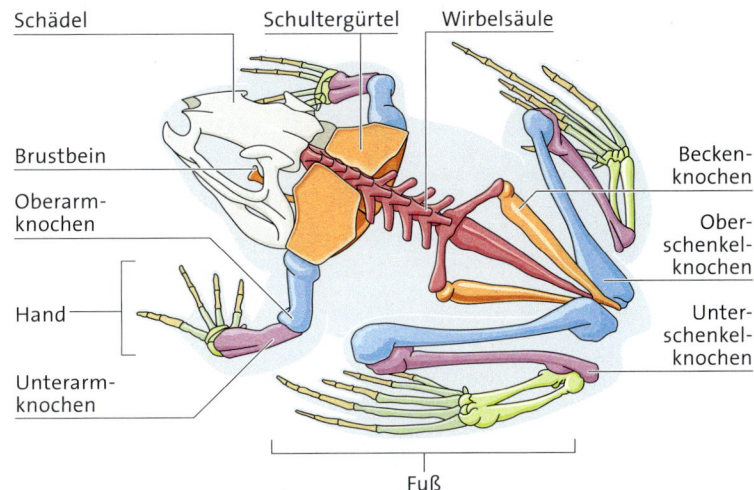

04 Skelett des Frosches

05 Kammmolch und Bergmolch

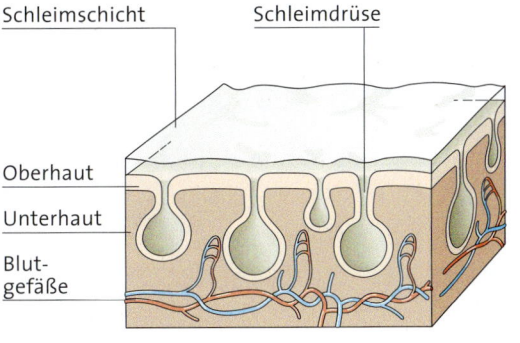

06 Aufbau der Haut eines Frosches (Schema)

1 Erkläre, weshalb ein Frosch nicht längere Zeit in trockener Umgebung leben kann. ▢

2 Erkläre, welche Vorteile die Hautatmung für Amphibien mit sich bringt. ◨

VON DER KAULQUAPPE ZUM FROSCH · Im April hört man das laute Quaken der männlichen Teichfrösche. Sie blasen ihre seitlich am Kopf liegenden Schallblasen auf, um Weibchen zur Paarung anzulocken. Jede Froschart hat einen eigenen Paarungsruf. Das stellt sicher, dass nur Männchen und Weibchen der gleichen Art zueinander finden. Bei der Paarung steigt das Männchen auf den Rücken des Weibchens und klammert sich mit den Vorderbeinen fest. Sobald das Weibchen seine Eizellen, den *Laich*, ins Wasser ablegt, ergießt das Männchen seine Spermienzellen darüber. Eizellen und Spermienzellen treffen außerhalb des Körpers aufeinander. Es handelt sich um eine **äußere Befruchtung**. In einer **befruchteten Eizelle** beginnt die Entwicklung des **Embryos**. Beim Teichfrosch schlüpfen zunächst **Larven** aus den Eiern. Bei den Larven handelt es sich um

Jugendstadien, die sich im Bau und meistens auch in ihrer Lebensweise von denen der erwachsenen Tiere unterscheiden. Diese Kaulquappen leben im Wasser, bewegen sich mit einem Ruderschwanz fort und ernähren sich vorwiegend von Pflanzen. Sie atmen über die Haut und durch **Kiemen**, wobei die Kiemen im **ersten Larvenstadium** außerhalb des Körpers liegen. Nach etwa 10 Tagen überwächst eine Hautfalte die Kiemen und es entstehen Innenkiemen. Dieses **zweite Larvenstadium** ist nach etwa 40 Tagen abgeschlossen. Jetzt bilden sich nacheinander die Hinter- und Vorderbeine aus, die Kiemen bilden sich zurück und die Lunge entwickelt sich. Die Kaulquappen schwimmen nun oft zur Wasseroberfläche, um Luft zu holen. Ist das **dritte Larvenstadium** nach etwa 20 weiteren Tagen abgeschlossen, spricht man vom **Jungfrosch**. Er atmet wie die erwachsenen Tiere nur noch über Haut und Lunge. Der Ruderschwanz ist fast vollständig verschwunden, die Tiere leben an Land. Die Umgestaltung vom letzten Larvenstadium zum Jungfrosch nennt man **Metamorphose**.

3 Stelle die Entwicklung des Teichfroschs in einer Tabelle dar. ▢

4 Erkläre den Begriff Metamorphose. ◖

KRÖTEN AUF WANDERSCHAFT · Einige Amphibien leben nicht an ihren Laichgewässern, sondern müssen aus ihren Quartieren dorthin wandern. Die Erdkröten beginnen zum Beispiel in den ersten warmen und feuchten Nächten des Frühjahrs mit ihrer Laichwanderung. Zunächst sind nur die Männchen unterwegs. Sie warten an übersichtlichen Stellen auf die deutlich größeren Weibchen. Kommt eines vorbei, setzt sich das Männchen auf den Rücken des Weibchens und lässt sich zum Laichgewässer tragen. Erdkröten suchen fast immer nur die Gewässer auf, in denen sie selbst als Kaulquappe gelebt haben. Sie sind ortstreu. Einige Tage nach dem Ablaichen verlassen die Erdkröten die Laichgewässer wieder und ziehen sich in Laubwälder, Gärten, Parks und Hecken zurück. Im Juni verlassen auch die jungen Kröten in großen Mengen die Laichgewässer und suchen sich neue Lebensräume.

SCHUTZ VON LURCHEN · Während der Laichwanderungen stellen Straßen eine große Bedrohung dar, denn sie müssen von den Erdkröten überquert werden. Krötenzäune verhindern, dass die Lurche auf die Straße gelangen. Die Kröten wandern daran bis zu einem Tunnel entlang oder werden von Naturschützern mit Eimern über die Straße getragen und wieder freigelassen. Sie ziehen sofort weiter.

Trotzdem gibt es immer weniger Lurche, denn der Straßenverkehr ist nicht die einzige Gefahr: Amphibien sind vor allem durch den Verlust ihrer Lebensräume aufgrund von Trockenlegungen bedroht. Außerdem werden die Laichgewässer durch das Einleiten von Abwässern oder durch den Eintrag von Dünge- und Pflanzenschutzmitteln über das Regenwasser vergiftet. Dadurch wird die Metamorphose der Larven gestört.

09 Krötenzaun mit Tunnel

Das Reinhalten der Laichgewässer ist also von großer Bedeutung.

Lurche sind sehr nützliche Tiere: Manche Kaulquappen fressen tote Tiere und halten so als „Gesundheitspolizei" die Teiche sauber. Ausgewachsene Lurche fressen viele schädliche Insekten, Würmer, Spinnen und Schnecken und helfen damit der Landwirtschaft. Gleichzeitig dienen sie selbst ihren Fressfeinden als Nahrung. Der Schutz von Amphibien ist also wichtig für die Natur. Daher sind alle heimischen Amphibien durch ein Gesetz unter **Artenschutz** gestellt. Man darf weder den Laich, die Kaulquappen, noch die fertig entwickelten Tiere aus ihrer natürlichen Umgebung entnehmen und daheim halten oder verkaufen.

ROTE LISTE · Um zu erfahren, welche Pflanzen und Tiere vom Aussterben bedroht sind, bestimmt man ihre Anzahl und verzeichnet Ab- und Zunahmen der Tierbestände. Die Einschätzungen werden in einer Liste veröffentlicht. Diese **Rote Liste** zeigt etwa, dass von den 19 einheimischen Amphibienarten 12 gefährdet sind.

5 Erkläre, weshalb die Anzahl der Amphibien stark abgenommen hat. 🍃

6 Begründe den Schutz der Lurche und nenne wichtige Schutzmaßnahmen. 🍃

///// **METHODE** ///

Bestimmen einer Tierart mithilfe eines Computerprogramms

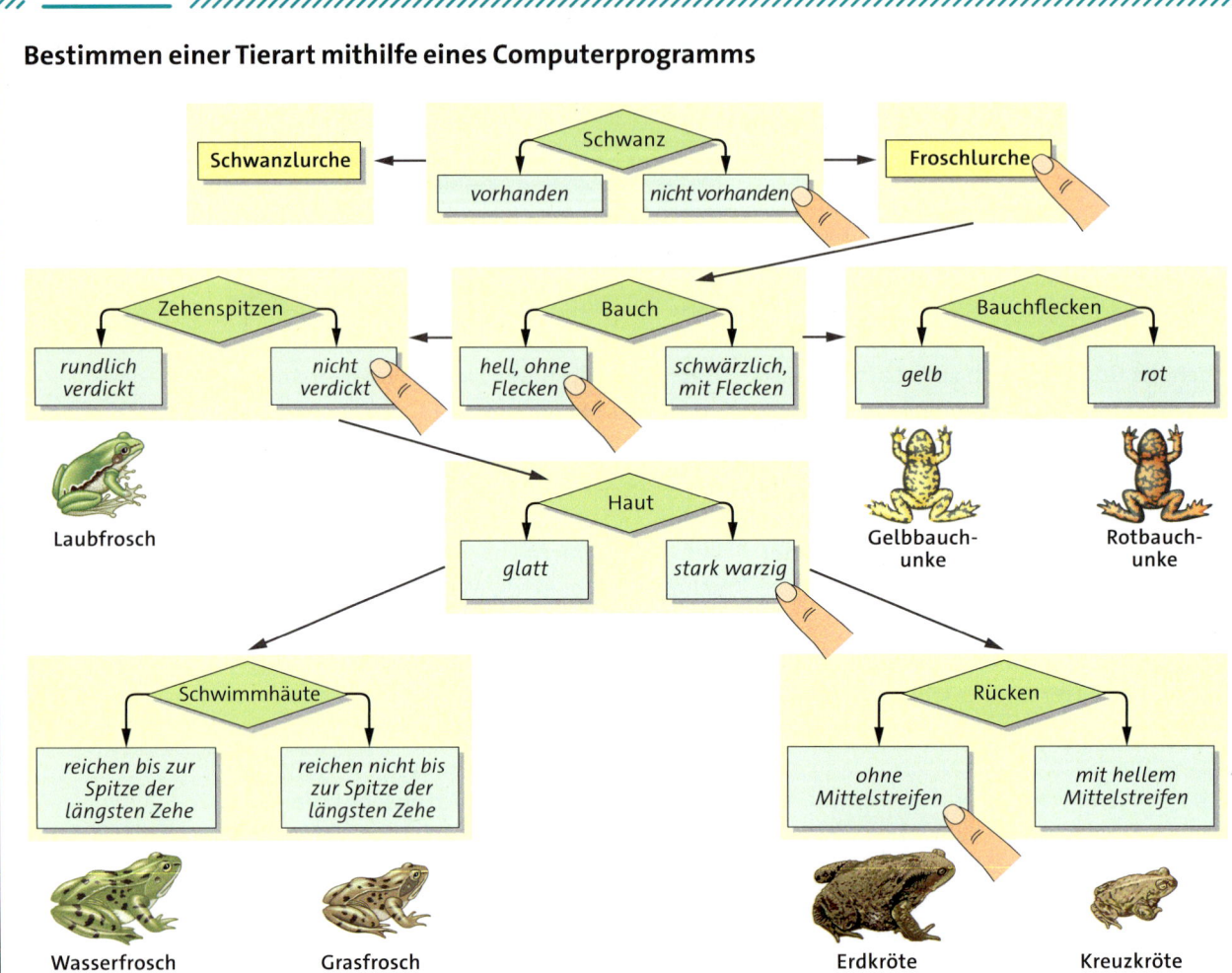

Laubfrosch

Gelbbauch-unke

Rotbauch-unke

Wasserfrosch

Grasfrosch

Erdkröte

Kreuzkröte

Computerprogramme gibt es für viele Zwecke. Solche Anwendungssoftware, englisch application software, wird umgangssprachlich App genannt.

Auf Tabletcomputern läuft eine App für die Bestimmung von Amphibienarten. Der Startbildschirm bietet die Auswahl „Schwanz vorhanden" oder „Schwanz nicht vorhanden" an. Bei einer Erdkröte drückt man bei jeder Bildschirmanzeige auf die im Bild sichtbare Auswahl. Jede Wahlmöglichkeit betrifft ein bestimmtes Merkmal, zum Beispiel die Hautbeschaffenheit: Dabei werden zwei Ausprägungen des Merkmals genannt, hier glatte Haut und stark warzige Haut. Von diesen wählt man die passende aus, hier die stark warzige Haut.

1 Nenne die Merkmalsausprägungen, an denen man eine Erdkröte erkennen kann. ☐

2 Erstelle eine Liste der Entscheidungen, die das Computerprogramm trifft, wenn man nach und nach zur Erdkröte kommt. Beginne folgendermaßen: Das Programm beginnt mit der Frage: „Ist ein Schwanz vorhanden?" Die Antwort des Nutzers ist „Nein". Dann geht es weiter mit der Frage: „Ist der Bauch ...?" Die Antwort des Nutzers ist ... ◖

3 Begründe, weshalb man die warzige Haut der Unken zur Bestimmung nicht beachten muss. ◼

Material A ▸ Atmung

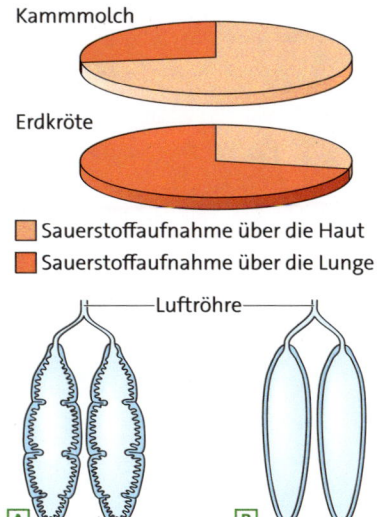

Kammmolch

Erdkröte

■ Sauerstoffaufnahme über die Haut
■ Sauerstoffaufnahme über die Lunge

Luftröhre

A   B

Aus dem Tortendiagramm lässt sich ablesen, wie hoch der Anteil an Sauerstoff ist, den eine Molchart und eine Froschart über die Haut und über die Lunge aufnehmen. Daneben sind Zeichnungen der Lungen abgebildet.

A1 Ordne die Lungen dem Molch oder dem Frosch zu. Begründe deine Zuordnung. ■

Material C ▸ Bestimmungsschlüssel für Amphibien

Ausschnitt aus einem Bestimmungsbuch für einheimische Amphibien			
1	mit Schwanz; Vorder- und Hinterbeine gleich lang	(Schwanzlurche)	weiter bei 2
1*	ohne Schwanz; Hinterbeine viel länger und kräftiger als Vorderbeine	(Froschlurche)	weiter bei 6
2	Schwanz abgeflacht	(Molche)	weiter bei 3
2*	Schwanz rund	(Salamander)	weiter bei 5
3	Bauch orange, ohne schwarze Flecken		Bergmolch
3*	Bauch orange, mit schwarzen Flecken		weiter bei 4
4	Kehle weißlich orange mit schwarzen Flecken		Teichmolch
4*	Kehle dunkel mit kleinen weißen Flecken		Kammmolch
5	Körper einfarbig schwarz		Alpensalamander
5*	Körper schwarz mit großen gelben Flecken		Feuersalamander

A   B

C   D

C1 Zeichne einen Bestimmungsschlüssel entsprechend dem auf Seite 180. ◥

C2 Ordne den vier abgebildeten Arten mithilfe des Bestimmungsschlüssels die richtigen Artbezeichnungen zu. ☐

Material B ▸ Entwicklung des Teichmolchs

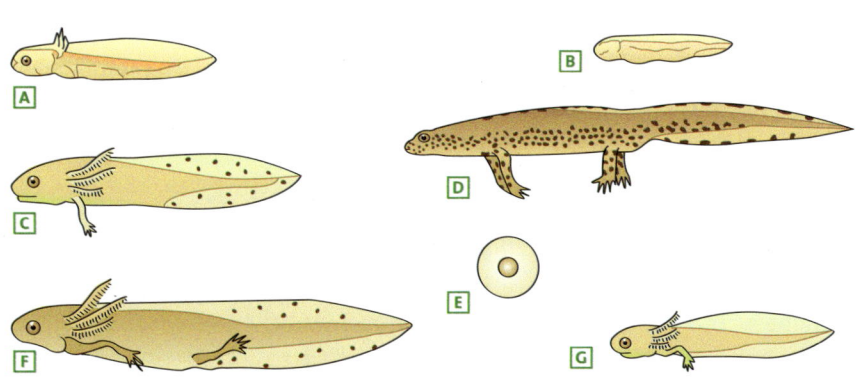

A   B   C   D   E   F   G

B1 Ordne die in der Abbildung dargestellten Entwicklungsstadien des Teichmolchs in der richtigen Reihenfolge an. ☐

B2 Nenne die Körpermerkmale der verschiedenen Entwicklungsstadien. Vergleiche sie mit denen des Teichfroschs. ◥

01 Pongoland im Zoo Leipzig

Der Zoo – ein künstlicher Lebensraum

Das Pongoland in Leipzig ist die weltgrößte Zooanlage, in der alle vier Menschenaffenarten – Schimpanse, Bonobo, Gorilla und Orang-Utan – beobachtet werden können. Insgesamt kümmern sich 14 Tierpfleger um die Fütterung, Reinigung und Instandhaltung der Gehege. Dennoch fragen Schüler und Schülerinnen oft: Fühlen sich Tiere wie zum Beispiel die Schimpansen im Zoo wohl?

SCHIMPANSEN IN IHREM LEBENSRAUM · Um diese Frage zu beantworten, muss man sich zunächst über den Lebensraum und die Lebensweise der Schimpansen informieren. Die Schimpansen leben in großen *Gruppen*. Man findet sie am häufigsten in Zentralafrika. Dort kann man sie sowohl im Regenwald als auch in der trockenen Savanne beobachten. Eine Gruppe besteht aus mehreren Männchen und Weibchen. Der Gruppenzusammenhalt wird durch die gegenseitige Körper- und Fellpflege gefördert. Im Leben der Schimpansen nimmt die Futtersuche viel Zeit in Anspruch. Sie suchen in ihrem *Revier* sowohl am Boden als auch kletternd auf Bäumen nach Nahrung. Sie sind Allesfresser, wobei pflanzliche Nahrung den Hauptanteil ausmacht, wie zum Beispiel Früchte, Nüsse und Blätter. Zur Nahrungsbeschaffung nutzen sie häufig Werkzeuge. Dazu stochern sie mit Zweigen in Termitenhügeln nach Termiten oder verwenden Steine zum Nüsseknacken. Schimpansen sind tagaktiv und bauen sich für die Nacht immer wieder ein neues Blätternest in den Bäumen.

SCHIMPANSEN IM ZOO · Im Pongoland lebt eine Schimpansengruppe, die sich aus elf weiblichen und sieben männlichen Tieren unterschiedlichen Alters zusammensetzt. Damit sich die Schimpansen in ihrem

02 Schimpansen auf Futtersuche

03 Schimpansenweibchen mit Jungtieren

Gehege wohlfühlen, muss es so gestaltet sein, dass sie ihre natürlichen Verhaltensweisen zeigen können. Die Reviergröße von wild lebenden Schimpansen hängt stets vom Nahrungsangebot ab. Da die Schimpansen im Zoo ausreichend Nahrung erhalten, spielt die Größe ihres Geheges eine untergeordnete Rolle. Die sehr zeitaufwendige Suche nach Nahrung entfällt im Zoo, daher ist es wichtig, dass die Schimpansen beschäftigt werden und sich somit ausreichend bewegen. Das Schimpansengehege bietet feste und bewegliche Klettermöglichkeiten wie Bäume und Seile. Um das Neugierverhalten zu fördern, werden diese regelmäßig umgestellt oder umgehängt. Auch die Nahrungsversorgung wird abwechslungsreich gestaltet. In den ausgehöhlten Bäumen sind Nüsse versteckt, sodass die Schimpansen nur mit einem Stock an die Nahrung gelangen. Das Futter wird in Futterzöpfen oder Müslirollen aus Jute oder Bambus verpackt und in die Äste gehängt. Rosinen, Sonnenblumenkerne und andere kleine Futterbrocken werden von den Tierpflegern im Gehege verstreut, um

das Futtersuchverhalten zu fördern. Auch Laub wird reichlich ausgelegt, sodass die Schimpansen sich Nester bauen können. Zur weiteren Beschäftigung wird verschiedenes Spielzeug wie Jutesäcke zur Verfügung gestellt.

Wird es draußen kühler, können sich die Schimpansen in der *Tropenhalle* aufhalten. Wasserfälle, üppiger Pflanzenbewuchs, hohe Temperaturen und Luftfeuchtigkeit sorgen für ein angenehmes Klima wie in einem ihrer natürlichen Lebensräume.

Der Zoo Leipzig versucht, möglichst viele natürliche Verhaltensweisen zu fördern. Je ähnlicher ein Gehege im Zoo dem natürlichen Lebensraum der Tiere ist und je mehr natürliche Verhaltensweisen ausgelebt werden, desto **tiergerechter** ist ihre Haltung im Zoo und desto wohler fühlen sich die Tiere.

1 Nenne typische Verhaltensweisen von Schimpansen in freier Natur. ☐

2 Beurteile, inwieweit das Pongoland im Zoo Leipzig eine artgerechte Haltung der Schimpansen ermöglicht. ■

METHODE

Beobachten und Beschreiben

Im Zoo hat man die Möglichkeit, Elefanten zu beobachten, und kann so mehr über ihre Lebensweise erfahren. Das Beobachten ist eine wichtige Arbeitsweise in der Biologie.

FRAGESTELLUNG · *Beim Beobachten wird ein ausgewähltes Merkmal genau erfasst. Man muss dafür ausreichend Zeit einplanen und eine konkrete Fragestellung haben, zum Beispiel: „Was kann ein Elefant mit seinem Rüssel machen?" Hat man eine Fragestellung entwickelt, kann man Vermutungen formulieren wie: „Der Elefant kann mit seinem Rüssel Nahrung greifen." Für die Beobachtung ist es wichtig, die Tiere voneinander zu unterscheiden.*

BEOBACHTUNGEN FESTHALTEN · *Die Beobachtungen können in Zeichnungen, Tabellen oder Diagrammen dargestellt werden. Bewegungen und Merkmale können auch mit einer (Smartphone-)Kamera als Film oder Foto dokumentiert werden. Diese kann man mit einem Bildbearbeitungsprogramm oder Video-Tool beschriften. In einem Beobachtungsprotokoll werden auch Angaben über die Bedingungen vor Ort festgehalten. Es enthält außerdem eine Beschreibung der Beobachtungen. Dabei gibt man das beobachtete Merkmal wie die Rüsselbewegungen mit eigenen Worten ohne Erklärung genau wieder. „Vermenschlichungen" wie „Der Elefant bewegt seinen Rüssel gelangweilt" sind zu vermeiden. Die Reihenfolge der Vorgänge wird beachtet und biologische Fachbegriffe werden verwendet.*

BEOBACHTUNGEN AUSWERTEN · *Am Ende werden die Beobachtungen ausgewertet und gedeutet. Wenn die Hypothese bestätigt wird, kann man genauere Beobachtungsfragen stellen und hier weiterforschen.*

1) *Stelle deine Fragestellung, deine Beobachtung und deine Auswertung mithilfe einer Präsentationssoftware vor.* ◗

01 Elefanten im Zoo

Beobachtungsprotokoll: Rüsselbewegungen von Elefanten

Ort: Kölner Zoo, Uhrzeit: 11 Uhr

Datum: 15.05.2021

Beobachteter Elefant: Marlar

Fragestellung: Was kann ein Elefant mit seinem Rüssel machen?

Vermutungen: Nahrung greifen, Gegenstände greifen, Kontakt aufnehmen

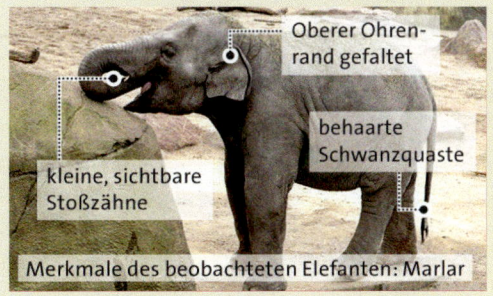

Oberer Ohrenrand gefaltet

behaarte Schwanzquaste

kleine, sichtbare Stoßzähne

Merkmale des beobachteten Elefanten: Marlar

Beobachtete Rüsselbewegungen bei Marlar:

1	Marlar rollt große Gegenstände (z. B. Äste) mit dem Rüssel ein.	 	Elefanten können mit ihrem Rüssel große Gegenstände tragen oder größere Nahrung aufgreifen.
2	Kleine Gegenstände greift Marlar mit der fingerförmigen Ausstülpung der Rüsselspitze.		Kleine Gegenstände oder Nahrungsteile werden mit den fingerförmigen Ausstülpungen der Rüsselspitze gegriffen.
3	Der Elefant nimmt Sand mit dem Rüssel auf und verteilt ihn auf dem gesamten Körper.		Elefanten können mithilfe des Rüssels Körperpflege betreiben, indem sie Sand auf dem gesamten Körper verteilen.
4	Marlar und Bindi berühren sich mit den Rüsseln. Bindi wickelt den Rüssel um Marlars Gesichtsbereich.		Elefanten können mithilfe des Rüssels Kontakt aufnehmen und miteinander kommunizieren.

/// **IM BLICKPUNKT ARTENSCHUTZ** ///

Der Sibirische Tiger

IN DER NATUR · Der Sibirische Tiger wird auch Amur-Tiger genannt. Er ist die größte heute noch lebende Raubkatze der Welt. Die Männchen erreichen vom Kopf bis zum Schwanz eine Länge von etwa 3 Metern und werden bis zu 300 kg schwer, die Weibchen sind deutlich kleiner und nur etwa halb so schwer. Die Oberseite des Fells ist rötlich gelb bis rötlich braun gefärbt mit dunklen Streifen, die Unterseite ist hell. Das Fell ist lang und dicht. Teilweise haben die Tiger einen mächtigen Backenbart. Im Winter wird das Fell noch länger und die Oberseite heller. Der Tiger hält dann ohne Probleme Temperaturen von bis zu −50 °C aus. Sibirische Tiger sind Einzelgänger und überwiegend nachtaktiv. Die Reviere der Männchen sind in der Regel 800 bis 1000 Quadratkilometer groß, die der Weibchen 200 bis 400 Quadratkilometer. Sie treffen sich nur zur Paarungszeit und leben währenddessen paarweise zusammen. Etwa 95 bis 112 Tage nach der Paarung bringt das Weibchen 3 bis 7 blinde Junge zur Welt, die allein von der Mutter großgezogen werden. Bei ihr verbringen sie die ersten vier Jahre ihres Lebens. In freier Wildbahn werden die Sibirischen Tiger etwa 15 Jahre alt. Um seinen Energiebedarf zu decken, benötigt ein erwachsener Tiger bis zu 10 kg Fleisch pro Tag. Als Beutetiere erlegt er Hirsche, Rehe, Elche, Luchse und Wildschweine.
Das Jagdverhalten ähnelt dabei dem der Hauskatze. Zunächst schleicht sich der Tiger an. Ist er nahe genug, macht er einen großen Satz von hinten auf das Beutetier und schlägt ihm seine Eckzähne in den Nacken. Klei-

nere Tiere sterben schon an den Verletzungen im Nacken, größere tötet der Tiger mit einem Biss in die Kehle. Das Hauptverbreitungs- und Jagdgebiet des Sibirischen Tigers beschränkt sich heute fast gänzlich auf den Osten Russlands. Der „Herrscher der Taiga" ist seit Jahrzehnten vom Aussterben bedroht. Dabei hat der Tiger nur einen Feind, nämlich den Menschen. Der Mensch zerstört nicht nur den Lebensraum des Tigers, indem er die Wälder rodet und die gleiche Beute jagt, auch der Tiger selbst ist eine begehrte Jagdtrophäe. Tigerknochen sind in China als Heilmittel sehr gefragt.

IM ZOO · Entgegen ihrer natürlichen Lebensweise werden die Tiger im Zoo nicht als Einzelgänger gehalten, sondern paarweise oder in einer kleinen Gruppe. Bei der Gestaltung des Geheges muss daher darauf geachtet werden, dass es möglichst groß ist und wie in den natürlichen Lebensräumen Rückzugsmöglichkeiten bietet. Um Tiere wie die Tiger vorm Aussterben zu retten, hat man neben Schutzmaßnahmen in der Wildnis in Zoos Artenschutzprogramme entwickelt. 1985 wurde das Europäische Erhaltungszuchtprogramm für den Amur-Tiger als eines der ersten gestartet und über Kooperationen ausgeweitet. Durch die Aufnahme verwaister Jungtiere und die Dokumentation der Verwandtschaftsverhältnisse der gezüchteten Tiger können weit entfernte oder nicht verwandte Tiere miteinander gepaart werden. Daher erhalten nur ausgewählte Zoos die Möglichkeit zur Zucht. Für die Pflege und Sicherheit der Gehege und Tiere entstehen hohe Kosten. Gleichzeitig dient der Nachwuchs als Publikumsmagnet.

1 Vergleiche die Haltung des Amur-Tigers im Zoo mit dem Leben in freier Natur. ☐

2 Erkläre, welche Probleme beim Aussetzen gezüchteter Tiger in die Wildnis auftreten würden. ◣

Material A ▸ Welches Tier lebt hier?

Anakonda

B: Meine Heimat ist Südamerika. Manchmal klettere ich auf Bäume, die meiste Zeit verbringe ich aber auf feuchtem Boden. Auch die Haut meiner Verwandten ist leuchtend gefärbt wie meine. Meine Haut ist giftig. Das Gift wird als Pfeilgift verwendet.

A: Ich lebe in den Steppen Afrikas. Mit meinem langen Hals erreiche ich auch die Blätter in den Bäumen. Mit meiner langen Zunge kann ich Blätter und Gräser gut greifen. Meine Beine sind außergewöhnlich lang. Deshalb bin auch ein guter Läufer.

D: Ich bin im tropischen Regenwald Amerikas zu Hause. Mein buntes Federkleid fällt sofort auf. Mein Schnabel ist kräftig und krumm. Mit ihm fresse ich Beeren, kann aber auch Nüsse und Früchte mit harten Schalen knacken.

Giraffe   Baumsteigerfrosch

C: Ich lebe in den Flüssen und Sümpfen Südamerikas. Dort lauere ich im Wasser meiner Beute auf und erwürge sie. Ich kann bis zu 10 m lang werden und habe kräftige Muskeln, aber keine Gliedmaßen. Giftig bin ich nicht.

Ara

A1 Ordne die Tiere den passenden Texten zu. ☐

A2 Informiere dich über den natürlichen Lebensraum und die Haltungsbedingungen im Zoo.

Begründe, ob die Haltungsbedingungen tiergerecht sind. ◖

A3 Recherchiere, ob die Tiere vom Aussterben bedroht sind und Zoozuchtprogramme existieren.

Begründe, ob die Tiere eher zur Arterhaltung oder zur Tierschau im Zoo gehalten werden. ◼

Material B ▸ Delfinarien

Sieben von neun Delfinarien in Deutschland wurden geschlossen. Als Kritikpunkte formulieren Tierschutzorganisationen:

„Delfine haben ein sehr großes Bewegungsbedürfnis. Sie stellen sehr hohe Anforderungen an Platzbedarf und Wasserqualität. Die winzigen Becken bieten den Tieren nur wenig Rückzugsmöglichkeiten und Bewegungsfreiraum, die Showkunststücke widersprechen ihrem natürlichen Verhalten. Da sie sich langweilen und aggressiv reagieren, werden sie mit Medikamenten ruhig gestellt.

Delfine orientieren sich über Geräusche. Sie sind daher sehr geräuschempfindlich, aber dem Lärm der Wasserpumpen und Zuschauer ausgesetzt. Die Zucht gelingt nicht, sodass Delfine in freier Wildbahn gejagt und Gesellschaften entrissen werden. Eine neue Rangordnung in den zusammengewürfelten Gruppen aufzubauen gelingt meist nicht.

Die Tiere sterben früher in Gefangenschaft."

B1 Vergleiche die Lebensweise der Delfine in den Delfinarien und in der Natur. ◖

B2 Bewerte die verschiedenen Kritikpunkte. Sind sie deiner Meinung nach gerechtfertigt? ◼

Der Mensch lebt mit Tieren und Pflanzen

Haustiere: Der Mensch hat aus Wildtieren Haustiere für seine Zwecke gezüchtet. Man nennt dies Domestizierung. So ist zum Beispiel der Hund aus dem Wolf und das Hausschwein aus dem Wildschwein hervorgegangen.

Nutztiere: Nutztiere dienen zur Herstellung von Lebensmitteln oder unterstützen den Menschen bei verschiedenen Tätigkeiten. Eines der wichtigsten Nutztiere ist das Hausschwein. Es wird für die Fleischproduktion genutzt.

Nutzpflanzen: Wild- oder Kulturpflanzen, die als Nahrungsmittel, Heilpflanzen, Viehfutter oder für technische Zwecke genutzt werden, bezeichnet man als Nutzpflanzen.

Züchtung: Durch gezielte Veränderung von Arten entstehen besonders wertvolle Eigenschaften, die der Mensch nutzt. Das **Zuchtziel** bestimmt über den Erhalt, die Kombination oder die Verstärkung dieser besonderen Eigenschaften. Es wird erreicht, indem einzelne Tiere oder Pflanzen mit diesen Merkmalen ausgesucht und vermehrt werden. Diesen Vorgang nennt man **Zuchtwahl**. Durch Vererbung werden die gewünschten Merkmale an die nächsten Generationen weitergegeben.

Intensivhaltung: Um große Fleischmengen oder andere tierische Nahrungsmittel zu produzieren, werden die meisten Nutztiere in Intensivhaltung gemästet. Die Haltung erfolgt auf engstem Raum und genügt nur den Mindestanforderungen einer tiergerechten Haltung. Die Tiere bekommen energiereiches Kraftfutter.

Freilandhaltung: Bei der Freilandhaltung können sich die Tiere im Freien bewegen. Diese Art der Haltung bietet den Tieren mehr Platz und wird den natürlichen Ansprüchen der Tiere am ehesten gerecht.

Tierschutzgesetz: Im Tierschutzgesetz wird gesetzlich geregelt, wie der Mensch Tiere zu halten hat. Sie brauchen genügend Platz und Bewegungsfreiheit, müssen gefüttert und gepflegt werden und ihnen darf kein Schmerz oder vermeidbares Leid angetan werden. Wichtig ist, dass die Tiere **artgerecht** behandelt werden. Tierarten können sich in ihren Bedürfnissen unterscheiden.

Lebensräume umgeben uns

Lebensraum: Ein Lebensraum, auch Biotop genannt, umfasst sowohl die räumliche Umgebung von Lebewesen als auch die Umweltbedingungen, unter denen sie leben. Lebensräume können auch künstlich vom Menschen geschaffen werden, wie im Fall des Zoos.

Umweltfaktoren: Jeder Lebensraum wird von ganz bestimmten Umweltbedingungen geprägt. Sie werden als Umweltfaktoren bezeichnet. Man unterscheidet zwischen Faktoren der lebenden und nicht lebenden Umwelt.

Lebensgemeinschaft: Gemeinsam in einem Lebensraum vorkommende Lebewesen, zu denen Pflanzen, Tiere und andere Lebewesen gehören, bilden eine Lebensgemeinschaft. Sie sind voneinander abhängig und beeinflussen sich gegenseitig.

Ökosystem: Das Ökosystem umfasst eine Lebensgemeinschaft und ihren Lebensraum. Man unterscheidet zwischen terrestrischen Ökosystemen, dazu gehören unter anderem der Garten oder die Wiese, und aquatischen Ökosystemen, wie zum Beispiel der Tümpel oder der Bach. In einem Ökosystem beeinflussen sich die Lebewesen gegenseitig. Auch nicht lebende Umweltfaktoren haben einen Einfluss auf das Ökosystem.

Nahrungskette: Eine Nahrungskette beschreibt, wie einzelne Pflanzen- und Tierarten aufgrund von Nahrungsbeziehungen kettenartig voneinander abhängig sind. Am Beginn einer Nahrungskette steht immer eine Pflanze. Diese wird von einem Pflanzenfresser gefressen, der wiederum von einem Fleischfresser erbeutet wird. In der Kette können sich weitere Fleischfresser anschließen. Lebewesen, die sowohl Pflanzenfresser als auch Fleischfresser sind, können unterschiedliche Positionen in einer Nahrungskette einnehmen. Sie werden Allesfresser genannt.

Nahrungsnetz: Ein Nahrungsnetz stellt die Verknüpfung mehrerer Nahrungsketten innerhalb eines Lebensraums dar. Es verdeutlicht die vielfältigen Nahrungsbeziehungen von Lebewesen.

Räuber-Beute-Beziehung: Räuber sind Tiere, die andere Tiere, die sogenannte Beute, fressen. Räuber und Beute stehen in einer Nahrungsbeziehung. Diese Beziehung nennt sich Räuber-Beute-Beziehung.

Produzent: Mithilfe des Sonnenlichts stellen grüne Pflanzen in der Fotosynthese aus Wasser und Kohlenstoffdioxid energiereiche Nährstoffe her. Sie werden daher als Produzenten bezeichnet. Sie stehen am Anfang einer jeden Nahrungskette.

Konsumenten: Konsumenten sind sowohl Pflanzenfresser als auch Tiere, die sich von Pflanzenfressern ernähren, den Fleischfressern. Auch die Allesfresser, die sich sowohl von Pflanzen als auch von Fleisch ernähren, zählen zu den Konsumenten.

Naturschutz: Viele Lebensräume werden vom Menschen verändert oder zerstört. Das bedroht das Leben vieler Wildpflanzen und Tiere. Die bedrohten Arten stehen unter Naturschutz. Um den Arterhalt zu gewährleisten, muss Lebensraum erhalten oder Ersatzlebensraum neu geschaffen werden. Lebensräume für seltene und gefährdete Arten werden als Naturschutzgebiete unter Schutz gestellt.

Rote Liste: Auf der Roten Liste sind alle Tier- und Pflanzenarten veröffentlicht, die vom Aussterben bedroht sind.

Angepasstheit: Lebewesen sind in ihrem Bau und ihrer Lebensweise an ihre Umwelt angepasst. Amphibien beispielsweise, die als wechselwarme Tiere im Wasser und an Land leben, nutzen sowohl Haut- als auch Lungenatmung. Oft unterscheiden sich die Larven der Amphibien in Körperbau, Atmung, Ernährung und Lebensweise deutlich von den erwachsenen Tieren, sodass eine direkte Konkurrenz vermieden wird.

AUFGABEN RICHTIG VERSTEHEN — AUFGABEN LÖSEN

Aufgaben sind ein wichtiger Bestandteil des Biologieunterrichts und unterstützen auf vielfältige Weise das Lernen. Mithilfe von Aufgaben kann man neues Wissen erarbeiten und Bekanntes auf neue Beispiele anwenden oder üben. Um Aufgaben lösen zu können, müssen sie richtig verstanden werden. Hierbei ist es wichtig, verschiedene Typen von Aufgaben unterscheiden zu können. Um welchen Aufgabentyp es sich handelt, kann man am besten an dem Verb der Aufgabenstellung erkennen. Es zeigt an, welche Form der Aufgabenbearbeitung gefordert ist.

NENNEN · Das Verb „nennen" fordert lediglich dazu auf, bestimmte Begriffe wiederzugeben. Auch das Beschriften einer Abbildung gehört dazu.

- **Beispielaufgabe:** Nenne die Bestandteile eines Gelenks.

- **Lösung:** Die Bestandteile eines Gelenks sind Gelenkkopf, Gelenkpfanne, Gelenkknorpel, Gelenkspalt, Gelenkschmiere und Gelenkkapsel.

BESCHREIBEN · Aufgaben mit dem Verb „beschreiben" zielen darauf, wichtige Eigenschaften eines Sachverhalts wiederzugeben. Dabei kann es zum Beispiel um den Aufbau eines Lebewesens oder um bestimmte Lebensvorgänge gehen.

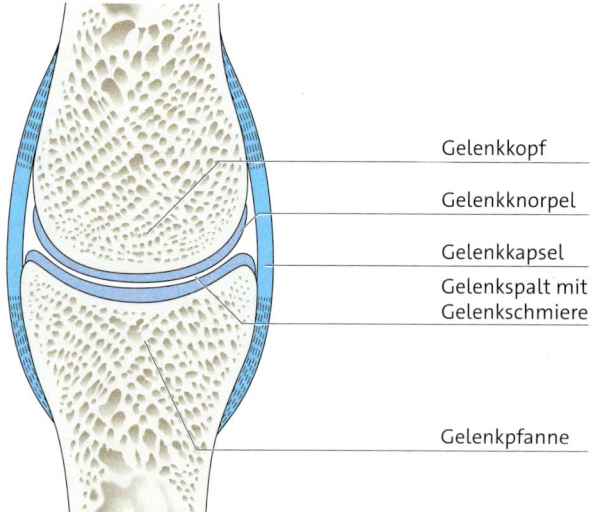

01 Gelenk als Schemazeichnung

Gelenkkopf
Gelenkknorpel
Gelenkkapsel
Gelenkspalt mit Gelenkschmiere
Gelenkpfanne

- **Beispielaufgabe:** Beschreibe den Aufbau eines Gelenks.

- **Lösung:** Der Gelenkkopf eines Knochens liegt in der Gelenkpfanne eines benachbarten Knochens. Dabei bleibt nur ein kleiner Spalt zwischen beiden Knochen. Diesen nennt man Gelenkspalt. Gelenkkopf und Gelenkpfanne sind von einer Schicht Gelenkknorpel überzogen. Im Gelenkspalt befindet sich zudem Gelenkschmiere. Gelenkkopf und Gelenkpfanne sind durch die feste Gelenkkapsel miteinander verbunden. Sie wird durch Gelenkbänder verstärkt.

VERGLEICHEN · Aufgaben mit dem Verb „vergleichen" fordern dazu auf, Ähnlichkeiten und Unterschiede zum Beispiel zwischen Lebewesen, Lebensräumen oder auch Lebensprozessen festzustellen. Für das Vergleichen ist es wichtig, die Ähnlichkeiten oder Unterschiede jeweils zu einem bestimmten Merkmal wie zum Beispiel der Form oder der Beweglichkeit zu nennen. Das jeweilige Merkmal, das man für den Vergleich nutzt, nennt man Vergleichskriterium. Die Ergebnisse eines Vergleichs lassen sich gut in Form einer Tabelle darstellen.

- **Beispielaufgabe:** Vergleiche Kugel- und Scharniergelenk anhand ihrer Beweglichkeit sowie anhand der Form des Gelenkkopfs und der Gelenkpfanne. Lege dazu eine Tabelle an und fülle die Tabelle mit diesen Kriterien aus.

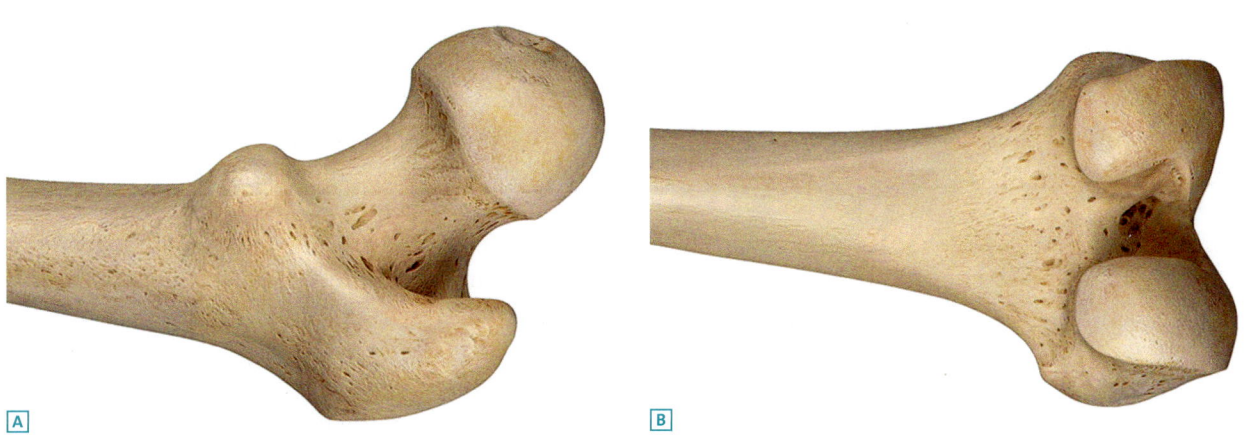

A
B

02 Form des Gelenkkopfs unterschiedlicher Gelenktypen: **A** Kugelgelenk, **B** Scharniergelenk

• **Lösung:**

Kriterium	Kugelgelenk	Scharniergelenk
Form des Gelenkkopfs	kugelförmige Ausbuchtung	längliche Ausbuchtung
Form der Gelenkpfanne	schüsselförmige Vertiefung	rinnenförmige Vertiefung
Beweglichkeit	alle Richtungen	nur eine Richtung

ERKLÄREN · Aufgaben mit dem Verb „erklären" werden dann erfüllt, wenn zusätzlich zur Beschreibung begründet wird, weshalb etwas auf eine bestimmte Weise abläuft oder aufgebaut ist. Häufig werden hierbei Zusammenhänge zwischen dem Aufbau von Lebewesen und ihren Fähigkeiten hergestellt.

• **Beispielaufgabe:** Erkläre die Funktionsweise eines Scharniergelenks.

• **Lösung:** Ein Scharniergelenk hat eine Rinne in der Gelenkpfanne und eine längliche Ausbuchtung im Gelenkkopf, die ineinanderpassen. Rinne und Ausbuchtung verhindern seitliche oder drehende Bewegungen, sodass nur eine Bewegung entlang dieser Strukturen möglich ist. Daher zeigt das Scharniergelenk nur eine Bewegungsrichtung.

ERLÄUTERN · Aufgaben mit dem Verb „erläutern" sind ähnlich zu verstehen wie diejenigen mit dem Verb „erklären". Sie fordern aber weitere Begründungen ein. Hierbei können eigene Beispiele als Vergleich, weitere Sachverhalte oder bekannte Regeln herangezogen werden, die das Verständnis erweitern.

• **Beispielaufgabe:** Erläutere die Funktionsweise eines Scharniergelenks.

• **Lösung:** Ein Scharniergelenk hat eine Rinne in der Gelenkpfanne und eine längliche Ausbuchtung im Gelenkkopf, die ineinanderpassen. Rinne und Ausbuchtung verhindern seitliche oder drehende Bewegungen, sodass nur eine Bewegung entlang dieser Strukturen möglich ist. Daher ermöglicht ein Scharniergelenk nur eine Bewegungsrichtung. Ein Kugelgelenk hat hingegen eine schüsselförmige Vertiefung in der Gelenkpfanne und eine kugelförmige Ausbuchtung im Gelenkkopf. Dadurch ermöglicht das Kugelgelenk Bewegungen in alle Richtungen. Die Unterschiede im Aufbau entsprechen den Unterschieden in der Funktion.

AUFGABEN RICHTIG VERSTEHEN – AUFGABEN LÖSEN

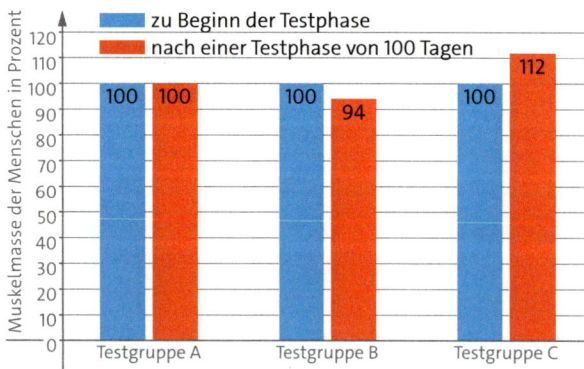

Testgruppe A: Bewegungsdauer vor und während der Testphase ist gleich lang.

Testgruppe B: Bewegungsdauer während der Testphase ist kürzer als zuvor.

Testgruppe C: Bewegungsdauer während der Testphase ist länger als zuvor.

03 Veränderung der Muskelmasse bei gleichbleibender, verkürzter und erhöhter Bewegungsdauer

DEUTEN · Das Verb „deuten" fordert, aus Ergebnissen begründete Schlussfolgerungen zu ziehen. Bei der Bearbeitung einer solchen Aufgabe ist es wichtig, nicht nur die Schlussfolgerung selbst zu nennen, sondern genau zu begründen, weshalb sie aus den Ergebnissen hervorgeht. Manchmal entsprechen diese Schlussfolgerungen einem allgemeinen Zusammenhang, der durch eines der Basiskonzepte erfasst wird. Dann sollte das entsprechende Basiskonzept genannt werden.

Die Ergebnisse, die gedeutet werden sollen, können zum Beispiel aus Beobachtungen oder Experimenten stammen. Sie werden häufig in Form eines Diagramms dargestellt. Grundlage für die Deutung eines Diagramms ist seine Beschreibung. Zusätzlich zu einer Beispielaufgabe zum Deuten wird daher hier auch eine passende Aufgabe zum Beschreiben vorgestellt.

- **Beispielaufgabe „Beschreiben":** Beschreibe die im Diagramm gezeigten Daten zur Verände-

rung der Muskelmasse bei gleichbleibender, verkürzter und erhöhter Bewegungsdauer.

- **Lösung:** Das Diagramm zeigt die Muskelmasse bei Menschen in Prozent zu Beginn und nach einer Testphase von 100 Tagen. Hierbei werden die Teilnehmer in drei Testgruppen unterteilt: Im Vergleich zu ihren vorherigen Gewohnheiten bewegten sie sich während der Testphase täglich gleich lang (Testgruppe A), kürzer (Testgruppe B) oder länger (Testgruppe C). Die Muskelmasse aller Teilnehmer vor der Testphase entspricht jeweils dem Ausgangswert von 100 Prozent. Die Teilnehmer der Testgruppe A zeigen nach der Testphase eine Muskelmasse von 100 Prozent. Die Muskelmasse der Teilnehmer von Testgruppe B liegt nach der Testphase bei 94 Prozent. Die Teilnehmer der Testgruppe C weisen nach der Testphase eine Muskelmasse von 112 Prozent auf.

- **Beispielaufgabe „Deuten":** Deute die im Diagramm gezeigten Daten zur Veränderung der Muskelmasse bei gleichbleibender, verkürzter und erhöhter Bewegungsdauer.

- **Lösung:** Wie Testgruppe A zeigt, verändert sich bei konstanter Bewegungsdauer die Muskelmasse nicht, während bei erhöhter Bewegungsdauer eine Zunahme auf 112 Prozent erfolgt. Die Muskelmasse kann also durch vermehrte Bewegung erhöht werden.
Die Muskelmasse von 94 Prozent nach verminderter Bewegungsdauer zeigt zudem, dass die Muskelmasse auch abnehmen kann.
Schlussfolgerung: Der Körper baut also abgestimmt auf die Bewegungsdauer die Muskelmasse auf und ab. Dies ist ein Beispiel für das Prinzip der Regelung.

METHODE

Arbeiten mit dem Gasbrenner

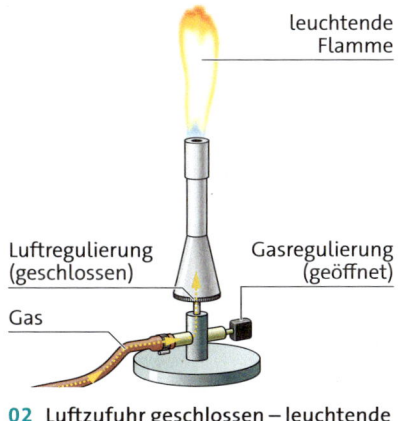

01 Aufbau eines Gasbrenners

Brennerrohr
Luftregulierung (geschlossen)
Gasregulierung (geschlossen)
Gaszufuhr

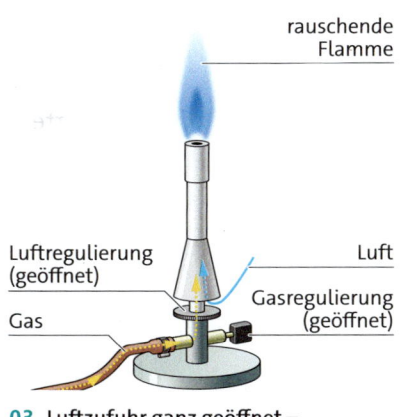

02 Luftzufuhr geschlossen – leuchtende Flamme

leuchtende Flamme
Luftregulierung (geschlossen)
Gasregulierung (geöffnet)
Gas

rauschende Flamme
Luftregulierung (geöffnet)
Luft
Gasregulierung (geöffnet)
Gas

03 Luftzufuhr ganz geöffnet – rauschende Flamme

Aufbau des Gasbrenners

Bevor du mit dem Gasbrenner arbeitest, musst du dir genau anschauen, wie ein Gasbrenner aufgebaut ist. Der untere Teil des Brenners besteht aus einem stabilen Metallfuß mit einem seitlichen Rohr für die Gaszufuhr. Gegenüber der Gaszufuhr befindet sich ein Hebel zur Gasregulierung. Der obere Teil besteht aus dem Brennerrohr und einer Einstellscheibe zur Luftregulierung. Der obere Teil ist mit dem unteren Teil über ein Schraubgewinde verbunden.

Sicherheitshinweise:
Beim Arbeiten mit dem Brenner musst du immer:
- Eine Schutzbrille aufsetzen!
- Lange Haare zusammenbinden!
- Synthetik-Kleidung nicht in der Nähe des Brenners tragen!
- Den Brenner kippsicher aufstellen!
- Den Brenner auf eine feuerfeste Unterlage stellen!

Anschließen des Brenners:
- Die Gas- und Luftzufuhr am
- Brenner schließen.
- Den Brenner mit dem Schlauch an den Gashahn des Tisches anschließen.
- Den Gashahn am Tisch öffnen.

Entzünden der Brennerflamme:
Sicherheitshinweis:
- Nicht über den Brenner beugen!

- Ein Streichholz anzünden.
- Die Gaszufuhr am Brenner öffnen.
- Die Streichholzflamme sofort über die Öffnung des Brennerrohrs halten.
- Es entsteht eine leuchtende Flamme.

Regulieren der Flamme:
Wenn du die Einstellscheibe für die Luftzufuhr langsam nach unten drehst, dann kannst du beobachten, dass eine blaue, nicht leuchtende Flamme entsteht. Bei weiterem Öffnen hörst du, wie das Gas-Luft-Gemisch durch das Brennerrohr rauscht. Es entsteht eine rauschende Flamme.

Löschen der Brennerflamme:
Sicherheitshinweis:
- Die Brennerflamme nie ausblasen!
- Die Gas- und Luftzufuhr am Brenner schließen.
- Den Gashahn am Tisch schließen.

1) Halte ein Magnesiastäbchen waagerecht zuerst in die leuchtende, dann in die nicht leuchtende und rauschende Flamme.

2) Halte das Magnesiastäbchen in verschiedenen Höhen in die rauschende Flamme.

3) Beschreibe deine Beobachtungen.

SYSTEM

Der Garten ist ein typischer Lebensraum der Amsel. Dort nistet sie in

Bäumen und Sträuchern und ernährt sich von Würmern, Käfern und Pflanzenteilen. Mit den Regenwürmern steht sie in einer Räuber-Beute-Beziehung – sie ist ein lebendes System.

Auch der Garten ist ein System, ein Ökosystem mit vielen Tieren und Pflanzen, die voneinander abhängen. Sie bilden ein Gleichgewicht, in dem beispielsweise die Anzahl der Räuber und der Beutetiere sich gegenseitig beeinflussen und regulieren.

Stört man dieses System, zum Beispiel indem man Schotter statt natürlicher Erde als Untergrund nutzt, kann der Lebensraum und damit die Lebensbedingungen darin stark verändert werden und Arten können aussterben oder den Lebensraum verlassen.

STRUKTUR – EIGENSCHAFT – FUNKTION

Maulwürfe sind durch die Struktur ihres Skeletts an einen unterirdischen Lebensraum angepasst. Schaufelförmige Hände und lange Krallen helfen ihnen beim Graben. Ihre spitze Schnauze und ihr walzenartiger Körper ermöglichen eine schnelle Fortbewegung unter der Erde. Der Bau der Hände und des Körpers passt also zu ihren Funktionen. Die genaue Kenntnis der biologischen Strukturen hilft, ihre Funktion zu verstehen. So sind die Ohren von Fledermäusen so aufgebaut, dass sie Echoschallwellen empfangen können. Denn sie spüren ihre Beute in der Dunkelheit durch Echoortung auf. Alle Organe der Lebewesen haben bestimmte Aufgaben. Eigenschaften und Struktur der einzelnen Organe sind an ihre jeweilige Funktion und an die unterschiedliche Lebensweise der Tiere und Pflanzen angepasst.

STOFF – TEILCHEN – MATERIE

Wasser ist ein Reinstoff. Saft ist ein Stoffgemisch, er besteht aus verschiedenen Bestandteilen oder Stoffen, auch wenn man es nicht auf Anhieb erkennt.

Den Aufbau von Stoffen kann man mit dem Teilchenmodell darstellen. Reinstoffe bestehen aus gleichartigen Teilchen, Stoffgemische aus unterschiedlichen Teilchen. Stoffgemische kann man aufgrund der unterschiedlichen Eigenschaften der einzelnen Stoffe in ihre Reinstoffe trennen, zum Beispiel durch Filtrieren.

Je nach Aggregatzustand sind die Teilchen verschieden angeordnet und ihr Zusammenhalt ist unterschiedlich stark. Der Wechsel des Aggregatzustands kann auch zum Trennen von Stoffen genutzt werden.

CHEMISCHE REAKTION

Beim Kochen und Backen werden die Ausgangsstoffe durch Zuführen von Energie in andere Stoffe mit anderen Eigenschaften umgewandelt. Beim Beispiel des Kuchenbackens geschieht das durch das Erhitzen der Zutaten.

Die Reaktionsprodukte dieser chemischen Reaktion haben andere Eigenschaften als die Ausgangsstoffe. Die Teilchen, aus denen die Stoffe bestehen, ordnen sich bei einer chemischen Reaktion neu an. Es handelt sich um eine Stoffumwandlung.

Auch die Fotosynthese ist eine Stoffumwandlung: Kohlenstoffdioxid und Wasser wird mithilfe von Lichtenergie zu Zucker und Sauerstoff. Es findet dabei gleichzeitig eine Energieumwandlung statt, die Lichtenergie wird in chemische Energie umgewandelt, die im Zucker gespeichert wird.

ENERGIEKONZEPT

Das Auto ist ein Energiewandler. Beim Verbrennen von Benzin im Motor wird chemische Energie in Wärme und Bewegungsenergie umgewandelt. Ein Motor kann auch mit elektrischer Energie angetrieben werden. Andererseits kann Bewegungsenergie in elektrische Energie umgewandelt werden, zum Beispiel wenn beim Radfahren das Rad einen Dynamo antreibt. Mithilfe einer Lampe kann sie weiter zu Lichtenergie umgewandelt werden.

Energie wird nicht erzeugt oder vernichtet, sie kann nur umgewandelt werden.

Menschen und Tiere erhalten die benötigte Energie aus der Nahrung. Wenn sie sich bewegen, wird die Energie aus den Nährstoffen in Bewegungsenergie umgewandelt. Zur Aufrechterhaltung der Körpertemperatur wird sie in Wärmeenergie umgewandelt.

ENTWICKLUNG

Kirschbäume locken Bienen durch ihre Blüten an. Gelangt der Pollen mit der Biene zur Narbe einer anderen Blüte, kann er dort auswachsen und die Eizelle im Fruchtknoten befruchten. Nach der Befruchtung entsteht ein Samen, aus diesem kann ein neuer Kirschbaum wachsen. Dies bezeichnet man als geschlechtliche Fortpflanzung. Alle Lebewesen können sich fortpflanzen und entwickeln.

Bei der Zucht wird bei den Nachkommen gezielt eine Auswahl bestimmter Eigenschaften vorgenommen. Damit kann ebenfalls eine Entwicklung hervorgerufen werden. So entstanden im Laufe der Zeit verschiedene Arten von Gemüse und Nutzpflanzen ebenso wie unterschiedliche Rassen von Haus- und Nutztieren.

Messgrößen angeben

Messgrößen gibt man immer mit einer Maßzahl und einer Maßeinheit an.

Physikalische Größe			Einheit
Die Temperatur Die Energie Die Masse	beträgt	...	°C. K. kJ. kg.

Du kannst deine Aussage präziser formulieren, indem du nach der physikalischen Größe
   a) einen Genitiv (die Temperatur *des Körpers* ...)
   b) einen Relativsatz (die Energie, *die der Körper abgibt,* ...)
verwendest. Achte beim Relativsatz darauf, dass das Prädikat am Ende steht.

Zusammengesetzte Wörter verstehen

In der Fachsprache triffst du sehr häufig auf zusammengesetzte Wörter. Sie bestehen aus einem Grundwort am Ende und einem Bestimmungswort am Anfang. Das Grundwort gibt die Bedeutung des Wortes an, das Bestimmungswort bestimmt das Wort genauer.

Zusammengesetztes Wort	Grundwort (am Ende)	Bestimmungswort (am Anfang)	Bedeutung
das Teilchenmodell	das Modell	das Teilchen	ein Modell, das Stoffe als Teilchen beschreibt
das Magnetfeld	das Feld	der Magnet	das Feld um einen Magneten herum
die Lichtquelle	die Quelle	das Licht	eine Quelle, die Licht aussendet
das Spiegelbild	das Bild	der Spiegel	ein Bild, das ein Spiegel erzeugt

Zusammenhänge formulieren

		Subjekt	Prädikat		Prädikat	Subjekt
Je	größer kleiner höher niedriger länger kürzer ...	die Temperatur die Frequenz der Körper das Licht der Strom ...	ist, steigt, sinkt, ertönt, leuchtet, fließt, ...	desto	größer kleiner höher niedriger länger kürzer ...	ist steigt sinkt ertönt leuchtet fließt ...

Letzte Spalte (Subjekt): die Temperatur. / die Frequenz. / der Körper. / das Licht. / der Strom. / ...

Ein Protokoll anfertigen

1. Die Vermutung: Wie könnte der Versuch ausgehen?
Deine Vermutung kannst du z.B. wie folgt formulieren:

Ich	vermute, dass ... denke, dass ... erwarte, dass ...	oder	Vermutlich ... Wahrscheinlich ... Es könnte sein, dass ...

2. Die Durchführung: Was wird bei dem Versuch gemacht?
Du kannst deine Durchführung strukturieren, indem du deine Sätze mit Zeitadverbien wie *zuerst*, *danach* und *am Ende* beginnst. Achte darauf, dass das Prädikat an zweiter Stelle steht.

	Prädikat	**Nominativ**	**Akkusativ**		**Dativ**
Zuerst Anschließend Danach Dann Am Ende Zum Schluss ...	verbinden stecken vergrößern verkleinern beobachten ...	wir ich	den ... die ... das ...	mit in ...	dem ... der ... **Akkusativ** den ... die ... das ...

3. Die Beobachtung: Was hast du gesehen, gehört, gemessen?
Deine Vermutung kannst du in der Ich-Form aufstellen, denn sie drückt deine persönliche Erwartung aus. Die Beobachtung ist jedoch für alle gleich. Mit dem Subjekt *man* kannst du dies verdeutlichen.

Man	beobachtet sieht erkennt hört misst ...	plötzlich nach einiger Zeit langsam immer allmählich nach und nach deutlich ...	, dass ... **Akkusativ** einen ... eine ... ein ...	Hier steht das Prädikat am Ende.

4. Die Auswertung: Was bedeutet deine Beobachtung?

		Dativ		
Das Ergebnis	entspricht widerspricht stimmt überein mit	dem ... der ...	oder	Das bedeutet, dass ...

MEDIEN KOMPETENT NUTZEN

WAS SIND MEDIEN? · Das Wort Medium kommt ursprünglich aus dem Lateinischen und bedeutet „Mitte". Ein Medium steht in der Mitte von zwei Nutzern und dient also als Vermittler zwischen ihnen.

Ein Buch ist ein Medium, denn es vermittelt Informationen zwischen dem Autor, der es schreibt, und dem Leser. Neben den Büchern zählen auch Zeitschriften, ein Brief oder ein Flyer zu den Medien. Da sie alle gedruckt sind, spricht man auch von **Printmedien.** Dabei steht Print für den englischen Begriff für Drucken.

Printmedien gibt es schon seit dem 15. Jahrhundert. Im Laufe des technischen Fortschritts haben sich weitere Medien wie Radiofunk, Film und Fernsehen entwickelt. Internet, Smartphones und Tablets zählen zu den **digitalen Medien.**

Du hast aber sicher auch schon CDs, DVDs, USB-Sticks oder SD-Karten benutzt. Sie speichern Daten und Informationen und erleichtern die Vermittlung. Sie werden daher digitale **Speichermedien** genannt.

01 Medien vermitteln Informationen.

UMGANG MIT MEDIEN · Medien sind aus unserer Welt nicht mehr wegzudenken. Daher ist es wichtig zu wissen, wie du mit Medien richtig umgehst. Das gilt für das Nutzen von Medien ebenso wie für das Erstellen von Medien. So entwickelst du deine eigene Medienkompetenz.

Im Laufe deiner Schulzeit wirst du ganz verschiedene Bereiche der Mediennutzung kennenlernen:

1. **Bedienen und Anwenden:**
   Wenn du Medien nutzen möchtest, musst du wissen, wie du sie richtig bedienst. Dazu gehört auch, zu wissen, wann der Einsatz bestimmter Medien überhaupt sinnvoll ist.

2. **Informieren und Recherchieren:**
   Medien helfen dir, Informationen zu finden. Dazu musst du nützliche Quellen identifizieren und ihre Vertrauenswürdigkeit hinterfragen.

3. **Kommunizieren und Kooperieren:**
   Medien nutzt du selten allein. Regeln für eine sichere und respektvolle Zusammenarbeit sind daher sehr wichtig.

4. **Produzieren und Präsentieren:**
   Du kannst Medien auch nutzen, um eigene Informationen in Text, Bild oder Ton zu vermitteln. Hier kannst du selbst kreativ werden!

5. **Analysieren und Reflektieren:**
   Medien müssen aber auch kritisch unter die Lupe genommen werden, denn die Nutzung von Medien birgt auch Gefahren.

6. **Problemlösen und Modellieren:**
   Mithilfe von Medien können Probleme gelöst werden. Dazu nutzt man zum Beispiel Strategien aus der Informatik.

MEDIEN IN DER NATURWISSENSCHAFT · Du hast im Unterricht sicher schon mit einem Smartphone, einem Tablet oder einem Computer gearbeitet. Du weißt nicht nur, wie du sie bedienst, sondern auch, dass du sorgsam und verantwortungsvoll mit ihnen umgehen sollst.

Außerdem hast du bereits einige digitale Werkzeuge kennengelernt. Du weißt, wie sie zu bedienen sind, und kennst ihre Vor- und Nachteile. So hast du zum Beispiel mithilfe eines Textverarbeitungsprogramms dein Versuchsprotokoll oder aber mithilfe eines Programms zur Tabellenkalkulation ein Diagramm angefertigt. Vielleicht hast du auch schon eine Mindmap oder sogar einen Schaltplan mithilfe einer geeigneten Software erstellt.

Du hast auch gelernt, wie du richtig im Internet recherchierst und was es dabei alles zu beachten gibt. Auch wenn du eine neue App auf deinem Smartphone installieren möchtest, musst du vorab überlegen, wie du bei deiner Auswahl richtig vorgehst.

Dafür solltest du dir in der Beschreibung den Funktionsumfang der App anschauen. Wichtig ist, dass du genau prüfst, ob die App alles kann, was dir für den von dir geplanten Anwendungsfall notwendig erscheint. Vielleicht hat sie sogar noch weitere Sonderfunktionen, die interessant sind.

Oft hilft es, die Bewertungen anderer Nutzer anzusehen. Eine Bewertung kann dadurch erfolgen, dass die Nutzer für die App 1 bis 5 Sterne vergeben. Eine Bewertung mit 5 Sternen ist sehr gut. Bewertungen sind allerdings oft nur dann zuverlässig, wenn viele Nutzer ihre Bewertung abgegeben haben. Eine weitere Form der Bewertung sind die Kommentare. Hier kannst du sehen, ob bei anderen Nutzern in letzter Zeit Probleme mit der App aufgetreten sind. Wenn sehr häufig Fehler auftreten oder Probleme vorhanden sind, die für dich wichtige Funktionen behindern, solltest du prüfen, ob es andere Apps ohne solche Probleme gibt.

Damit eine App einwandfrei funktioniert, benötigt sie oft Berechtigungen, um verschiedene Informationen von deinem Smartphone zu nutzen. Ein Nachrichtendienst möchte auf deine Kontaktliste zugreifen, die Wetter-App benötigt deinen Standort. Wenn nun aber eine Taschenrechner-App die Berechtigung für deine Kontaktliste, deinen Standort, deine Kamera oder dein Mikrofon benötigt, dann solltest du stutzig werden. Denn diese Berechtigungen sind für die App nicht nötig. Solche Apps solltest du grundsätzlich meiden.

Deine Versuchsergebnisse hast du schon häufig als Foto oder Video dokumentiert. Mithilfe deines Smartphones oder Tablets hast du sogar schon eigene kleine Stop-Motion-Filme gedreht. Dabei konntest du richtig kreativ werden.
Einige Aufgaben haben dich auch dazu aufgefordert, eine kurze Präsentation über ein Thema zu halten. Auch das gehört zur Medienkompetenz.

Schließlich hast du auch erfahren, welche Schwierigkeiten zum Beispiel bei der Recherche im Internet oder bei der Auswahl von Apps auftreten können. Du weißt also, dass der Umgang mit Medien auch Probleme mit sich bringen kann.

1 ⌡ Erkläre, ob ein handgeschriebener Einkaufszettel ein Medium ist. 🔖

2 ⌡ Recherchiere im Internet nach „Massenmedien" und erkläre diesen Begriff. 🔖

3 ⌡ Du hast sicher schon einmal den Begriff „Fake news" gehört. Erläutere den Begriff anhand eines Beispiels. 🔖